岑世祯　宁泉骋◎编

SHIXUE TAIDOU CEN ZHONGMIAN

史学泰斗岑仲勉

中山大学出版社

·广州·

图书在版编目（CIP）数据

史学泰斗岑仲勉/岑世祯，宁泉骋编. —广州：中山大学出版社，
2024.5

ISBN 978-7-306-08078-3

Ⅰ. ①史… Ⅱ. ①岑… ②宁… Ⅲ. ①岑仲勉（1886-
1961）—传记 Ⅳ. ①K825.81

中国国家版本馆 CIP 数据核字（2024）第 078157 号

出 版 人：王天琪
策划编辑：罗雪梅
责任编辑：罗雪梅
封面设计：林绵华
责任校对：梁恺桐
责任技编：靳晓虹
出版发行：中山大学出版社
电　　话：编辑部 020-84110283，84113349，84111997，84110779，84110776
　　　　　发行部 020-84111998，84111981，84111160
地　　址：广州市新港西路 135 号
邮　　编：510275　　　　　　　传　真：020-84036565
网　　址：http://www.zsup.com.cn　　E-mail:zdcbs@mail.sysu.edu.cn
印 刷 者：佛山市浩文彩色印刷有限公司
规　　格：787mm×1092mm　1/16　17 印张　250 千字
版次印次：2024 年 5 月第 1 版　　2024 年 5 月第 1 次印刷
定　　价：62.00 元

序言

在笔者完稿的刹那，一股强烈的感受如电击那样在脑际擦过：在广阔无垠的宇宙中，人就像一粒即使用超现代的高科技探测器也无法见其踪影的尘埃；在浩渺的历史长河中，人往往只是一晃而过、倏然而逝的匆匆过客。而有的人却把看不见的尘埃蝶变升华为永驻太空、恒久闪耀的星辰，在世间留下永不磨灭的芳踪。

仲勉大师正是在油灯、孤影、如海的古籍中，通过多维度的蝶变，升华为巨星，为中华以至人类历史研究留下了丰厚的精神财富。笔者作为仲勉大师的堂侄孙，亦出生于广东顺德桂洲牛归古巷。从顺德到广州，与仲勉大师交往近十五年。笔者通过耳闻目睹，深切地感受到：能创出卓绝学术之人，必定有卓绝的思想、卓绝的人格、卓绝的治学精神作支撑。其卓绝的思想便是对国家、民族深沉的忧患意识，深切的爱国情怀；其卓绝的人格则是求真务实、冰心玉壶般的君子之风，中华优秀传统学人之风骨；其卓绝之治学精神，便是学界公认的淡泊明志、格物致知、超离物质层面的刻苦勤勉。这三者应是仲勉大师能蝶变、升华的原因之所在；也是解读仲勉大师一生，理解其深邃艰涩著作的金钥匙；更是整治当下一些为名利所折，失去传统学人风骨，无心治学之风的良方。学习仲勉大师的思想、人格和治学精神，或许能对破解如钱学森之问有所助益，更望能对我国大师级学者的培养，圆我强国之梦有所裨益。

笔者与作家宁泉骋兄尝试探求仲勉大师成为巨星的过程，以弥补当年李培先生在《南方日报》发表的《世纪广东学人——"岑仲勉：

于无声处听惊雷"》一文中对仲勉大师"1937 年前之人和事所载不多"的遗憾；以及时任中国唐史学会会长、清华大学张国刚教授所云，岑仲勉有如此辉煌的成就，但国人知之者不多（他"上无师承，下缺学生推扬，往往不被人关注"）的遗憾；以及为解答多位学者的诸多疑问而作的补壁。

仲勉大师至今仍为一颗暗星，是我们的一大损失！笔者不由得想到，在当前丛林法则之下，复杂的国际博弈的关键是人才的竞争，而人才的竞争中，大师级人才的多寡、优劣是关键。让我们把目光移到与我国只一衣带水、一苇可航的日本。"二战"后，它只是一个几近沉沦的小国，而它竟能在短短的时间里发展为不可轻视的强国之一。促使其发展的因素甚多，其中有一条——不遗余力、极尽一切地宣传大师，促进大师的成长，这是值得我们借鉴的。在 2001 年他们发出这样的豪言：今后 50 年要拿 30 个诺贝尔奖。这听起来有点张狂，但至 2019 年，19 年间，他们斩获了 18 个。我们发现，他们的纸币上均印有各种大师级人物的头像，显然是要在纸币的流通中，让各阶层的国民天天、月月、年年受这些大师激励，以之为荣，以之为榜样，以之为奋斗目标。当然我们国情不同，不必仿效他们。但进一步发掘大师、宣传大师，探究其成长过程，对我们实现强国之梦有着不可忽视的作用。

为完成本书，达到以上目的，并力求做到真实、客观，笔者与宁泉骋兄历经三年，核实查证《岑氏族谱》，搜集顺德等多处的资料，翻阅仲勉大师的伯父、堂兄的遗著，悉数搜集、研读对仲勉大师各种著作的评述，访问有关学者、亲属以至收藏家等，然后一一考据。尽管如此，我俩均非史学界之人，只求补壁，其中肯定有不足之处，在此恳请高手惠正。

最后，引北宋张载的名言，以表笔者心迹："为天地立心，为生民立命，为往圣继绝学，为万世开太平。"

谨此作序。

岑世祯

目 录

第一回

为使巨星更璀璨
耄耋联手著先贤

诗曰：

曾惊史界却荒凉，
一代魁星作壁藏。
为续前贤今古事，
承蒙刮垢著华章。

曾震惊中外史学界，被不少学者认为是近半个世纪以来影响中华史学研究最大之巨擘的岑仲勉大师（笔者注：在 2016 年纪念岑仲勉的国际学术研讨会上，有学者在大会上发言说，岑仲勉是近 40 年来我国史学界影响最大的学者），如一颗璀璨巨星，在 20 世纪 30 年代横空出世，其丰厚之著述、其伟大之人格如艳丽之光芒划破长空，但他却于 1961 年 10 月 7 日骤然陨落。其身后留下令人难以置信、让世人瞠目之一千多万言的鸿篇巨制：计有专著约二十种（有人统计为十七种、十八种、二十四种），论文约二百篇。所论均有卓越见解，其论涉及先秦史、隋唐史、文献学、中外交通史、边疆史地、突厥史、蒙元史、民族史、中外史地考证、金石考证、佛学考据及植物学等。其研究之广度、深度，据了解，至今无人能企及，其研究之方法"独辟蹊径，续中国传统学问之命脉于一线"，而且"得以予当时最新的西方汉学成就接通"，成为"新知识、新思想、新时代先驱的种子"（见李培《岑仲勉：于无声处听惊雷》，载《南方日报》2010 年 6 月 9 日）。

岑仲勉大师辞世留下不少憾事：有专著（八种）尚未完稿，有不少著述、论文尚未动笔（据仲勉大师夫人所言）；他经深入探究，向当时史学界权威提出的数十个质疑，至今未有回响。更令人遗憾的是，仲勉大师辞世六十余年了，为史学研究做出如此辉煌贡献的一代巨擘却少人问津，知之者寥寥，一些学术名人录竟忽略了他的存在，着实令人唏嘘！

我们只要轻翻史册就会惊奇地发现，早在 20 世纪 30 年代，岑仲勉在圣心中学任教时，其在校刊发表的论文即令史学大师们震惊不已。著名史学大师、辅仁大学校长陈垣即荐之于名满天下之史学大师陈寅恪、傅斯年（中央研究院历史语言研究所所长、五四运动学生领袖之一）等，陈寅恪叹曰："岑君文读讫，极佩。此君想是粤人，中国将来恐只有南学，江淮已无足言，更不论黄河流域矣！"（《陈垣来往书信集》）陈寅恪晚年仍十分推崇岑仲勉，并引用其学术成果。当年傅斯年看到岑仲勉之文，随即多次力邀并许以最高薪酬聘其前往中央研究院历史语言研究所任研究员。

岑仲勉大师到所后，不负众望，尽管处在极为艰辛奔波之抗战岁月中，一篇篇极具价值的论文、一部部震古烁今的专著，在其笔下如初升之朝阳喷薄而出，又如奔腾之江河不绝而流。在《国立中央研究院历史语言研究所集刊》这份当时高级别的学术刊物中，随意翻开其中一本，岑仲勉之论文有时竟占一半之多。其著作之勤、成果之丰，在《国立中央研究院历史语言研究所集刊》作者同仁中早已名列前茅。所长傅斯年曾叹赏至极地说："岑君兀傲，闭门撰述……以今日之成就，豪杰也！"史学界戏称：岑仲勉出家便成家。他在国立中央研究院历史语言研究所任职的十一年里成长为史学界之巨擘。日后著述更是连连震惊史界。有学者统计，自1955年至1961年的六年间，他出版了十部专著，另有八部在他身后定稿并相继出版。真是一大奇迹！

那么，为何这样一位旷世奇才、史学界大师辞世后，其名却被壁藏？

回顾这数十年来，虽有过一些纪念活动，但却"波澜不惊"。2004年5月至6月，中华书局曾出版岑仲勉所著十五种（实为二十四种），十七册一千余万言之论著，令人瞠目，史学界和出版界也为之惊叹。继而，《南方日报》于2010年6月9日，在"世纪学人"栏目下以两大版面之篇幅刊载该报记者李培先生所撰的《岑仲勉：于无声处听惊雷》一文，引起社会各界的广泛关注。再而，2016年11月26—27日，由中山大学、广东省社会科学界联合会联合主办，中山大学历史学系承办的"纪念岑仲勉先生诞辰130周年国际学术研讨会"在中山大学学人馆隆重召开。当天尽管"天阴雨湿声啾啾"，但来自各国115名知名学者热情参会，热烈发言者有40余人。他们分别从"岑仲勉先生的自学经历及学术贡献""中国古代的历史变迁""边疆史地与民族史"等方面论及岑仲勉大师之卓越贡献，其中还涉及对岑仲勉大师古代丝绸之路学术研究成果、中华文化之精髓《全唐诗》的研究做出的不可替代的贡献，对其佛学研究的惊世之作的探讨，以及对其植物学研究之成就论述，等等。其种类之多，琳琅满目，令人目不暇接！

该会在国际史学界，我国文学界、佛学界等引起较大的反响，但在社会上至今仍未引起人们的足够重视。岑仲勉大师学术之成就、伟大之人格仍未充分成为照亮我民族奋进之明灯，发酵为让学者们以至普罗大众共享之佳酿。这是中华优秀文化传承与弘扬之一大遗憾！时任清华大学历史系教授、系主任，思想文化研究所所长，博士生导师，中国唐史学会会长张国刚说："陈寅恪、王国维、吴宓，也是政治符号化了的人物……受到青睐。至于岑仲勉，他并未进入政治符号的话语圈里来，只是一个学者。但是，在隋唐史学界，岑仲勉与陈寅恪是并驾齐驱的，同样被后世的研究者们所尊重。台湾中兴大学有位研究魏晋隋唐史的教授，两个儿子分别取名寅恪、仲勉两位老先生的名字，以示尊崇。"（引自李培《岑仲勉：于无声处听惊雷》）

岑仲勉大师最后一届博士生姜伯勤分析说："岑仲勉有超越物质层面的学术追求。"即说其对名利等处之淡然。

《南方日报》记者李培先生说："他（岑仲勉）的学问艰涩，他的交际寡淡，所以直到今天，岑仲勉并不为大多数人所知，写他的文章寥寥数语，至今没有一本专门的传记来讲述这位眼花耳聋、性情闭塞的学者。我们只能从岑仲勉遗留的只言片语中，拼凑出一个茕茕孑立的影像，他（岑仲勉）曾说：'……固不必以文为市。做的是学问，求的是正道。'"

概而论之，岑仲勉大师终其一生，一无政治靠山，二无留洋背景，三无群党吹捧，四无名利之心，五无曲学阿世，只是一位甘为人梯的平民学者。这，正是他高洁品格之所在！

我们遍查资料发现，的确如李培先生所云，至今没有关于他的专门传记，有记载的也只是寥寥数语，故其学问、其为人，正如陈尚君教授所言：在圈外稍显晦黯。笔者进行进一步探究，在有关岑仲勉大师的资料中， 1937 年后的事记载较清楚，而 1937 年前的事则所载无几。难怪诸多学者产生疑问：岑仲勉大师如此广博深厚的学识是从哪里来的？其"以碑证史"之考据学又源于哪里？其经世致用思想，其上下求索的学者使命是怎样形成的？……这诸多问题的焦点在于岑仲勉大师 1937 年前之其人其事，而这时期正是他成长、积累的关键阶段。

让笔者记忆犹新的是，《南方日报》记者李培先生的助理张阿娜女士在《岑仲勉：于无声处听惊雷》一文发表前一天来电说，他们将发表一篇关于岑仲勉大师之文，但寻遍其亲朋，能给他们提供资料的甚少。她问笔者可否给她讲一些所知晓的事，并极想取得岑仲勉大师之笔迹。于是笔者在电话里为她讲述了大半个小时，但笔迹却一时无法提供。文章刊出后，笔者与学者们均认为写得不错，唯一遗憾的是，正如李培先生所说：对 1937 年前岑仲勉大师之事知之不多，更无专门传记。对此，笔者作为岑仲勉大师之后人（堂侄孙），一直想为其补写传记，但苦于力所不逮。

仿佛如有神助，三年前笔者偶遇阔别 60 年的小学同学、挚友宁泉骋兄。宁泉骋兄是一位有声望的作家，他曾发表过两千多万字的作品，并擅长古体诗词的创作。其诗作曾在全国竹枝词大赛中摘冠。他从广州文学艺术创作研究院退休十多年了，在职时曾被评为广州十大优秀文化工作者。其人不但有才、有情，且侠肝义胆。我们相见如故，宁泉骋兄多次向笔者表达："我过去虽写过不少东西，但均无甚价值。今年岁已晚，极望能写些有社会价值的人与事。"他听闻李培记者撰写了一篇关于岑仲勉大师的文章（指《岑仲勉：于无声处听惊雷》），笔者即找出该文给他看，他看后惊呼："岑仲勉，非常人也，真史学之泰斗，值得动笔！"并邀笔者合作，写一本岑仲勉大师之专门传记，以补史学界之遗憾，以弘扬其优秀民族文化之传统与高尚人格。笔者无法推辞，只有勉为其难、不揣浅陋而从之。

笔者主攻岑仲勉大师家史及其成长事迹，宁泉骋兄主笔其学术成就。

如何行文呢？鉴于岑仲勉之著述着实艰涩，为照顾非历史专业的普罗大众，让更广泛的社会群体喜闻乐见，宁泉聘兄与笔者商量决定在客观、真实的基础上采用章回之形式，且每章配以概括内容之绝句，力求使作品更加通俗、易懂，且富有中国传统文化之特色。

考虑到岑仲勉大师出生、成长于广东顺德，行文尽量带些当时当地的乡土气息，采用电影之蒙太奇手法，从现实生活中到回放顺德桂洲乡村之历史画面，让读者读之有亲切、真实的乡土情感。

岑仲勉大师有广博渊深的知识，留下了浩瀚的著述。该如何着笔？我们设想：应为1937年前的人与事做补漏，尤其是他成长、积累人生基石的阶段。针对当前多为散论的浩繁著述，力求把中外所论系统地集中起来，并以文学的形式表述出来。这是一件甚为艰辛的工作，同时也是一件颇具社会价值的事情。

为深入了解岑仲勉大师的成长历程，为进一步探讨写作思路，我们决定前往顺德桂洲做实地考察，并与相关学者进行深入的探求。在岑仲勉大师嫡孙岑世丹的策划下，我们与其弟岑世红力邀岑仲勉的再传弟子、著名学者谭世宝教授一起回到岑仲勉大师的故乡顺德桂洲，瞻仰他出生、成长的故居牛归古巷。

我们从桂洲梯云路两旁鳞次栉比的小商铺间拐入富有传奇色彩的牛归古巷。古巷幽深，两旁是典型的广府建筑风格的镬耳屋，当地人称之为"有耳屋"。只见屋顶有龙船脊，山墙筑有对称的镬耳顶。镬耳，象征古代的官帽，取意前程远大，又寓意"独占鳌头"，是古代官宦世家追求门第显赫的标识。最早只有取得功名的官宦人家才有资格居住在这种镬耳屋里。这些气派的居所寄托着岑仲勉大师的先祖们对后辈读书入仕、光宗耀祖的祈盼。巷道上横铺着的麻石，记录着当地流传的深夜入巷吸采此处望族岑氏家中灵芝之灵气的庙里神牛的足迹，也记录着一百多年前岑仲勉大师堂兄岑光樾高中翰林、进士，及岑仲勉大师父亲岑元驹（字尧辕）高中京师举人时，县里、乡里、村里隆重报喜的人们之足迹。我们似乎可以听到当时的阵阵爆竹声。此外，这里还曾留下清末有"官屠"之称的两广总督岑春煊、名士岑学吕、清代最后一位探花商衍鎏及其子商承祚的足迹。同时这里也是清晖园（广东四大名园之一）园主、进士龙应时后人常驻之处……

古巷两旁古旧的青砖墙上长着苔藓，墙头屋瓦残垣，荒草萋萋，正是岁月留下的斑痕。然而屋檐下的砖块却刻着精美的图案，虽经岁月风吹雨打，却难掩其风华雅丽，在残阳夕照的掩映下愈见其沧桑朴拙之美。

古巷的深处有一小山岗，其名为翠竹岗，此小山岗曾是岑家祖先的墓地之一。经笔者堂弟、收藏家岑世英考据，此处仍留有多处曾中举人、进士等功名的岑氏先人的遗迹。这里正是岑仲勉幼年时聆听其伯父岑雯（金石家、著名诗人）讲故事之处。巷前的梯云路，以前是一条小河，曾有清澈的河水潺潺流过，我们仿佛能听到当年的阵阵捣衣声、划船声、孩童戏水声……这些声音组成一曲曲优美的南国乐曲。

牛归古巷前边曾建有一座小石桥，石桥是岑仲勉大师的祖父岑瑞庭在顺德县（今佛山市顺德区）首创的集义善社所修建的。

这残垣旧瓦的古巷正是岑仲勉大师及笔者出生成长之地，是孕育他日后等身著作的根与源。走在古巷中，笔者儿时的一幕幕景象如梦如幻般涌现于脑际，挥之不去。

自笔者出生至岑仲勉大师仙逝，从乡间至广州，算来有十五年了。这十五年间与岑仲勉大师交往之情景犹在眼前。先父岑君觉早年曾步孙中山先生之足迹远赴东洋日本求学，以寻救国之道。后因疾病返国，与岑仲勉大师同在广州圣心中学任教，岑仲勉大师时任教导主任兼教数学微积分，先父教代数课。两人既是叔侄又是同科组同事，亲密无间。我们到广州后，每年春节先父必偕笔者与先兄岑世祐前往岑仲勉大师家拜年。岑仲勉大师家住文明路中大宿舍北轩十一号。他家的厅堂甚为简约，周边放椅，中间摆一圆桌，先父常与他在圆桌旁交谈，谈社会，谈人生。在拐入走廊处的墙上挂着一面学生赠送的锦旗，上书"学而不厌，诲人不倦"。我想这正是对大师一生的概括。

笔者家中书橱里至今仍珍藏的《黄河变迁史》，是该书刚出版不久，岑仲勉大师亲自送的。

岑仲勉大师一生曾娶过六位太太，前两位早逝，没留下子女，在岑家家史上也少有记载。从第三位太太起，我辈分别称为四叔婆、二婆、三婆、四婆。后面四位太太与我们均有所往来。

60 多年前，笔者随先父到牛归古巷探访四叔婆潘桂霞。她住在老屋楼上，我们到时，她正躺在一张雕刻有精美图案的床上。她虽已是耄耋之年，但仍品貌端庄，甚为秀美。二婆梁韵笙则端庄大气、性情豁达，说话中气十足。她每到广州必到寒舍过夜，与先父先母促膝畅谈。三婆陈淑娴家住广州河南（海珠区）同德路同庆坊，长得高洁雅致，甚有大家闺秀的气质，我们多次前往拜访。陈淑娴文笔甚佳，且精通外语，她协助岑仲勉大师完成了不少重要的著作。岑仲勉大师在其论文《佛游天竺记考释》自序中写道："多年来抄录转缮，内人陈淑娴所助不少。"（该序写于 1934 年 1 月）四婆张惠芳精明、爽朗、麻利，与岑仲勉大师有一养女叫岑德贞，并同住在文明路中大宿舍中，照顾岑仲勉大师的饮食起居。

实地考察岑仲勉大师故居，并查阅了不少资料后，我们深深感到：在其辉煌的著述中蕴藏着一种伟大的精神力量、伟大的人格。正是这种精神力量与伟大的人格成就了他在短短的 27 年里为中华文化留下如此丰厚的著述。我们斟酌着、寻索着，发现这精神力量与伟大人格来源于其"经世致用"的思想，即学问必须有益于国家民族。这思想又源于儒学的立德、立功、立言之"三不朽"，并由此衍生出求真务实的君子之风。这如一条主线贯穿于岑仲勉大师的一生，也是破译其成功奥秘的锁匙。

观其一生，其成年后多半在教学与著书立说中度过。教学与著书立说正是其经世致用思想的充分体现。在他的培养与影响下，他的两个儿子岑公棣、岑公汉也继承了他的衣钵：前者为中学教师，后者晚年在大学任职。而其后人竟有 20 多人从事教育工作，这里就不详述了。

笔者屡屡听先父谈及过去从未披露的一事：岑仲勉大师在圣心中学任教时，曾写下一篇（或一部）很有价值的作品，法国学者（圣心中学原为法国人主办的学校）多次要求用重金买断其版权，但岑仲勉大师一概回绝。问及其因，他只说："对中华之研究，应由国人掌握，这绝非金钱之问题。"虽非豪言壮语，但充满着对国家、民族深沉之爱。

或许受"兴国在于务农"思想的影响，或许由于生长在农村，曾见到灾荒时国运倾颓的惨象，或许是深入研究国情之故，岑仲勉在业余时间，运用当时西方最先进的分类法，著就了数十万言的植物学著作。这些著作至今仍珍藏在一些大学图书馆中。他在与陈垣的信中淡淡地说："十余年前尝慨我国惟兴农或可补救，故喜谈稼圃之事，居恒亦以此自遣。"（《岑仲勉：于无声处听惊雷》）其爱国救民之志溢于言表。

当 19 世纪西方列强逐鹿欧亚大陆，觊觎我国西北边疆时，岑仲勉大师深入研究，并写下辉煌之《西突厥史料补阙及考证》等专著。

暮年时，他从报上得知国家决定大力治淮，觉得黄河也必须治理。而治理黄河又是一项极为复杂艰巨的工程，治理必须究其源，于是在教学之余，他挥笔写下五十多万字的鸿篇巨制《黄河变迁史》。此书今已成为研究黄河历史的重要参考著作，从该书导言中可知这位学者暮年时内心高远的情怀。他说："……我个人在可能范围内应该继续向黄河变迁史努力发掘，庶可略尽一部分为人民、为广大群众服务的责任。"（见《黄河变迁史》"自序"）此书出版时，他已年过七十二岁。

当他知晓次子岑公汉参加风起云涌的"一二·九"运动，冒着生命危险参加抗日前线的斗争时，他给予了支持与鼓励。岑公汉后来成为"开国将士""老红军"，其每到广州必入住其堂弟岑公亮家中，也必约笔者一聚。岑公汉曾对笔者说："先父在时，曾对我说，'男子汉应为国为民干些事业’，他赏识我奔激沙场之举。"

这样的例子太多了，因篇幅所限就不一一罗列了。岑仲勉大师经世致用思想体现出对国家、对民族的道义感、忧患感、使命感。正如孟子所言："所以动心忍性，曾益其所不能。"亦如荀子所言，所以"用心一也"，更如老子所云："是以圣人抱一为天下式。"用今天的话来说，就是高尚的人生观、价值观、世界观。这正是岑仲勉大师经世致用思想的内核。这个思想内核塑造了他高尚的人格，衍生出他高尚的治学精神。这种治学精神对今人乃至后世大有启迪作用，为了国家与民族的发展，应加以继承与弘扬。笔者认为至少有如下几点可供后人借鉴。

其一，如诸葛亮所言，"非淡泊无以明志，非宁静无以致远"。看轻世俗的名利，方可明确自己的志向；身心恬静，方能实现远大的理想。

岑仲勉大师一生最大的转折点，并为他取得伟大学术成就做铺垫的是弃官为学。在攀龙附凤的人世间，他仿佛忘却了正在张学良府中治军的同宗兄长岑学吕及正在国民政府发展势头如日中天的故友杨永泰，他选择了从官场隐退。隐退前他先后任广东省财政厅秘书长、广三铁路局局长，陕西禁烟局局长，"可谓仕途坦荡，但他毅然放弃职俸殷实、衣食优渥的生活"（李培《岑仲勉：于无声处听惊雷》），走上注定清贫、艰辛的学术之道。原因在于他看破了官场的黑暗，不能施展自我的才华，无法圆自我之志向。这不正是诸葛亮所说的"淡泊明志"吗？

他担任中学教师期间，生活本来就不富裕，但如前所述，法国人多次欲高价买断其著作版权，他不为所动，只求我民族在学术研究上的主导权。

先父曾对笔者说："你仲勉叔公毋失先祖之遗风。他之为人，从不占半点公家或他人的便宜，对人只是输出。中大因他是名学者且年纪大，身体不太好，要派车接送他上下班，可他一直婉拒，每天都步行出宿舍，再挤公交，下车后还要走一段路。真人之楷模也。"笔者闻之也深为感动，亦以此终生自勉。反观当今不少所谓学者、官员动辄伸手或谋求特殊待遇，二者真如天壤之别。在"天下熙熙，皆为利来；天下攘攘，皆为利往"之人世间，"淡泊明志，宁静致远"应当是治学者人格修炼之始。

这里要补充说明的是：岑仲勉大师离世后第二年，家属遵其生前所嘱，把其一生艰辛收集到的藏书、碑帖，以及珍贵的手稿全部无偿地捐赠给中山大学图书馆。其中，书刊 4800 余册，多为各类史学研究文献，部分文献内有岑仲勉大师眉批、脚注等手迹。碑帖 61 种 95 张，部分为广东地方石刻拓片，如岭南"四大隋碑"之一的《刘猛进墓铭》拓片，民国名家撰书之《黄节墓志》拓片等。另有岑仲勉大师手稿 200 余册，包括各类著作、论文、讲义、学习研究资料、笔记、往来书简等，涉及隋唐史研究、金石考证、植物学，以及中外史地考证资料和成果。凡此均为珍贵文史资料，岑仲勉大师无私奉公之举为当年多家报刊报道并予以颂扬。

其二，岑仲勉大师终生甘于清苦，不畏艰辛，用心一也。正如他常说的："一个人咬得菜根，方能实心教育。"他在教育上，在治学上，也是咬着菜根铸就千万言名著的。如李培先生撰文所云，20 世纪 30 年代，"战火频仍，岑仲勉随史语所从南京流徙于长沙、昆明、重庆等地，不遑宁处，却都无法扰乱其心"，"那时晚上在山里读书，只能点桐油灯照明，直冒黑烟，在灯下看书写字久了，鼻孔里都是黑灰，岑仲勉就在这样幽灯夜里，寂寂地与古书为伴，三个月读完《全唐文》，一个月读毕《全唐诗》，爬梳钩稽，创见性地开拓了以碑证史的研究路径，与陈寅恪从历史政治入手的研究方法遥相呼应"（李培《岑仲勉：于无声处听惊雷》）。在那艰辛的岁月里，他竟发表了多篇文章，出版了多部专著。

观其一生，在他 27 年的教学与写作生涯中，我们只要稍加计算，便可知其付出了多少时间、精力。教学、寻阅浩瀚的资料、研究，如果没有夜以继日、超乎常人的刻苦是无法完成的。

其三是求真务实，格物致知。古今中外都追求真、善、美。笔者认为三者中以真为首，尤其在学问上，没有真，就没有善与美的存在。但求真必须务实，必须发扬格物致知的精神。其过程是十分艰辛，甚至是危险的。这点在古今中外的历史中所见甚多。如唐玄奘为探究佛教各派学说之分歧，于贞观元年（627年），独自一人西行5万里，历经艰辛到达印度佛教中心那烂陀寺求取真经，前后历时17年，遍学了当时大小乘各种学说。公元645年，唐玄奘学成归来，并带回佛舍利150粒、佛像7尊、经论657部，此后他长期从事翻译工作，大大推动了中国佛教的发展。

美国著名科学家、政治家、发明家富兰克林为证明闪电是一种自然现象，冒着生命危险，在雷鸣电闪的风雨中将系着金属导线的风筝放入雷电中，从而证明了他的设想并发明了避雷针，为人类抗击自然灾害做出了伟大的贡献。

司马迁《史记》之所以被鲁迅先生誉为"史家之绝唱，无韵之《离骚》"，被人们称为"信史"，是因为司马迁在撰写《史记》的过程中，始终坚持奉行务实求真的态度。他绝不感情用事，是则是，非则非。他虽厌恶刘邦，却能如实地写出刘邦的长处、才干以及他成功的必然条件。故东汉史学家班固称其"不虚美，不隐恶"。凡治学问，尤治学问，必求真务实。

岑仲勉大师正是这样一位学者。其笔下浩瀚的著述不知纠正了自古以来多少错漏，这一点从其所著的《元和姓纂四校记》中可见一斑，他历经12年时间（1936年始撰，1948年出版），参考历代典籍、碑志，广搜博采，在古代名人三校的基础上重新一一考校，为中华文学史乃至历史做出了一大贡献。

凡治学者，造成治学失真的一大原因往往是曲学阿世，回避权威，而岑仲勉大师却反其道而行之，为了求真，他不顾忌任何人物，尽显其君子之风、学者之范。

在圣心中学任教时，他便敢于与当时扬名世界的汉学家论长短，挑战沙畹学科奠基式的世界名著《西突厥史料》。岑仲勉大师阅读此书后叫板："除西史部分外，中史材料之编纂，直未达吾人所预期。"之后经深入研究，他写出数十万言的《突厥史集》上下集，并发表了多篇极富价值的边疆史地论文。

在学术求真问题上，他即使面对朋友乃至恩人也不让步。面对驰名中外的著名史学家陈寅恪，他提出"弄斧一定要去班门"的铿锵口号。他对陈寅恪的著述提出了七十多个问题，并旁征博引，论证其不尽确当之处。面对人们的不解，岑仲勉大师十分坦荡地说："我的看法，讨论与友谊，应截然划分为两事也。"（李培《岑仲勉：于无声处听惊雷》）有人认为岑仲勉大师太书生气。笔者认为这正是一个学者难能可贵之求真务实之道。

我们从岑仲勉大师经世致用思想之内核探求其治学之道，以期展现其傲岸不群的真正学术大师之形象。

数十年来，学术界的学者们常常发问：岑仲勉的学术根基、高尚人格、治学态度从何而来？这正是本书要回答的重要问题。

笔者从事教育数十年，深知人的成长受遗传、环境、教育三者的叠加影响。其中，家庭教育是极其重要的，常人多重视对家学渊源的探求，笔者认为应加上家教渊源的探求。故本书围绕岑仲勉之成长，从其曾祖开始陈述，望能解答一二，或许可以对李约瑟难题、钱学森之"大师之问"的解答有所启迪。更希望能唤起更多的学者深入研究岑仲勉大师及其著述，如开篇所言，"为续前贤今古事，承蒙刮垢著华章"，使其巨星更加璀璨。

第二回

瑞庭赈济催众泪
古巷夜闻踏蹄声

诗曰:

古巷深幽故事多,
英才育出费煎磨。
青砖旧瓦残垣处,
似有诗书共切磋。

水有源，树有根，岑仲勉成长为大师的根是什么？源在哪里？前面那首小诗拉开了寻根溯源的序幕。

古巷，就是岑仲勉先生的出生地——顺德县桂洲乡古巷社。了解这个古巷社发生过的种种神奇感人的故事，不但可使读者明白岑仲勉大师如何成长，为什么可以这样成长，为什么必然这样成长，甚至可以看到我国清至民国社会嬗变的历史步履……

故事要从岑仲勉大师的曾祖父说起。古人有云："人事有代谢，往来成古今。"此乃源流也。

岑仲勉曾祖岑观旦，字旭东，号介舟，后人敬称他为介舟公。介舟公一生好学，饱览诗书，是当地名士，于乾隆五十九年（1794 年）考得府学生员第九名。他曾师从名医，懂得诊病开方，自制药丸，备以济人，也曾在乡间办学，门生众多，是以被官府授以奉政大夫同知衔。介舟公早岁家贫，但他自强不息、勤劳致富，中年家道振兴。晚年纳妾叶氏，生子岑逢年，字瑞庭。介舟公逝于道光四年（1824 年），享年七十六岁。殁时其子瑞庭年仅九岁。

介舟公在世时非常重视对儿子的教育，瑞庭三岁就要背诗词，四岁读《千字文》，五岁学《朱子治家格言》，六岁会读《论语》……这些养成了瑞庭终生爱读书的习惯。

介舟公于道光二年（1822 年）患病，久治不愈，便知命不久矣，遂于道光三年，带年仅八岁的儿子瑞庭乘夜船前往省城广州市桂香街尧俊公祠堂，拜祭岑氏广东始祖尧俊公。尧俊公是东汉征南大将军舞阴侯岑彭第二十八代孙，居河南邓州，为宋隆兴癸未进士，官至上柱国卿。后因与奸相贾似道不和，被谪官岭南，成为粤之岑姓始祖。

尧俊公祠堂建于清雍正年间，有房四座，每座三间过，另在街尾建有魁星楼一座，楼前建高阁三进。祠堂也是书院，主要供岑氏子孙在广州读书求学时居住。

介舟公老年得子，自然将瑞庭视若珍宝，他深知"玉不琢，不成器；人不学，不知道"的道理，对小瑞庭倒也不宠不娇。小瑞庭谨遵教诲，读书不辍。介舟公对儿子最根本的教育，是在"知根立德"上。

所谓"知根"，就是要知道自家岑氏来源。

所谓"立德"，就是要有做人的道德底线。

介舟公带儿子来祭祖，无非要对儿子进行最后一次家族教育。介舟公带小瑞庭拜祭过尧俊公后，找了个清静地方，两人面对面坐了下来。介舟公望着儿子稚气的脸，不由得心头一酸，几乎流出泪来。儿子太小了，失怙后他将如何面对残酷的人生、贫苦的生活？那些因穷而去偷去抢沦为盗贼的人自古不少啊！他岑观旦的儿子绝不能辱没祖宗，而要以祖宗为荣、为榜样。现在自己能为儿子做的，就是让儿子再次认识祖先的荣耀。

"我儿，你还记得爹给你讲过的列祖列宗的故事吗？"介舟公语重心长地说，"爹再给你讲一次。"

"爹，你给孩儿讲过的，孩儿全记得。"小瑞庭信心十足地说，"爹的意思是要瑞庭以先祖为榜样做人！"

"啊？"介舟公一愣，试探地说，"那你说说我们岑氏的来源。"

"爹，我们岑氏源远流长。"小瑞庭不慌不忙地说道，"溯自周朝姬氏，始祖被周武王封于岑地建立岑国，子孙后代便以国为姓，万世一系，至今已有三千余年。"

"你，你记得那么清楚？"介舟公大为惊奇。

"爹，有什么好惊奇的！列祖列宗的事，你清明拜山时讲，重阳登高时讲，拜神时讲，饮了酒高兴起来又讲，儿子想记不住都难。"

"哈哈哈！"介舟公禁不住笑起来。

小瑞庭调皮地笑着说："你知道娘怎么说你吗？说你口拍姜（粤语，意为'用力地捶'）一样说不停呢！"

"呵呵，那爹再考考你，我们岑氏出过些什么人物？"

"我们岑氏出的人物多啦！爹，你要孩儿说多少个？十个行了吧？"小瑞庭认真地说。

"啊？"介舟公又吃了一惊，"你能说十个？"

"应该能吧。爹耐心听着，给孩儿指指错。"

小瑞庭一下子数出十个来。介舟公看着如此聪明的儿子，不觉一阵心酸地说："我儿，你都答对了，爹甚是高兴。如果阿爹要远行，很长时间也不回来，爹有点放心不下你和你阿娘呀。"

"是吗？"小瑞庭疑惑地望着父亲，追问道："爹为什么说放心不下孩儿和娘呢？"

"爹说过吗？"介舟公有点慌乱起来，他知道儿子聪明，会猜到什么。果不其然，小瑞庭突然哇哇地哭了起来，边哭边说："爹不能走！爹不能走……"

"傻孩子，别哭别哭，爹现在不是好好的吗？"介舟公紧紧地搂着小瑞庭，摸着他的头开导说："瑞庭乖，好好听爹说话好不好？"

"好的，孩儿不哭！"

"孩子，看着爹，记住爹的话。"介舟公扳住小瑞庭的肩膀，郑重其事地问，"做得到吗？"小瑞庭点点头说："做得到！"

"我儿，你看我们列祖列宗如舞阴侯、尧俊公等都免不了要走的是不是？虽然他们走了，但他们的后代要活下去，一代接一代是不是？所以有那么一天，爹也会走的，是不是？"小瑞庭的眼泪唰唰地流下来，呜咽着说："爹不要走，不准爹走……"

介舟公心如刀割，但他清楚此时此刻容不得半点含糊，必须让儿子有一个坚强的心态。他用力摇了摇儿子瘦小的肩膀，呵斥道："不准哭！你不乖啦？尧俊公看着你生气呢！还不收声？"

小瑞庭赶忙擦干眼泪。

"爹为什么会说走得不放心？"介舟公叹了口气，不无担忧地说，"就怕你们母子俩就晓得哭哭哭！"

介舟公替儿子抹去泪痕，疼爱地说："瑞庭好好听爹的话好不好？"小瑞庭点点头说："好！"

介舟公让儿子坐得端端正正的，语重心长地说："瑞庭，你很聪明，但要好好活下去单靠聪明是不够的，知道吗？力不到不为财，还要怎样？"

"勤勤力力，不贪精学懒。"

"嗯！俗语说贪字得个贫，见便宜莫贪。勤勤力力不忧食，淡淡泊泊有快乐。唉！穷，是可怕，一文钱难倒七尺汉。庭儿，爹今天要教给你一个不怕穷的方法。"

小瑞庭却抢着说："爹早就教给孩儿了！"

"啊？"介舟公不由得大吃一惊，对小瑞庭说："那你讲讲，是什么方法？"

小瑞庭一迭连声地说："贫而无谄，富而无骄。君子安贫，达人知命。人不可以苟富贵，亦不可以徒贫贱。穷……"

"好好好！"介舟公急忙叫停小瑞庭："爹什么时候教你的？"

"孩儿很小时，爹抱着孩儿边喝茶饮酒，边念书唱诗，孩儿听着，有记得的，有没记住的……"

"哦！原来如此。"介舟公恍然大悟，无比感慨，这不就是无心插柳柳成荫吗？有子聪敏如此，夫复何求！

介舟公郑重其事地说："瑞庭我儿，爹对你也没大的要求，就希望你一辈子都做到孟子说的'穷则独善其身，达则兼济天下'，要争取多读书，读好书，做得到吗？"

"做得到！爹放心！"小瑞庭信心十足。

"好！爹相信庭儿，爹放心！"介舟公心头一块大石终于落下来，顿感一身轻松。

一年后，介舟公病故。小瑞庭哭昏了过去。介舟公生前虽也曾家道殷实，但治了两年病，虽未曾穷到家徒四壁，但也几近家空物净了。介舟公死后一年，小瑞庭母子只能吃粥度日。虽说介舟公生前门生不少，亦有感师恩者前来探望孤儿寡母，送柴送米，但小瑞庭的母亲叶老夫人生性好强，一一婉拒，所以日子愈发艰难。一天晚饭过后，叶老夫人对十岁的瑞庭说："我儿，娘亲对不起你，没本事供你上学了，明天就不上学堂了吧！"

小瑞庭懂事地点点头，说："孩儿知道，娘亲辛苦了！"

叶老夫人嘱咐儿子说："我儿，明天娘亲要去村里大户人家做家佣，你自己在家照顾好自己，知道吗？"

小瑞庭一听，扑通一声跪在母亲面前，流着泪说："娘亲，万万不可去做佣人，爹在天之灵一定不会答应的。"

叶老夫人闻之一愣，随即生气地说："你爹不答应？不答应为什么要丢下我们母子俩啊？庭儿，米缸里的米不多了！娘亲不去做家佣，我们母子就只能喝西北风了！"

小瑞庭固执地说："娘亲不能去，让瑞庭去打工养娘亲吧！"

叶老夫人边拉小瑞庭起身边说："傻孩子！你才几岁，会干什么活啊？说什么要养娘亲的大话？还不起来啊？要娘折堕（粤语，意为'遭报应'）啊？"

小瑞庭边站起来边问："娘亲，那瑞庭找到活干，娘亲就答应不去做佣人了？"叶老夫人显然是为了打发儿子，也没深思，随口应付道："是是是，你能工作养活娘，娘还去做什么女佣？娘就太高兴了。"

小瑞庭破涕为笑，认真地对母亲说："娘，这可是你说的，别到时赖猫（耍赖不认账）啊！"

叶老夫人哭笑不得，拍了拍小瑞庭的手臂，没好气地说："是是是，是娘说的，娘的牙齿当金使！"

小瑞庭闻言转身便走，一阵旋风似的夺门而出。叶老夫人一愣，急忙喊道："庭儿，庭儿，你去哪儿？……唉！这孩子要上哪儿，干什么去呢？"

小瑞庭要去的地方是岑氏祠堂。何谓祠堂？简言之，就是宗族文化的承载体。宋代以后，北方人民因种种原因，进行了几次大规模南迁，而远离家乡的人们为了维系家族的团结，以便在陌生的异乡更好、更顺利地生存发展，于是便建立新的祠堂，它与家乡的祠堂是源出一脉、万世一系的。可以说它是一种近乎封建朝纲的体制，而以家族为主体。祠堂作用之大，非现代人所能想象。简单地说，基层政府的功能它全部拥有，而且省去官僚程序，能够快捷妥当地处理家族中发生的种种事务与问题。

祠堂的建立，首先是为了家族祭祀，追祖德，报宗功，慎终追远，其次是传达与强化不忘根源、回报根本的光宗耀祖思想。族中有人金榜题名，所属祠堂才能"竖旗杆"，于是祠堂又成了展示家族声望地位的场所。祠堂的存在，不仅为人们提供了展示家族荣耀的地方，而且维系着一套家族的组织纪律和制度。旧时各祠堂都置有祭田和商铺，其收入所得，除供祭祀外，还为生童提供应试经费、会试路费。每年节庆，祠堂都会从祖业收入中拿出一部分钱来，按男丁每人一份分发猪肉，俗称"太公分猪肉"。

小瑞庭当晚直奔祠堂，当然是为求助而去。也许小瑞庭运气正佳，平日较安静的祠堂，这时却灯火通明，族长在召开会议。祠堂的最大作用是维系族人，保持社会和谐与安定。所以不管大事小事，大小士绅都会汇聚一堂，分析利害以做出对策。

小瑞庭来到祠堂大门外扑地跪下，高声叫道："岑门侄孙岑逢年求见族长！"

族长三叔公正在主持会议，门人悄悄进来附耳说："介舟公孤儿有事求见，我哀其可怜，特来禀告，族长自决。""哦！"族长迟疑了一下，拱手向座中众人说："诸位，族孙岑逢年现跪在大门外求见，想来必有要事，我需出去一会儿，怠慢矣！"说完匆匆离去。众士绅互相望着，有人嘀咕道："那是介舟兄弟的孤儿吧？发生了什么事？"随后众人也纷纷离座出门查看。

小瑞庭见族长三叔公走来，便急忙叩头请安："族孙岑逢年给族长叩头请安！祝族长福如东海，寿比南山！"

族长望着地上跪着的小瑞庭，不由点点头说："嗯！你爹把你教育得不错，教之以义方，不纳于邪。有礼有貌，有规有矩。不用跪着，起身说话。"

"族孙不敢，但求族长帮忙！"

"你有什么事？"

"'哀哀父母，生我劬劳'，家母身体有恙，却为了不孝儿要去做家佣，族孙恳求族长想办法，让族孙去打工，以尽赡养家母之孝，大恩大德没齿不忘！"

众士绅闻得此言，不由啧啧称奇。族长仰天长叹："'庶人将昌，必有良子！'古人之言岂谬哉！"族长与众士绅回到会议室，此时话题却转移到小瑞庭的事上，不少人主动提出愿意给予照顾关怀。

族长与祠堂具体管事的士绅两人连夜到小瑞庭家，向叶老夫人讲了小瑞庭的事和祠堂为他们母子俩做出的安排：小瑞庭到四族叔家做干看门、扫地等轻活的童仆，叶老夫人就安心在家做祠堂交给的针线活。叶老夫人连声感谢。

夜深人静，叶老夫人悄悄起身来到前厅，给先夫介舟公上了一炷香，跪下说："老爷，讲件事给你听，让你高兴高兴。你生前担忧个仔（粤语，指'儿子'）熬不了苦，因为穷而去偷去抢，不劳而获，还搞些歪理骗己骗人，我也很害怕。事关'学好三年，学坏三天'，'学唔到铁拐李，学到只脚'，现在好了，我们庭儿原来是个孝子！他听说我要去做佣人养他后，怎么也不肯，非要自己去打工养他娘亲不可。我没答应他，他竟然晓得到祠堂找族长三叔公来说服我，真是'虾大有肠，鱼大有肚'！我很高兴，但不敢赞个仔，怕'白撞雨'赞（溅）坏啊！响鼓不用重槌敲，相信个仔话头醒尾（粤语，意为'领悟力强、机灵，能举一反三'），自己知道该怎样做……"

躲在角落偷偷听着的小瑞庭泪水无声地唰唰直流。

未足十岁的小瑞庭，也就是天才大师岑仲勉的祖父，开始了"佣力之人，计工而受值"的打工生涯。

十五岁那年冬天，小瑞庭背着架撑（粤语，意为工作用具），顶着北风，走街串巷叫喊着"知纹知路""稳阵"……诸位，一百多年前走街匠人喊的这口号，可猜得到揽的是什么活？前者是替人劈柴，后者是替人修理桌椅。那时乡镇的居民烧水做饭用的都是木柴，而大块的木柴一旦"扭纹"就很难劈开，俗语有云"扭纹柴难破，扭纹媳妇治死家婆"，可见"扭纹"柴实难"对付"。所以替人劈柴的匠人便以知技巧、"懂纹路"作为口号。而粤语"稳阵"就是"稳当"的意思，有什么三脚凳、三脚椅等不稳当的家具，那当然得修理以让它"稳阵"啦！

小瑞庭路过一大户人家门口，喊了两句口号后，就被门口的中年男子叫住了。

小瑞庭立即站住，毕恭毕敬地欠身向男子询问："老爷，请问要小的做什么工夫呢？"

那男子将小瑞庭上下打量了一番后，疑惑地问："我看你年纪尚幼，怎可能又会'知纹知路'又会'稳阵'呢？"

小瑞庭低着头不卑不亢地说："老爷，小的自小贫贱，所以用心学了很多卑贱的谋生技艺。"

"哦！我猜你念过书是吧？这不是《论语》上的话吗？"

"是，老爷，小的六岁时先严教读过《论语》：'吾少也贱，故多能鄙事。'因与身世暗合，故记得牢。"

"好！好！"中年男子说，"你跟我进去，先把院子里的柴劈好。"他把小瑞庭领进院子，吩咐完工作便离去了，也不说价，小瑞庭也不问，独自默默地劈起柴来，边劈边堆好。

傍晚时分，中年男子出来，看了看堆放整齐的柴，也不给钱，却失惊无神地问："小子，人们都说'积财千万，不如薄技防身'，你知语出何处吗？"

"老爷，"小瑞庭恭敬而自信地说："出自颜之推《颜氏家训·勉学》篇引谚语。"

"哦！失怙后还有读书吗？"

"回老爷，没有。"

"你却懂得不少啊！"

"老爷，古贤说：'抱关击柝，尚可自养，而不害于学。'所以小子工余尚借书自学，但冀有日能'中流自在行'而已。这也是先严对小子的寄望。"

"哦！好！有件事想与你商量。"中年男子说，"你以后不要上街揽活了，到我米铺来，边做伙计边读书，日后也方便图个出路，可好？"

小瑞庭抱拳打拱致谢道："多谢老爷赏识抬举。不过事关重大，小子必须回家禀告家母，看娘亲意下如何，才能回复老爷。"

小瑞庭回家后与母亲商量，母亲说："庭儿，这事在娘亲看来当然是好，也难得人家老爷有这善心。但事关你前途，所以还得你自己打定主意。你读过圣贤书，就照圣贤说的去做吧！"

"娘亲既然让孩儿自己作主，那孩儿也就大胆向娘直说了，爹生前一再要孩儿做到'穷则独善其身，达则兼济天下'，太史公说，'以贫求富，农不如工，工不如商'，苏东坡说，'人不可以苟富贵，亦不可以徒贫贱'。那么有机会时孩儿是应当去奋斗的，孩儿想应承老爷的好心邀请，去米铺学做生意。"

小瑞庭（下称岑瑞庭）在米铺待了三年，从打杂到一般伙计到采购到主管，三年间他用心向学，掌握了米铺的经营方式，老板竟也着意栽培。三年后，岑瑞庭有意自己开店经营，并向老板吐露心声，也不担忧被斥责忘恩负义。谁知老板仍像当年邀请他入店做伙计一样赏识他，豁达地说："好好好！这才是我欣赏的岑瑞庭啊！'大丈夫当雄飞，安能雌伏？'"岑瑞庭感动得连忙叩谢："老爷栽培之恩，瑞庭没齿不忘！"

"快起来！快起来！男儿膝下有黄金，此等小事，何能受你大礼！"岑瑞庭感动地表示："老爷日后有用得着瑞庭的地方，瑞庭保证赴汤蹈火，在所不辞！"老爷频频点头说："我相信我相信，君子一言，快马一鞭！岑君岂是食言之人？'人非人不济，马非马不走'，以后合作愉快！"

"一定！一定！土非土不高，水非水不流。"

"或许，我这辈子最值得骄傲和欣慰的，就是发现岑瑞庭这个孝子和人才！"东主望着岑瑞庭的背影颇有感触。让他想不到的是，他过身许多年后，岑瑞庭真的拉了他陷入经营困境的儿子一把，此是后话。

当了三年米铺伙计的岑瑞庭有了经营经验，手上也积攒了点钱，在族长三叔公等士绅的支持下，他开了间"祥农米铺"。

那米铺装饰得甚有文化味，店门两侧是一副楷书对联："一粥一饭，当思来之不易；半丝半缕，恒念物力维艰。"横批："勤俭持家。"

进门后，只见柜台上方标有四个红色大字：铁价不二。

米铺前店后宅，别有乾坤的是后宅。

穿过米铺便是一口天井，周边栽着兰花翠竹，十分雅致。穿过天井，就是一间厢房，被布置成书房的形式，四个书柜整齐地摆放着经、史、子、集四大类图书，供读书人随意在此品茗读书，或高谈阔论，切磋诗文，由此吸引了当地不少文人学士，甚至有官吏等来此雅聚。

祥农米铺可以说自开张之日始便兴旺不衰，生意越做越大，有人说做到了湖南、湖北、江西、广西。

尽管有人嫉妒，有人中伤，但却无损祥农米铺如日中天之声誉，它那"铁价不二"和服务到家的经营方式，一般米铺确实难以做到。所谓铁价不二，是指灾年丰年一个价，天天一个价。服务到家是指老、弱、病、残、幼、孕等顾客的货物均免费代送到家。对此，官府也多次给予不同形式的表彰。

自祥农米铺开张，乡亲们逐渐见证了"庶人将昌，必有良子"的效应。年纪轻轻的岑瑞庭被乡人尊称为瑞庭公，乡人家家皆以其作为"力能胜贫"的榜样教育儿孙。令乡人感动的是，他不但起到了带头作用，而且真的做到了"达则兼济天下"。米铺说是铁价不二，但对残疾孤寡家庭却是低价甚至赠送，使岑瑞庭善长仁翁的美名传扬一县。而引出神牛传说的，却是清咸丰十年间他慷慨解囊赈济灾民，使乡民与逃荒者无一饿死的善行。

话说清咸丰年间，天灾人祸遍布我中华大地。

先说天灾。据说那时地球正逢"小冰川时期"，异常的气候使温带地区降雨量剧减，夏季严重干旱，冬季奇寒，可耕地面积减少，粮产下降……那期间，河北、河南、上海、江苏、福建、广东乃至海南岛，灾害连年……

再说人祸。清咸丰帝在位十一年，被迫签订了十一个不平等的丧权辱国条约。外患如此，却还有内忧，国内处处有揭竿而起的农民起义，太平天国势力横跨半个中国，这导致朝廷连铸钱的铜矿石也运不出来，只能印纸币，纸币充斥市面后又引起通货膨胀，物价高昂，社会动荡不安。

此时的清廷，已经"四海变秋气，一室难为春"了。

在天灾人祸之下，本为鱼米之乡、富庶之地的珠三角南海、番禺、顺德，也频见桑树枯死、鱼塘干涸、禾果失收的灾年景象，以致路上乞丐流民日益增多，百姓饥寒哀号，惨不忍睹……

岑瑞庭面对灾情，多次联络各乡乡绅联名上报县衙，强烈要求官府立即开仓赈灾。但官府的答复，无一不是强调朝廷连年与洋夷匪逆作战，国库空虚，县衙钱粮皆缺，现上无拨款下无税收，如何赈济？还望各位乡绅秉着好生之德慷慨解囊、积德行善，好为主上分忧、替庙堂担责云云……

岑瑞庭相信，这世上还是有"身多疾病思田里，邑有流亡愧俸钱"的好官的，但国弱政颓却也是不争的事实，"财之不丰，兵之不强，吏之不择，此三者存亡之所从出"，奈何？

在一个寒冬腊月的晚上，天降大雨，正秉烛夜读的岑瑞庭忽然听到门外传来孩子的啼哭声，不由心有所触，赶忙持烛出门查看，只见守门仆人正与一对抱着幼儿的年轻夫妇周旋。

那男子见到岑瑞庭赶忙作躬打揖说："对不起，对不起！老爷，我们立即走，立即走。"说完拉起妻子就要走。岑瑞庭一把拉住男子说："风大雨大往哪儿走？你傻了吗？你也得为妻儿着想吧？"说着便伸手摸孩子的额头。

"发烧得厉害！快进屋里去。"岑瑞庭边说边将这对夫妻往屋里推。进到屋里，男子突然扑地跪倒在岑瑞庭面前，声泪俱下地说："老爷，救救我家女儿吧！不瞒老爷，我女儿发烧两天了，刚才去求医，因没钱被赶出门……"

"别担心别担心！"岑瑞庭边拉男子起来边说，"马上给你女儿药丸吃。"岑瑞庭跟名医学过制药丸，并在家中常备以济人，于是当下拿出解热散汗药丸给两岁的幼女喂下。岑瑞庭把过脉后，便拿便笺开起药方来。

说也奇怪，幼女吃过药丸后再也没啼哭，慢慢安静地睡着了。

岑瑞庭把药方递给男子，叮嘱说："明天去药店执两剂药，孩子应无大碍了，多喝水。"男子却没接药方，叹了口气说："老爷，实不相瞒，我们连粥水都喝不上了，哪还有钱执药？只希望老爷多给几颗药丸。"

"哦！"岑瑞庭心头一沉，脱口问道，"乡里大多人家都这样吗？"男子悲伤地说："十有八九！唉，有头发谁肯做癫痢呢？因为水旱害虫多，所以收成差，离开耕还远，就已经没口粮了，番薯芋头也撑不了几天，再迟一些怕要啃树皮、吃观音土了……"

"明白了。那你先拿些药丸和吃的回去。乡亲们的困难祠堂和乡府会想办法的。"岑瑞庭安慰道。

岑瑞庭叫下人拿来一盒药丸和几斤米，让夫妻俩带回家去。

夫妻俩千恩万谢带着东西离去。没走几步，男子忽然回头，对岑瑞庭说："老爷，我是住前村的阿强，日后老爷需要人手做粗重工夫，就来找我，我也要为乡里出力。"

"好好好！赈灾搞起来一定找你，有钱出钱，有力出力！"岑瑞庭颇为激动。

此事惊动了叶老夫人，她走出来问发生了什么事，岑瑞庭便一五一十禀告。"唉！"叶老夫人叹了口气说："今年开年时我就觉不安，担心是灾年。你看，雨打惊蛰节，二月雨不歇，三月田干裂，四月禾生节……庭儿，你计划怎么赈灾呢？"

"娘亲，一人计短，二人计长，这样大的事情，孩儿心想应该由乡府出面召集各乡绅开会商量对策。"

叶老夫人点点头，赞同地说："好！众人是圣人，听听大家的主意。总之记住一条，'钓鱼要忍，打蛇要狠'，自己拿定主意。"

"娘亲放心，孩儿不会辱没岑家声誉的，'穷则独善其身，达则兼济天下'始终牢记心头。""庭儿，你是'借鞋连袜脱'的人，娘亲相信你能做到'达则兼济天下'，娘亲只想提醒你，赈灾是'众人戽水搵船浮'（粤语，意为'众人舀水让船浮起来以渡河，形容齐心合力共渡难关'）的事，所以要把乡亲们都发动起来，有钱出钱，有力出力。"

"孩儿明白了，谢谢娘亲！"岑瑞庭谢过母亲，找来纸笔，写下"和衷共济，力度时艰"八个大字标语，准备明早贴到村口显眼的地方。

第二天一早，岑瑞庭带着仆人出门沿村道查看，残垣下、大树脚下虽有露宿者，却还不算多，但岑瑞庭相信此后流亡者必会增多。在村外转了一圈，不知是天阴风紧还是什么原因，岑瑞庭心里总觉不爽。转回村里时，他看见一群老人和小孩正在禾堂仓库墙下挤着晒太阳，见岑瑞庭走近，纷纷恭敬地叫着"老爷"问好。

"大家好，大家好，都吃过早饭了吗？"话一出口，岑瑞庭就后悔了。没有人作声，也没有人诉苦。一个四五岁的男孩望着岑瑞庭怯怯地说："老爷，我想吃番薯！"话未说完便被身边的老人一把拉过去，孩子却委屈地哭了起来，老人抱歉地朝岑瑞庭笑了笑。

岑瑞庭鼻子一酸，几乎流下泪来，急匆匆地说："忍一忍，忍一忍，一定有得吃……"说罢匆匆离去。

岑瑞庭一路往祠堂走去，无限感慨。在丰年时节，正值农闲的村民是多么快活悠闲，孩子们在犁过的田里烤芋头，围着窑火嬉戏打闹，妇女们磨米浆的磨米浆，纳布鞋的纳布鞋。男人们一边说着笑话，一边打天九，现如今却只能等着官府的赈济。万一没有等到赈济呢？岑瑞庭不寒而栗。也许，不少见到岑瑞庭，尊称他为"老爷"的人们，宁肯饿死在荒村野道，做顺天立德的子民，也不犯上作乱，但若他们"怒从心上起，恶向胆边生"，揭竿而起，那伏尸千里的乱象便起。

想到这里，岑瑞庭急忙往祠堂赶去。

经过祠堂乡府一天紧张的会议，各乡绅统一了认识和行动，正式开展赈济行动。

作为乡里的首富，岑瑞庭不但捐钱捐米捐物占了大头，而且上一线亲力亲为指挥，甚至为灾民分粥送药，灾民无一不感动。大年初一，岑瑞庭吩咐把自家猪圈里能出栏的几只大猪都杀了，让灾民都能吃上肉，哪怕一人一小片，也有过年的味道！领到肉的一个湘西土家族老婆婆忍不住哗的一声哭出来，拉着岑瑞庭的衣袖感动万分地说："老爷，你真是大好人、大善人啊！善有善报，你的子子孙孙会出大才人、大名人、大官人的……"老婆婆这一哭不打紧，惹得在场的男女老少都哭了起来，"多谢老爷""多谢大善人"的叫声此起彼伏。急得岑瑞庭拼命挥手劝止众人："别哭别哭，过年要高兴啊！新春大吉，人人平安！……"说着说着，自己竟也泪流满面。

岑瑞庭，也就是岑仲勉大师的祖父，他挺身而出、带头赈灾的效果如何？据岑家家谱记载："清咸丰十年，岁饥，公解囊开仓，乡人赖以活者极多。"而据史册记载，当年灾荒，顺德桂洲乡没有一个人饿死。

岑瑞庭勤俭致富后，先娶胡氏生有六子一女，继配何氏生下一子，遂在古巷社先后建起一式七间大屋，分与七子居住。哪七子？容后再说。这里先说赈灾后出现的一个神奇传说，而由于这神奇传说，古巷社改名为"牛归古巷"，并沿用至今，牛归古巷也因此成为当年顺德县八景中的一景。

岑瑞庭与乡人同心合力赈灾后，早造水稻获得丰收，阖乡喜气洋洋，这时不知是谁先传言：每到夜深人静之时，岑瑞庭那一式七宅直通翠竹冈的住地古巷社里，便会传出沉甸甸的牛踏石板声。此说越传越广，整个容桂地区都传遍了，传说的故事也越来越细致，不但说有牛蹄踏石声，还说那是桂洲外村二街真武庙的大铁牛想成仙，而古巷社里长有仙灵芝，会吐出仙气，所以大铁牛半夜会到古巷社吸仙气……

岑瑞庭也听闻了这个传说，心想："《论语·述而》云：'子不语怪力乱神。'哪有如此神奇之事？"但乡人、族人、家人莫不众口一词，说真有其事。为了一辨真伪，岑瑞庭决定彻夜不眠，听听有无牛踏石板声。他泡好一壶浓茶，准备几款点心，打算来个秉烛夜读，到五更三点天快亮时，岑瑞庭伸了个懒腰，心想哪来的神牛，不外是"天下本无事，庸人自扰之"而已！打了个呵欠，他不禁伏桌而睡。忽然，"笃笃"声由远而近传来，分明就是牛蹄踏石声！岑瑞庭一下惊醒了，感觉那声音犹在耳边飘荡，也搞不清是否在梦里。

一连几天，岑瑞庭总觉心中不安，不知是真是梦。想来想去，他幡然醒悟：既然牛是真武庙的，何不找它的主人问去？岑瑞庭备了礼物便直奔真武庙，去拜访住持。

见到住持，岑瑞庭报上姓名，说明来意：恳请住持赐教。

住持把岑瑞庭带入静室，分宾主坐下，微微一笑反问岑瑞庭："请问施主对铁牛夜奔一事，是怕、是喜，还是奇呢？"

岑瑞庭一愣，老实巴交地说："不瞒住持，岑某平生未做亏心事，何怕之有？万物有灵，若铁牛有缘成仙，也是件喜事，替它高兴。岑某见识浅陋，少见多怪，故此请教大师矣！"

住持正色说："施主，在贫道看来，这神牛夜奔既不奇也不怪。事因这传说出现不迟不早，就在贵乡善长仁翁合力赈灾而早造大丰收之后。古人云：'民之性，饥而求食，劳而求佚，苦则索乐，辱则求荣。'由此可知，与其说铁牛想成仙，不如说百姓希望善长仁翁得到上天的好报，从而使百姓长此以往有个靠山。不知施主以为然否？"

岑瑞庭若有所思，疑惑地问："住持的意思，是有人故意捏造的传说？"

住持哈哈大笑说："施主啊施主，容桂之地方圆百里，何以传说偏偏说仙气出在古巷社呢？是因为施主以倾家之力救人而大得人心啊……"

岑瑞庭急忙说："非也非也！岑某何德何能，惭愧惭愧！"

住持笑道："施主，积善之家，必有余庆。祝贺祝贺！这传说对施主既是动力也是压力，所谓'一为不善，众美皆亡'，善哉善哉！"

自此之后，岑瑞庭为善更勤，且代代相传。20 世纪 70 年代，岑瑞庭长子元骏的曾孙便遇见一件感人之事。那时他暂居广州教育路盐运西三巷，一天邻居梁先生忽然发问："你既是顺德岑姓，那么是否为桂州牛归古巷岑姓后人？"

当获得肯定的答复后，梁先生立即激动地紧握他的手说："幸运幸运！我终于可以亲自向你们道谢了！"梁先生如此激动，是因为岑家先祖曾行善救济过梁先生先人，这种恩情令梁家世代难忘。梁先生其时是广州重型机器厂车间主任。"受人滴水之恩，当以涌泉相报"的传统道德观念根深蒂固。

再说岑瑞庭行善不息，在光绪年间"丁戊奇荒"中再立赈济之功。灾后，岑瑞庭感于天灾常有、人祸无常，"穷人遇灾年，两眼泪涟涟"，得有人帮助他们，于是他借鉴祠堂"公偿"的形式，召集富裕乡绅捐钱捐物，成立了桂洲第一个也是唯一的一个慈善组织——集义善社，提出"服务乡梓、人人行善"的口号。岑瑞庭成为倡议人、首创人。

集义善社的活动截至 1950 年。最后一任董事长为岑瑞庭第六子元骥后人岑仲文。 1949 年，善社应群众要求，派人到香港，请岑瑞庭后人、清末翰林岑光樾为善社成立七十周年庆典撰序撰联庆贺。其联曰："集祐翔禨，正喜善因生妙果；义浆仁粟，无疆社祚祝长春。"（引自《鹤禅集》）岑光樾，正是岑仲勉的堂兄，他曾被周恩来总理邀请回京共议国事。

第三回

重金急贷雯公节
久病长难孝悌心

诗曰：

束脩西席聘鸿儒，
世代儿孙重玉壶。
最敬雯公担道义，
更行孝悌至桑榆！

上回说到本书主人公岑仲勉先生的祖父瑞庭公，"穷则独善其身，达则兼济天下"，或许有心急的读者会疑惑何不直接写岑仲勉大师，且容笔者稍做解释并致歉。要回答大师成长之问，必须首先解决道德传承和文化传承这两个问题。一个人如果没有道德底线，他可能会因为贫穷而去偷去抢，甚至杀人越货，还可能振振有词地指摘什么社会不公、贫富不均。一个学者如果没有道德底线，为了职称、科研经费、社会职务衔头而去抄袭论文，妖化同行，偷天换日，瞒上欺下，种种劣行不一而足。而道德传承绝非无源之水、无本之木，家庭影响、学校教育、个人修养缺一不可。

没有高尚的道德，就不可能"苏世独立，横而不流"。在道德传承上，家庭影响绝对是重要的，所谓"父不慈，则子不孝；兄不友，则弟不恭；夫不义，则妇不顺"。

由于世人不了解岑仲勉出生成长的环境，以为他就是出生于米铺商人家庭，所以对他因何半路出家也能一鸣惊人感到大惑不解，不可思议。普通米铺商人家庭与世代积善之家是不是有很大的区别？一个发起创建地方唯一慈善机构的家族，其家族成员对"真善美"的实践是不是会有深刻的认识？岑仲勉先生出生于这样一个浸润着中国优良道德传统文化的积善之家，幸莫大矣！

岑仲勉出生于富裕的积善之家，"幼承庭训"，父亲是清朝举人，堂兄是顺德最后一位翰林，良好的家庭影响使岑仲勉自小就养成了令人敬仰的美德，一生留下许多学术交谊的佳话。陈垣和岑仲勉于1933年开始交往，1961年岑仲勉逝世，陈垣是岑仲勉治丧委员会成员之一，经过20多年的交往，他们无疑结下了深厚的友谊。陈垣对岑仲勉的提携不遗余力，岑仲勉刻苦努力，成就非凡，谁能想到他俩却毕生从未见面？他们的友谊向世人展示了何谓"君子之交淡如水"！

史学界大名鼎鼎的陈寅恪、陈垣、傅斯年可谓岑仲勉的伯乐，但岑仲勉在中山大学教授"隋唐史"时，却偏要"班门弄斧"，旁征博引，论证陈寅恪所述不尽确当，招致一些人的不解。岑仲勉听闻后，坦荡地宣称："讨论与友谊，应截然划分为两事也！"古人云："风雨无乡，而怨怒不及也。"陈寅恪果然也不见怨怒。尽管有人数出岑对陈的唐史见解有七十多处不同意见，陈也只是让历史作出结论而已，反而对岑的学术多所推崇，其晚年所著的《元白诗笺证稿》曾多处引用了岑的学术成果。

鉴于道德传承如此重要，因此本书不遗余力，尽数岑门如何诗礼传家，父慈子孝，成就岑仲勉这位伟大的学者。

古人云："父母之爱子，则为之计深远。"

所以岑瑞庭富裕之后，最为重视的便是子女的教育。他的七个儿子分七宅居住，大宅元骏、二宅元聪、三宅元骧、四宅元驹、五宅元杰、六宅元骥、七宅元骀。大宅元骏早殇，无子，由三宅长子光埔为继。二宅元聪亦早殇，无子，由四宅长子汝愚为继。岑瑞庭（下称瑞庭公）践行对父母读好书、好读书、诗礼传家的承诺，规定各宅务必配置书房，购置经、史、子、集各类图书，并自书一联明志：藏书万卷可教子，买地十亩皆种莲（见岑光樾《鹤禅集》）。瑞庭公从自己的人生以及所见识的众人际遇中，深刻地体会到知识对人的重要性："扶危持颠，皆出于学者"。而知识是可以习得的，所谓"人虽禀定性，必须博学以成其道"。但是"务学不如务求师"，不过，"经师易求，人师难得"，瑞庭公为众子千挑万选，最后选定了心仪的老师陈东塾。陈东塾何许人也？陈东塾，名澧，字兰甫，人称东塾先生。番禺人，二十三岁中举，但其后七次均未能考中进士，遂绝意科场。尝自谓"少好为诗，及长弃去，泛滥群籍"。陈东塾先生著述甚丰，计有《声律通考》十卷、《切韵考》六卷附《外篇》三卷、《汉书地理志水道图说》七卷、《汉儒通义》七卷、《东塾读书记》十五卷，且其人甚有主见。晚清重臣张之洞写的《劝学篇》中说："五经总义，只读陈澧《东塾读书记》。"一时令陈东塾风头无二，无人不识。加上广东巡抚郭嵩焘说："到广东只要会晤过陈兰甫，便不枉此行矣！"更使陈东塾名声大振。瑞庭公岂能不闻？于是，他决定送元骧（字德辕，号雯，岑仲勉伯父）、元驹（字尧辕，岑仲勉父亲）前往拜师求学。

陈东塾收徒甚严，使瑞庭公有所担忧，所幸陈东塾一见生得俊朗乖巧的元骧、元驹两兄弟便喜欢上了，答应收两兄弟为徒，两兄弟当即下跪叩谢师恩。瑞庭公这一决策可谓深谋远虑，这不仅让岑元驹考得清朝举人，更重要的是，使岑元骧即岑雯继承了陈东塾的声韵绝学，而后他又将此学传授给了岑仲勉。傅斯年先生说，粤学者独具研究中国古代历史语言的先天优势，"在广州的四方是最富于语言学和人类学的材料，汉语将来之大成全靠各种方言之研究……"而粤方言是存古最多的一大方言，因此粤籍学者研究粤方言并利用粤方言的音韵知识从事中国古代历史语言研究，无疑具有天时、地利的独特优势。而陈东塾的《广州音说》是最早研究广州方言的著作，既揭示了广州方言的音韵规律，也指出广州方言因中原移民而保存了中原中古音韵，这是他的一大发现。而岑仲勉将之运用到自己的研究工作中，把它发扬光大，其不愧为天才的徒孙。

元骧、元驹同事一师于罗浮山寄宿求学，几年下来学业大进，甚得老师赞赏。兄元骧尤工骈体文，诗作甚佳，弟元驹亦聪敏过人，却喜关注海防和新学，亦留心经世之学。

元骧生于咸丰三年（1853 年）癸丑，生而有异表，其"文"在手。元驹生于咸丰四年（1854 年）甲寅。兄弟两人形影不离，感情甚深，被人称为"孖公仔"（双胞胎）。

岑雯（即元骧）诗赋文章在容桂颇有名声，书法亦造诣颇深，多有求索者，其为人潇洒豪爽，朋友亦多。一天夜里，一位名叫周宸臣的朋友来访，说是有要事商量，需找一静处。岑雯把他带入书房，问他何事。周宸臣神秘告知：有一富家公子，其父手眼通天，已打听到该科应考试题，现愿出二万金指名岑雯代考。此事可谓一举数得，岑的作文一交，他保证立即把二万金献上。见岑雯沉思不语，周宸臣又着急地说，只要岑点头答允，他立即要求对方先交一万订金。

岑雯平静地说："周兄，你我读书人，何须作非分之想？元稹说得好，'莲池旧是无波水，莫逐狂风起浪心'。兄以为如何？"

周宸臣一听急了："哎，岑兄，哪有什么非分不非分？俗语说，杀人放火金腰带，修桥补路无尸骸。多少人作奸犯科得富贵？机不可失，时不再来啊！"

岑雯心平气和地开解说："周兄，我觉得做人要有志气，'饥不从猛虎食，暮不从野雀栖'。何必自降身份，人家做贼你就跟着去做贼？"

周宸臣叹了口气，不无嘲讽地说："岑兄，穷风流，饿快活，很得意吗？有钱送上门来不要才是傻的！"

岑雯豪迈地笑道："周兄，古人云：'富贵不淫贫贱乐，男儿到此是豪雄！'"

周宸臣失落地望着岑雯，不解地问："岑兄，为自己打算难道有错吗？孟子不也说'人不为己，天诛地灭'吗？"岑雯笑了笑，拍了拍周宸臣的肩膀说："周兄，先不管这话是不是孟子说的，就算是孟子说的，那这'为'是'修为'而非'为了'。记得孟子骂杨朱那一伙人'拔一毛利天下而不为'吗？"

周宸臣好奇地问："岑兄，那句话不是孟子说的吗？"

岑雯老实地说："我只记得某佛经上说'人生为己，天经地义；人不为己，天诛地灭'，说的是人要对自己的人生负责，就得修炼自己，不然社会就不会接纳你，以致寸步难行。"

周宸臣说："岑兄博学，怪不得人家点名要你枪替。我最后问你一句，做不做？"岑雯诚恳地说："周兄，小弟还是韩文公那句'其行已不敢有愧于道'"

周宸臣点点头说："我明白了，始终是'火不侵玉'。弟好意为兄送富贵来，恐怕却累了兄了！这辈子恐怕要入仕却难！也别怪谁！"说完悻悻而去。

岑雯尽管才气横溢，却果真屡试不第，无缘入仕，是否与此事有关，却无从查考。

岑雯事后写了篇《共勉录》，详论正人君子之道，颂扬其弟美行美德，愿兄弟互勉。

瑞庭公得知此事后，特地把众子女召集在一起，赞扬岑雯不辱家声，践行了祖父"为人要正"的遗言，并引《大学》中语教育子女："欲治其国者，先齐其家；欲齐其家者，先修其身；欲修其身者，先正其心。"

陈东塾闻之，感叹地说："'众人重利，廉士重名，贤士尚志，圣人贵精'，岑君不愧为固穷之君子矣！"

一天早上，岑雯正在书房为友人写条幅，却莫名其妙地脱手掉笔，条幅作废。岑雯正懊恼，忽有仆人冲过来惊慌地喊："快，快去大宅，老爷不行了！"

岑雯如遭五雷轰顶，夺门而出。待赶到父亲房间，一众亲人正跪在瑞庭公床前，哭声一片。瑞庭公躺在床上一脸安详，已魂归天国。

平日专门服侍瑞庭公的仆人说："近日一直都好好的，昨天晚饭时也像往常一样高兴地喝了杯米酒。今天早上进来问他是否要吃早餐，却见他躺着怎么叫也不应……"

有族中叔公安慰众人："瑞庭公安睡仙去，是修为到家了，大家节哀顺变，他老人家才走得安心……"

岑雯正遗憾父亲怎么没留下一言半语就走了，忽然与弟元驹不约而同地注意到书桌上父亲写的条幅："君子务本，本立而道生，孝悌也！"这是《论语》中的一句话。难道这是父亲意识到自己将要仙去而给子女留下的遗言？

兄弟俩对视了一下，不由得抱头痛哭。

瑞庭公在天之灵应该感到安慰，因为在此之后岑雯对胞弟悉心呵护，给世人树立了一个孝悌的典范。

岑雯之弟尧辕，凡事爱寻根究源，唯一的爱好便是读书，其兄岑雯引唐诗形容其读书之痴："寂寂寥寥扬子居，年年岁岁一床书。"但尧辕并非书呆子，每读必有所得，其感悟心得多著作成文，计有《癸酉桥庄读书录》《癸酉桥庄目录》《读易日钞》《读尔雅日钞》《庄子拾零》《淮南子拾零》等等，可惜所著均未及付印，便中道而殒，天夺其年，痛哉惜哉！

光绪十一年（1885年），尧辕时年三十二。他远赴京师参加顺天府科举考试，一举中得举人。

中举对平头百姓来说可谓天大的喜事。对传统文学了解较少的读者，不妨找本《儒林外史》看看第三回，保证你大开眼界并体会到世态炎凉，喷饭之余满腹感慨。中举是步入官场的第一步，官字两个口，讲话也大声得多。

岑家是大户人家，当然不会有穷人范进中举后高兴得发疯之类的诸多闹剧，但也禁不住高兴。因为这毕竟是向考中进士、获取功名前进了一大步，只要再迈出一小步，金榜题名，就可圆了祖父辈的功名梦。

中进士、获功名在尧辕看来是指日可待的事。比中举更令他高兴的是，中举第二年，他喜得次子。

这孩子生来也怪，人家的婴孩生下来后被接生婆拍一拍屁股便哇哇哭个不停，让父母亲友们听得痛快。尧辕这次子生下来挨打后哭是哭了，但哭两声就不哭了，倒把接生婆吓慌了，再打，也是打一次哭两声，就再也不哭了。接生婆三姑从没碰见这样的事，只好强笑着赞道："哎贵人啊！稳阵又隐阵，骑马又扶棍。唔多嘴，有规矩。又系中举……"

孩子妈没生气，倒挺高兴。众人也被逗得笑了起来，赞接生婆口乖（嘴甜）。尧辕给次子取名汝懋。汝懋长大后再取字仲勉。

古时有"抓周"风俗，《红楼梦》里便写到贾宝玉的"抓周"："……谁知他一概不取，伸手只把那些脂粉钗环抓来玩弄；那政老爷便不喜欢，说将来不过是酒色之徒，因此不甚爱惜。"

岑仲勉周岁那天，也免不了抓周。看着满桌的"玩具"，小仲勉顿时两眼发亮，往桌上爬去。满屋子的人饶有兴致地盯着。

小仲勉首先抓起的竟然也是贾宝玉的挚爱——脂粉钗环！顿时哄笑与叹息声一片。小仲勉也冲众人笑了笑。但小仲勉并没就此停止，继续找东西玩，只是舍不得丢开手里的。有的人不淡定了，朝小仲勉喊："官印！""元宝！"……

听到声音，小仲勉停了下来，望了望众人。似乎不得要领，又转过头去找他要的东西。满屋人的心似乎都吊到了嗓子眼儿，静得出奇。小仲勉这回抓住的是一支毛笔，还朝众人笑了笑。

全屋人都松了口气，神色却各不相同。小仲勉的伯父岑雯首先鼓掌大笑祝贺说："好啊！上天有眼，给我们岑家派来一个风流才子，这文曲星我看不简单！"

但也有人疑惑地问："风流好吗？"

岑雯朗声说："当然好啦！你们听听古诗怎么说的，'吾爱孟夫子，风流天下闻'，'风流儒雅亦吾师'，'天因著作生才子，人不风流枉少年'！你们看，小仲勉抓住毛笔，他将来做太史公也有可能！"小仲勉的父亲尧辕为哥哥如此疼爱自己的儿子感动不已，他自小就敬爱这位比自己仅大一岁的胞兄，自己中举当日，胞兄比自己还高兴，拉着他去给先父灵位上香。

但此时他的夫人却感叹说："唉！抓笔是好，但抓什么胭脂钗环，抓元宝不好？"尧辕斥道："抓什么元宝？'君子谋道不谋富'！做才子却得到很多钱，那肯定是不义之财，有损道义。还是雯哥说得好！风流才子，司马相如卓文君，佳话，佳话！这风流也不仅仅是男女情爱，还指俊逸才华，潇洒风度！"

这时太夫人高兴地说："俗语说：'落地哭三声，好丑命生成。'就犹如'茶楼点心——整定（早做好）'。说真的，风流才子也挺好，我喜欢。这么高兴的日子，到茶楼摆几桌去！"顿时一屋欢声笑语。

说来奇怪，小仲勉的抓周好像预示了他的命运。

岑雯虽然没有中举，却没有感到失落，反倒动起游学京师的念头。尧辕疼爱幼子，就没陪兄长前去。到了京师，岑雯并没有去游览繁华闹市，而是先去参观杨椒山故居。杨椒山是明朝著名的直谏名臣，因弹劾严嵩而遇害。后人为纪念他，在他故居用两块大石板刻上他当年弹劾严嵩的奏疏。但极具讽刺的是，"自古圣贤皆薄命，奸雄恶少尽封侯"。

岑雯来到杨椒山故居时，本是清幽雅静的地方，此刻却见人流不断，甚是热闹，不知发生何事。这时，恰好从大堂走出一位仆人，岑雯即趋前打听。那人打量了他一眼，轻蔑地说："你是粤人吧？听口音应该是。"

岑雯心里来了气，但还是忍着没发作，他反问道："是又怎么了？"

那仆人不屑地说："是呢，那甭问发生什么事，里面的才子们正要比赛作文章，老兄不如去别处逛逛！"

岑雯哈哈大笑说："带贝的财我没有，所以没法打赏你！带木的材倒有，看揍你奴才！"说罢抡起竹扇就要往对方头上敲，吓得那仆人狼狈而逃。

岑雯憋着气步入大堂，却见堂内整齐划一地摆放着备有文房四宝的单人单桌，坐着的大部分都是斯文的读书人，岑雯便知赛文大会是真的，也找了个空桌子坐下。

不一会儿，便见一官员模样的人出来宣布：由四川督学谭叔裕主办的赛文大会开始，文章题目自拟，文体自定，完全是"海阔随鱼跃，天高任鸟飞"。最打紧的是要写清楚自己的姓名及联络地址，免得获奖奖金送错。逗得参赛者大笑，现场气氛轻松愉快。

岑雯就立德立志问题痛快地议论了一番，置时下时髦的科技兴邦、全盘西化、天赋人权等话题于不顾，交完卷便离开了。事后，岑雯也没放心上。谁知过了几天，四川督学谭叔裕竟亲自来客栈拜访，祝贺岑雯折桂。在得知岑雯师出粤中名儒陈东塾门下后，督学对岑雯折桂之事也就不感到奇怪了。另外，督学还表示，此行并不只是祝贺，还有意邀请岑雯入川共事。督学盛情难却，岑雯当即答应下来。

双方商定五天后一同离京入川。也是事有凑巧，入川前的第四天，赴京做生意的同乡胡某住进岑雯所住的客栈，劈头撞见岑雯后急忙告诉他，尧辕脚疾严重，已下不了床了！岑雯一听呆了，二话不说就跑去找督学。

见到督学，岑雯抱拳作揖连连致歉，说不能随其入川了。得知岑雯欲返粤照顾患病胞弟后，督学不但没有怨言，还大赞岑雯兄弟之情，声言四川的大门永远为他敞开，欢迎他随时前来共事。岑雯万分感谢。

随后，岑雯公火急火燎赶回牛归古巷，家门也没进，就直接去看弟弟。

"哥，你怎么回来了？"尧辕大为惊奇。

"你的脚怎么样了？"

"你是怎么知道的？"

得知哥哥因为他的脚伤而辞去四川优差后，尧辕顿时热泪盈眶。

"哥，你不必这样的……"

"还说不必这样！你的脚都肿成这样了。"岑雯边查看弟弟的伤势边说，"大良镇有个老医生专治疑难杂症，我去请他。"

尧辕摇摇头说："哥，请过了，人家不肯来。"

"我去试试！"岑雯坚定地说。

那位名医年事已高，家里人怎么也不肯让他舟车劳顿出诊。

岑雯却是死缠烂打，不断哀求。名医的儿子实在忍不住，骂道："你怎么这么自私？你弟弟的命要紧，难道我父亲的命就不值钱？行船走马三分险，万一出了事谁负责？你别拿郎中就是要救人来道德绑架！换作你是我，你肯吗？将心比心想一想！恕不远送。"一席话说得岑雯哑口无言，只好怏怏而退。见兄长失落而归，尧辕赶忙安慰道："哥，这事情理之中，别难过懊恼，尧辕已经非常感激哥了！或许别的大夫也有本事……"岑雯也无可奈何。

傍晚时分，门人来报，有人来访，说是一姑娘与一老人。岑雯急忙出门一看，这不正是老名医吗？他急忙恭敬地将名医引入客厅上座。只听名医说："岑君，今天犬儿多有得罪了！"

"哪里哪里！实在是在下强人之难矣！己所不欲，勿施于人，令郎的指责合情合理。"名医摇头苦笑道："犬儿性情中人，死牛一边颈（意即死板，固执），赌气不肯陪我来呢！"岑雯不断致谢。

"岑君，客气话不说了，看病要紧。"名医主动说。

名医反复查看尧辕红肿的双脚，静心把脉后，笑了笑拍拍尧辕的肩膀说："岑公子，没事的，我是你爹的朋友，我怎能让他失望呢！"原来瑞庭公赈灾那年，正值名医出道不久，他也义务加入赈灾工作。岑雯走后，名医想起自己与瑞庭公当年并肩赈灾的往事，心潮汹涌，才毅然此行。岑雯两兄弟听后不觉热泪盈眶。正说话间，门人突然带进一神情慌的张汉子，正是名医的儿子轩儿，一见名医就跪下流着泪说："爹，孩儿知错了！错得离谱，请爹原谅！"

名医却板起面孔说："你知错啦？错在哪？"

轩儿痛心疾首地说："医者父母心，拒病患于外，此一错也。先贤云：'爱亲者，不敢恶于人；敬亲者，不敢慢于人。'儿驱赶岑君，此二错也。千错万错，最大的错是赌气让爹独行，此大不孝也！爹，孩儿真的知错了！"说罢，五大三粗的汉子竟像孩子般痛哭起来。岑雯两兄弟也顿时泪流满面。岑雯忍不住往前向名医跪下说："名医大儒在上，请受世侄岑雯一拜！世侄今儿有幸得知何谓医者父母心矣！令郎鲁莽犯错，在下惶恐不安，亦不敢代为求谅，唯长跪以谢矣！"

名医叹了口气说："岑公子请起！别难为老夫了。"岑雯哪肯？

"轩儿，你看，你这不把岑公子累到了？快扶岑公子起来！"

"谢过爹！"轩儿赶忙去扶。

"谢名医大儒！"

"轩儿，你去给尧辕哥哥把个脉去！"名医吩咐道，"给你一个改过的机会。"

"多谢爹！"轩儿谢过后便坐到床边给尧辕把起脉来。把脉过后，轩儿心直口快地说："尧辕哥哥，爹如果迟来三天，恐怕也不敢开方给你啦！"

"啊？！"岑雯兄弟吓了一跳。

"不过现在不怕。"轩儿自知失言，赶忙安慰说，"就算爹不出马，我也有办法把哥哥的病治好。"

"谢谢！太谢谢了！"岑雯抹了一把汗。

由于尧辕脚病严重，名医父子足足在岑家住了两个墟期，待他的脚开始消肿才留下药离去。一个月后，尧辕脚疾彻底痊愈。叶老夫人感慨良多，专门到大良镇最大的茶楼设宴致谢名医。又回桂洲乡摆酒，七宅齐聚，"会桃花之芳园，序天伦之乐事"。作为一乡首富，岑家当年之辉煌，奠定了百年后今天子孙星散世界各自灿烂的基础。

为了帮助尧辕顺利考中进士，岑雯带脚患已愈的尧辕再赴东塾先生处求学。东塾先生大喜过望，悉心给予指导。谁知天有不测之风云，尧辕又患上了一种怪病，先是腹泻不止，继转腹胀，兄弟俩只得辞别恩师返乡延医治病。

其时乡试渐近，岑雯却为弟弟的病跑这跑那，几乎放弃学业。尧辕一再要求岑雯去准备应试，岑雯却表示他的病一天未好，他就守护在他身边不走。尧辕急了，发狠说："我病三五年你就守三五年？你没有功名，我不成了罪人，对不起祖先？"

岑雯笑道："功名这东西若然是我的，那么早晚会到来的，不用急！"

尧辕凄戚地强笑了笑，说："哥，死生有命，'谁挥鞭策驱四运？万物兴歇皆自然'，你这样为我劳碌奔波也没用，还是顾好你自己吧！"

岑雯却正色说："弟弟，别这样说，你的脚病不是治好了吗？你这病也一定能治好！"

在喜欢吃鱼生的南海、番禺、顺德，当年也有不少人患尧辕这种病，而且都较难治愈。

为了照顾尧辕，岑雯瘦了一圈。岑雯见药剂有先煎、后下药引等讲究，怕下人搞错影响药效，连煎药也亲自来。尧辕久治不愈，脾气越来越差，仆人端上的药经常被他弄洒了，所以连喂药也要岑雯亲劳。一碗药喝完有时竟不止要一顿饭时间。这些还不算辛苦，最辛苦的是熬夜。

尧辕病越重越离不开岑雯，只要一醒来就找他，而且是一夜醒多次，岑雯没一夜能睡个好觉。粤语说"一夜冇得宿，三日补唔足"。为此，岑雯疲惫不堪。但令他难过的是，弟弟的病始终医治无效，以至于他不得不祈求起鬼神来。夜深人静，他曾三次在天井摆上香案，跪求苍天说："吾愿减寿，以续弟命。"

母亲半夜醒来看到这种情形，母子俩不由得抱头痛哭。

尧辕病了足足一年多。一天夜里，尧辕又从梦中醒来，大叫"雯哥雯哥"。和衣坐在床前的岑雯一下惊醒，急忙紧紧握住尧辕挥舞在空中的手，说："四弟，三哥在这！别怕！……"

尧辕吃力地断断续续地说："与与与君世世、为、为兄弟……"

岑雯猜到尧辕要背的是东坡诗句"与君世世为兄弟，更结来生未了因"，忽地产生一种不祥的预感，急忙大叫"掌灯上来！"原来尧辕有灭灯睡觉的习惯，所以尧辕入睡后，岑雯都把灯火藏起来。待到仆人把灯掌来时，尧辕已魂归天国。

东坡那首诗，是当年因乌台案入狱，自忖必死，而吟别兄弟的，岑雯因此才有不祥之感，不料果然是尧辕在向他道别！呜呼，"天下无不是的父母，世间最难得者兄弟"，古人者言之不妄出矣！

真是天妒英才，尧辕逝世时年仅三十五。岑仲勉大师三岁失怙，由伯父岑雯一手培育长大，这也是不幸中的万幸。此话怎说？容后再述。

岑雯与尧辕感情有多深？看过岑雯以下哭弟十六首，诸位自然知晓。

《哭尧辕弟十六首》（摘自岑雯所著《柳庐诗钞》，原序及注较详，现只摘其要录之）：

　　自弟之亡，靡日不思。穷者欲达其言，不知工拙。且仿谢康乐山居赋例自注之。每当哀思独往，按节一歌，犹恍若对榻谈也。呜呼！

西风料峭北风柔，烛点书堂夜不收。

岂有清尊能话旧，独将诗句数离愁。

人归有梦都如海，我去何山不是秋？

每到夕阳难独立，隔花墙外水边楼。

[注：予十月北归坐书堂每至夜分，冀一见弟，竟不得见。岂真吾弟为儒，必遵无鬼之论邪？弟亡数月，只得梦数次……（节录）]

却扫园林独懒眠，像苔生阁草成烟。

已惊柏叶秋先折，空有梅花雪后妍。

别绪早牵分藕日，泪痕难写种花天。

东风二月酴醾秀，莫问芳心向隔年。

（注：梅花十余本，上元日弟仍扶病看种莲花分送余藕。二月弟病榻中闻余种酴醾嘱儿添数本。）

药笼检点漫轻投，神桂仙松效不收。

炉鼎五更难住火，篝灯半夜惯藏楼。

啼痕已极花朝日，断梦归回麦雨秋。

我自吁天天不动。夜轮空话雨飕飕。

（注：弟病煎药多出余手。弟喜灭灯眠，又以余昼夜里顷刻难离，夜则辄劝早息。余佯诺。每篝火密藏楼中候之数月，率以为常。正月初五日始知其病候已深。医者言："难延四月。"竟以十四日亡。正月十九每灯火密藏楼中，连夜，予曾慕与龄之义，三祷于天。三月廿八日傍晚医生乘小船到诊，予冒雨夜半到船送行畅论病情。）

飒然别雨到台池，只得虚名系俗思。

傲骨莫留奇气尽，修裳谁念暑时披。

柳调体弱云非病，烛武精亡忍自持。

怕莶堂前华发泪，断肠难说两孤儿。

（注：弟十四日丑刻亡时，廉纤夜雨。弟貌清颀，眉目秀朗，微为颐削齿，豁病笃时曾密绘其像，后复追摹俱不肖。弟盛暑亦衣深衣。弟不喜自陈病苦，……特嫌伤老母心耳。其言最道。得弟心事，……弟病亦最相依，送死养生极为可感。）

燕语莺啼自送迎，东风无赖不干卿。

依依病首来朋好，落落孤怀有弟兄。

空叹高才刘孝绰，难回无命束长生。

数行墨泪新如洒，只得荒凉故旧情。

冬松秋桂可同时，自爱嵚奇自不知。

吾党今多遗直恨，贤卿早重姓名奇。

幸陪香火容成室，难寄云山有道碑。

堪叹西归观察梦，夜台齐唱落花词。

不忘经世竟如何，欲取韬沂共枕戈。

宪典早知枢业重，畴人偏叹岛夷多。

才惊星变秋堪异，岂料舟藏泽易托。

最是太邱知已在，龙泉应与倚天河。

（注：弟最喜实学求是之学。《皇朝经世文编》《会典》《大学衍义补》《舆地韵编》。今释《日知录》诸书，弱冠后已丹黄并下，次第卒业，尤服膺三通典，曾肄业学海堂，专习此，种一时所无，又喜算学。四元玉鉴，细草数书，九章杨辉算法，皆涉其流。又好读西洋兵书五种。丁亥八月十一日申刻，有星长数尺，层曲西南流，疑为枉矢，弟作诗异之。弟为学海堂学长，番禺陈古樵先生门人，二十一岁即有足下志，学时贤罕匹之誉。）

吉金乐石蔚遥馨，泰九三斋重一经。

荀郑以来调理象，斯冰而后数门庭。

龙伸返自神仙手，龟卜难延旷逸龄。

技了十人徒已矣，熹微忍与望晨星。

（注：弟书斋名泰九三。弟有读易日钞学篆，日钞学篆又工缪篆，尝为余镌二石。弟曾以小篆作擘窠书楹联，赠南海同年余太史鼎。三弟亡后，余惜翰墨无存，太史遂返璧存为家宝。）

性情最是到君奇，天属之间友亦师。

坚苦都教贫衲让，文章不许俗人知。

生前剩稿全归我，膝下传经赖有儿。

安石碎金容写定，一回吟讽一回悲。

（注：原注甚详，今概而述之云：弟刻苦学习，客人拜会也凝神静候而不知觉。曾写下不少未发表之著述心得，及不少诗并入《泰九三斋诗文集》。）

桥庄生意属农祥，耕读兼人世计长。

一自灵椿摧雨露，都将零米襟缣缃。

全家鱼椒依为命，百亩乌丝亦断肠。

目极先畴寒易落，春来谁问稻花香？

（注：概述先父背后常赞弟料理米铺，账目清晰。）

瞿仙一去学堂空，兰苗春辉叹转蓬。

邻笛摧残三径月，萧楼吹断六朝风。

陆琼本荷洪基寄，潘岳真伤皓首穷。

强得朝朝萱树下，开颜来与话青葱。

（注：概要为，忆弟"授儿选学，儿辈渐知……弟病辍神，予修其教"，又述"弟去学业荒矣"之叹。）

萍浮南北几徘徊，玉树芝兰总易摧。

一病不行连岁卧，十年再起得秋魁。

落帆尚想波臣虑，射覆终伤淑媛媒。

空有年年长夏后，隔江犹唱荔枝来。

（注：概要为，追忆弟初赴京应试病足南还，后复出遂领举。忆弟病由省城乘船返乡，由此病情日重。至今年年蝉鸣荔熟，空忆弟喜吃荔枝矣！）

我亦长安客倦游，哭君去后复归舟。

遗棺七尺门空掩，浅土千山价未酬。

偶拂芳尘来院落，难将薄酒到松楸。

生平枉不轻离别，一别千年竟不留。

［注：余奉慈母命北上会试，弟病而弃返。附挽弟联：识君三十五春秋，自总角而学而游，哀乐同心，一日难离亲骨肉；去国八千余里路，念斯人可师可友死生永诀，孤舟忍话旧文章。（节录）］

薄游南海到江浔，揖袂浮邱岁月深。

如此襟灵谁喻我？最难哀乐与同心。

孤舟海角家无岸，冷炬空闺夜听砧。

毕竟来生亦虚语，予生空自怆人琴。

［注：余与弟形影相随三十余年，今则内外无一可谈心者，孤怀惝恍，真不啻海角之孤舟矣，呜呼！弟病榻中曾诵苏诗："与君世世为兄弟，更结来生未了因"两句，以相慰藉。（节录）］

无言对处倍伤心，枕畔丝词记到今。

一握泪痕成万古，片时荒梦亦千金。

也知魂返香无术，其奈烟寒玉竟沈。

非恸夫人谁为恸，每难过处五更深。

［注：弟素寡言……向余言曰：三哥，余今夜不知如何辛苦矣！请勿去。二更后犹强，为余进药数口曰，愿请罪。言犹在耳，使人心痛！又病革前初四日日加午起坐隐囊，执余手唏嘘劝吾束装北试云，弟病不以兄去留为加损，应日自行，毋自苦也。弟荷先人福荫，老太太慈悲，当无别虑，又弟生平不解作机诈损人了，心地如青天白日云云。余掩决慰之。噫！其竟成永诀耶。数月以来只得梦弟两次……余不敢痛哭而伤老母心，枕上泪痕每觉长宵难度。（节录）］

　　　　豈谓天平损到渠，艰贞无咎亦终虚。
　　　　难闻别雁孤猿泪，爱读骚人谪客书。
　　　　剩我性情冰雪炼，痛君身世死生余。
　　　　中郎貌得曾何补，况貌中郎总不如。

（注：弟生平最喜"艰贞无咎"四字。故押记多用此语。余拟镌一章，敬佩不忘……）

此哭弟诗十六首，如杜宇啼血，悲切感人，可谓全然践行其父瑞庭公孝悌之遗训矣！亦为后人树立了榜样。

第四回

雯公悉心育子侄
仲勉着意扎根基

诗曰：

摩挲数尺沙边柳，
待汝成阴系钓舟。
且看雯公三子侄，
成梁成栋尽风流。

　　岑雯公竭尽心力为弟治病，弟弟尧辕却终因医治无效，仙逝而去。岑雯公因此一夜白头，但眼前的现实却使他连悲伤的时间都没有，他需要立即振作起来，担负起保障全家生活、安慰老母亲、培育众子侄的重担。尧辕公健在时负责的米铺财务工作，也落在他肩上。尽管家事千头万绪，岑雯公始终把对弟妇母子的关心放在第一位，这也是老母亲叶太夫人（岑雯母亲）最关心在意的问题。太夫人担心孤儿寡母寂寞，便叫他们母子以后与岑雯公一家共餐。谁知第一天就闹出个大头佛（粤语，意为"大麻烦"）来。

　　岑家有个家规，就是每餐众人坐好准备开饭时，后辈要逐个叫高于自己辈分的人吃饭。所以太夫人和颜悦色地教导小仲勉："仲勉乖孙，今天开始，上大桌吃饭了，要学会礼貌、规矩。等会你看光樾、光墉哥哥（两人为岑雯儿子）怎么做，你就怎么做，懂吗？"

　　小仲勉点点头说："懂！"

　　光墉、光樾先后叫定后，太夫人提醒说："仲勉，学会了吗？你叫人吃饭吧！"

　　小仲勉却发了呆似的不作声。

　　他娘亲急了，推了推他说："叫人吃饭啊！"

　　小仲勉却突然哇的一声大哭起来，边哭边说："哥哥们有爹叫，我没爹叫！我要爹，我要爹……"

　　事出突然，一桌人都被吓住了，面面相觑，不知所措。最伤心、最尴尬、最焦急的便是小仲勉的母亲了，但儿子的要求是合理的，她没有办法，窘急中只能带怒斥责："不准哭！你不乖啦？……"小仲勉却似乎更加悲从中来，越哭越大声。岑雯公把小仲勉抱起来哄道："仲勉乖，仲勉不哭，伯父就带你去见你爹……"小仲勉一听，立马不哭了。满屋人你望我，我望你，不知岑雯公葫芦里卖的什么药。岑雯公也不说话，抱着小仲勉径直往书房走去。小仲勉却不含糊，一直追问："我爹呢？我爹呢？"

　　进到书房，岑雯公指着墙上尧辕公的肖像说："见到你爹了吗？"

"是我爹！是我爹！"小仲勉欣喜若狂，挣扎着要从岑雯公怀抱里下来。

岑雯公把小仲勉放在书桌上，小仲勉伸出小手，抚摸起画像来。

"仲勉，你爹下南洋给你买宝物去了。南洋是很远很远的……"

"哦！南洋很远，很远。"小仲勉若有所思。

"仲勉，你爹说要买到宝物才回来，所以你要乖，听你娘和大人们的话，不哭不闹，知道吗？"小仲勉点点头说："知道。"

广东人自古便有下南洋经商谋生活的传统，岑雯公一个善意的谎言，让"南洋"深深印刻在小仲勉的脑海里，以至日后竟成为他一生治学中重要的研究领域。此是后话。

话说回来，岑雯公哪来尧辕公的画像？原来是在爱弟病中昏睡时，由岑雯公摹写而来。此画如神来之笔，摹得形神俱佳（见《哭尧辕弟十六首》中的第四首所注）。（据笔者堂弟岑世英说，此画仍保存在岑仲勉堂兄弟的孙辈家中）

画像后有岑雯公题诗《题尧辕像》："写出丹青来识真，须眉难拖况风神。芳兰竟体春何在？只为冰心照后人。"（摘自岑雯《柳庐诗钞》）

岑雯公视小仲勉如己出，小仲勉对岑雯公的依恋更是与日俱增，终于有一天说晚上要和岑雯公睡。这可难倒了岑雯公！谁都知道，寡妇守儿，儿子既是一生希望，也是驱赶寂寞的依赖，小仲勉晚上跟伯父睡，做母亲的就真的孤单无依了。别说岑雯公，就是太夫人也不敢拿主意。倒是小仲勉的娘有主见，说："仲勉是男孩，我也不想他老跟着娘成为裙脚仔（意指长不大的男孩），就让他跟着伯父提升一些阳刚气，像他光墉、光槭哥一样茁壮成长！"小仲勉如何成长按下不表，先说说岑雯公如何为两个儿子择师。

瑞庭公为儿子选择的老师是粤中名儒陈东塾，岑雯公为儿子选中的老师也不简单，乃是当时赫赫有名的学者简竹居。

简竹居，名朝亮，字季纪，号竹居，顺德县北滘简岸乡人。清末民初著名经济学家、教育家、文学家，与康有为同为"九江学派"的核心人物。其为岭南派朱次琦的传人，研习经史、地理，词章了得。后人评他说：康有为"思借治术使孔道昌明"，简，"思借著述使孔道灿著"。殊途同归也！简竹居著述甚丰，名噪文坛，至今还有不少学者研究其学说。其著作分为两部分，一是专著，有十一种之多，如《尚书集注述疏》《礼记子思子言郑注补正》等；二是编纂。其学术成就是南学重要的一部分，亦是南学的骄傲。

简竹居还是岑雯公的朋友，两人互有诗文唱和。岑雯公之孙岑光燧藏有两人交往诗词，现选两首分享。

《赠蒲草》："一色上阶绿，道是谁书屋。简园有主人，借得简菁宿。"

《答葡萄》："溯风转雨来，吹我凝碧玉。客醉不自由，试谱凉州曲。"

当其时也，国家内忧外患，风雨飘摇。朝廷签下一个又一个不平等条约，农民掀起一波又一波起义浪潮，廷臣积极推行洋务运动。戊戌变法，最终六君子被杀……面对动荡不安的时势，岑雯公对光墉等一班子侄进行了一番训导。

首先，当然是对"立德""为上为大"的强调。其次，以"刻舟求剑"的寓言警戒子侄们务必以发展的眼光看世界万物，紧跟时代潮流。"舟已行矣，而剑不行，求剑若此，不亦惑乎？"

为避免子侄们左耳进右耳出，水过鸭背（比喻记不住），岑雯公要求每人讲一个词成一个故事，与刻舟求剑寓言意思相近。光墉讲的是"贼过兴兵"，光樾讲的是"秋后扇"，其他人答"饭后钟""马后炮"等等。小仲勉时约五岁，年龄最小，优待最后答，说是优待，却变成最难，合适的故事都让人讲完了，岑雯公也担心起来，正想找个什么理由为他开脱，谁知他不慌不忙地说："一尺仔，二尺衣。"众人哗然。有人讥笑道："谁教的？"小仲勉得意地说："我娘给我做新衣服时说的！"有人嚷道："不对！与刻舟求剑不搭！"岑雯公冷眼看着，也不阻挡，想看小仲勉如何应付。"才搭呢！刻舟求剑说的是有变化，仔会长大，也是变化！"小仲勉说完，全座哑然，再无不服。岑雯公心里大为赞叹：这小子怕真的是文曲星转世！

"好！大家都听我说。"岑雯公给众子侄总结道："大家都明白刻舟求剑的道理了，也知道应该怎么去做了。特别要表扬一下仲勉。为什么呢？因为大家的答案都是从书本中学来的，只有仲勉的答案是从生活中来，他能无师自通，是因为真正认识了这道理……"

众子侄倒也不妒忌，岑雯公走后，他们围着小仲勉，摸他的头、拉他的手，笑他以后会像他爹一样中举甚至中进士，几人嘻嘻哈哈笑作一团。

所谓名师出高徒，时刻牢记祖上遗训——"太上有立德，其次立功，其次立言，虽久不废，此之谓不朽"的光墉、光樾兄弟在简竹居的教导下，取得了不俗的成绩，扬名乡里。

先说长子光墉。光墉文墨颇佳，书法亦善，早早便考取秀才，后入法政学堂。将要毕业那年，他过继的大宅急需他回家料理家政和产业，他只得肄业而归。其后经过考察，在取得父亲和族中长辈的支持后，光墉先后办起维新织造厂和国祥银铺，一举实践"立功"之祖上遗训。"百日维新"失败后，织造厂改名"艺新"，银铺改名"厚祥"，以示初心不变。由于在简师处学会经济学，因此生意日渐兴隆，家境富裕。光墉继承"积善之家"的美德，"达则兼济天下"，参加集义善社，争行善事。为提高本乡儿童的文化水平，并使教育注入新时代的内容，光墉1935年在桂洲岑家五世祠创办了"永昌学校"（该校后改名为"四基学校"），学生全部免费入读。光墉为乡人办善事甚多，人送"善伯"美名。

"富贵必从勤苦得，男儿须读五车书"，可谓岑家一代传一代的格言，光墉的子女全都大学毕业，三儿子岑君觉为求救国之道，还到日本留学。

再说次子光樾。

光樾于光绪二十七年（1901年）广东乡试中考中举人，时年二十三岁。后于光绪三十年（1904年）甲辰会试中成为第三十二名贡士，同年殿试二甲得第二十四名，赐进士出身，后又朝考一等第十五名，钦点翰林院庶吉士，时年二十八岁。光樾有较强的爱国爱民思想，在甲辰会试第一场执笔时，竟毫不避讳地写下"一姓之兴亡私也，生民之生死公也"之句。其虽未为官，但其爱民之心跃然纸上。由于有此句，当时书坊想对其墨卷进行汇编，亦因此不敢选印。

光樾钦点翰林后，即返乡与父兄前往拜谢恩师简竹居，行谢师礼。

光绪三十二年（1906年），光樾奉派留学日本，肄业法政大学，光绪三十四年毕业回国，授职翰林编修，并赐予侍讲衔。宣统元年（1909年）己酉赏戴花翎，诰授奉政大夫，又进授议大夫。历任国史馆协修、纂修，实录馆协修等职，曾为末代皇帝溥仪授课，后前往香港从事教学。1949年新中国成立之初，周恩来总理曾邀请其回国任职，但因身体问题未能成行。在港从事教育工作至终。

值得一提的是，光樾同年探花商衍鎏，曾携三岁幼子商承祚来牛归古巷与光樾共叙同年之谊，后两人同授职翰林编修，生前一直保持情谊。在岑仲勉、商承祚那一代，岑商两家尚有来往，岑仲勉逝世后二十年，他的遗作《郎官石柱题名新考订》出版时，商承祚以小篆题写书名。

再说回小仲勉。

为了培育子侄，岑雯公在祖父庙宇即介舟祠后楼设私塾，子侄们儿时均受业于他。小仲勉也不例外。

说来也怪，小仲勉当时虽不足四岁，却应了古诗所说——"童心便有爱书癖"，坐在自己的小书桌前从不哭闹捣乱，什么都听得津津有味。他不但有极强的记忆力，思维还特别灵活。有一回，几个表兄弟来家里做客，小仲勉兴奋得围绕几兄弟转。光樾奇怪地问："你为什么这么高兴？"小仲勉脱口而出："有朋自远方来，不亦乐乎？"表兄弟们给逗乐了，纷纷考他。

"这句的前一句是什么？"

"学而时习之，不亦乐乎？"

"后一句呢？"

"人不知而不愠，不亦君子乎？"

众人愕然，面面相觑。有人问："你会作诗吗？"

小仲勉一愣，摇摇头，但随即说："你作来看看吧，我想学！"众人吃了一惊，即听即学，神童吗？但提问的小表哥这时却红着脸成了落地沙蝉没了声，显然他不会作诗。光塘赶忙圆场说："唧唧复唧唧，读书要勤力。读书好处多，开卷就有益。"

"顺口就是诗啊？"小仲勉若有所思。

"不是吧？一下就知道要顺口？"光塘惊叹。

光樾笑道："可能撞口乖，点会容易识（粤语，意为'怎会这么容易学会'）！"

小仲勉接口道："术业有专攻，而今系未识（粤语，意为'现在还未学会'）。"

光塘问："仲勉，那你专攻的术业是什么？"小仲勉想了想说："念口簧！"

众人哈哈大笑，小仲勉也跟着笑，好不其乐融融。

岑仲勉一辈子淡泊自甘，寂寞自守，能摆脱世俗困扰，幽居书斋，能以过人的意志，过人的才智，过人的襟胸，挣脱中国古代文人"学而优则仕"之传统，放下个人恩怨，迈向现代学人学术与人格的独立之境。这与他自小拥有的宽恕豁达、乐观自信的性格以及后天修来的优秀品德、岑雯公传授的"精神澡雪法"有莫大关系。

仲勉十三四岁时做的一件事，将他博爱的人格展现得淋漓尽致。那年春节，岑胡两大姓联谊庆祝，其中有一项活动，是由两家在读子弟撰联庆贺，然后由两家父老评出前三名。撰联要求只有一个，就是联中要嵌入岑胡二字，组字也行。作者的名字当然是被隐去的。每出一联，都用红纸书写张挂，供人欣赏评议。

众子弟无不踊跃争先，一时联作频出，引起阵阵喝彩。

岑雯公当然是评委之一，他坐在主桌上与众人互相交流。联作可谓五花八门，风格各异，有意义隽永的，也有引人发笑的，不一而足，计有：

> 山今月古，人寿年丰。
>
> 桑基种果树，古月照今山。
>
> 哨打洋琴同凑乐，今山古月共迎春。
>
> 今山埋故杰，古月照时贤。
>
> 今山古月迎春夜，外地红船唱戏时。
>
> 山高月近能依靠，古往今来本自然。
>
> 山高月白，古往今来
>
> …………

评选结果，"山高月近能依靠，古往今来本自然"联折桂。

高山明月，一个天一个地，却因一个"近"字产生一个能的结果。该联妙就妙在赞颂岑、胡两姓的友好互助。古往今来密不可分，寓意岑、胡两家联谊自然而然。其可贵之处就在于它赞扬岑、胡两姓友好互助既是天意也是人情。

令岑雯公始料不及的是，折桂者竟是亲侄子岑仲勉。在岑雯公心中，岑仲勉重史地而轻诗赋，对联折桂当然出乎意料。这并非不相信他有这方面的知识和才华，而是觉得他没有兴趣去关注诗赋。当小仲勉上台领奖被要求讲个人感受和撰联心声时，岑雯公才恍然大悟，无比感动。

小仲勉回忆说，多年前他与娘亲搭横水渡时，背了《诗经·卫风·河广》给娘亲听，正说得高兴，娘亲却示意他别再说了，他发现等船的人都在注视着他们母子俩，娘亲显然怕他惹事。这时一位伯伯对他娘亲说："大婶，你就让他继续说吧！大家都喜欢听啊！家无读书子，功名何处来？好好培养你儿子吧！"

从别人口中，小仲勉得知那位伯伯姓胡，而岑、胡是顺德两大姓氏，曾产生过一些纠纷，所以他特别渴望岑、胡两族能团结友爱，不生误解纠纷。山高月近这联，可以说是对当年那位胡伯伯迟来的感激！小仲勉的述说激起一阵阵欢呼声和掌声。对于一个六七岁的小孩来说，事过多年而感恩之情丝毫不减，也实在难得。在这里，有必要解释一下什么叫横水渡。珠三角南海、番禺、顺德多河涌，乡人出入多要搭船过河，渡江小艇就叫"横水渡"，搭船是要收费的，所以有俗语说："一个钱一个宝，冇个钱唔过得横水渡。"

岑仲勉十岁左右，伯父岑雯公在征得其母同意后，将他送到简竹居处寄宿学习。去到那没几天便发生了一件事，让简竹居对他刮目相看。

简竹居的教学方法形式多样，生动有趣，以激发学生学习的积极性为主。那天，他给学生讲了个谜语故事，让学生们猜："乾隆皇帝有一次穿着便衣去游西湖，见一个秀才模样的人敞开上衣露出肚子在大石头上晒太阳，走近一看，认出他是某个有名的学者，乾隆皇帝很奇怪，问他：'先生，你在做什么啊？'那人看也不看他，躺着说：'你猜啊！'乾隆皇帝猜中了，你们能猜中吗？"学童们正咬着笔头思考，一个稍大的学生抢先站起来说："他晒的是满腹经纶！"学生们愣了愣后，不约而同地鼓起掌来，课堂上爆发出热烈的掌声。

掌声过后，个子矮小的新生岑仲勉却站起来说："不是满腹经纶，是满腹文章。"课堂里顿时安静下来，所有人包括简竹居都懵了。岑仲勉解释说："文章是写在纸上的，或登在书里，书和纸是会发霉的，所以要晒。经纶（指蚕丝，借代才华）是丝带，不用晒。"简竹居简直听呆了！一个十岁的孩子，竟有如此缜密的思维，而且说话滴水不漏，这是哪来的神童？接下来的对话，更令简竹居大为震惊。

抢答的学生不服气地说："只有人用满腹经纶，没有人用满腹文章这词的！"

"有！"小仲勉斩钉截铁地说："有人用过满腹文章这个成语。"

简竹居感觉惊奇万分，连他也一时想不起哪本书上用过满腹文章这个成语。

"说，谁用过？哪本书用过？"

面对咄咄逼人的质问，小仲勉不慌不忙地说："有本书叫《元曲选》，在无名氏《冻苏秦》第一折就写有'久闻先生学成满腹文章'。"

抢答的学生恼羞成怒，大喊大叫着说："没有！没有！你编造出来的。"简竹居立即上前喝止，教训说："住嘴！你凭什么说人家乱说？"

那学生立即跪下认错："老师，我错了，对不起。"

"你真的知道错在哪里了吗？"

"错，错，错在吼人！"

"吼人？再想想！"

"很凶地吼……"

简竹居叹了口气说："你错在诬陷人！怎能没去查证就说人家是凭空捏造呢？"

"谢老师，弟子知错了，错在诬陷人，今后绝不再犯！"

"现在要怎样做？"

抢答的学生想了想说："请岑君原谅。"

"还有呢？"

抢答的学生有点懵了。简竹居说道："向全体同窗道歉，你带了个很坏的头！你们大家都听着，我简竹居的学生，不管在什么情况下，都不准诬陷人！记住了吗？"

"记住了！"众人齐声答道。

十岁的小仲勉如此博闻强识，当然与他曾受过伯父岑雯公六年的庭训分不开。小仲勉失怙时未满四岁，虽已熟背一百多首唐诗宋词，但却不过是"念口簧"而已。岑雯公遵照"夫子循循然善诱人"的方法有计划、有步骤地对小仲勉进行教导，先是《诗经》，然后是《千字文》，接着是《大学》，将"格物致知"的道理深深刻在小仲勉的脑海里，小仲勉后来经常刻的篆文闲章就是"格物致知"。

小仲勉虽然也像其他小孩一样喜欢吃喝玩乐，却不会执着入迷，唯一令他执着入迷的是听"古仔"（故事）。起初，岑雯公对小仲勉爱听故事这件事喜不自胜，以为借此可以将小仲勉缚到学习上，于是他便将小仲勉所学古文里的故事讲得有声有色。第二天吃饭前，小仲勉便将他昨晚听到的故事讲给他娘亲和祖母听。日子一长，讲故事难不倒小仲勉，却难倒岑雯公了！

编故事、讲故事本就不是岑雯公所长，而小仲勉又要听又长又曲折的故事，偏偏岑雯公又欠缺添油加醋的能力，为了找更多故事，他苦不堪言！岑雯公从三皇五帝、尧舜禹、夏商周等一直讲下来，在《史记》《汉书》等一部部书里找。为了让小仲勉对故事分得清、记得牢，岑雯公创造了十字对忆法，在一张纸中间划条直线，再画一横线，左边写故事名称，右边写故事时间，是为一个故事。随着年岁渐长，纸张越来越多，装订起来足足有十多本，这成为岑仲勉最珍贵的物品。

在听到小仲勉向娘亲、祖母把故事娓娓道来时，岑雯公内心就感到比喝了蜜还甜。搜集故事辛苦也就罢了，最让岑雯公头疼的是小仲勉"打破砂锅纹（问）到底"的固执追问。他不但问，还跟人辩驳。

岑雯公给他讲牛归古巷的故事，他听完却问为什么不是牛归岑家巷。一来这里只住着他们岑姓一家，二来故事因祖上而来，一副振振有词的样子。岑雯公起初还不大在意，饶有兴致地说："你读过李白的'吴宫花草埋幽径，晋代衣冠成古丘'吧？古巷不挺好？"小仲勉固执地摇摇头说："岑家巷好！我们岑家出名。"

岑雯公这才警惕起来，严肃地说："仲勉，太祖赈灾做善事不是图名图利，你硬要人家记住我们岑家恩惠，太祖会生气的。你没记住岑家子孙要人人做到'穷则独善其身，达则兼济天下'么？"

"哦！记住了。"

自有桂洲乡以来，恐怕没有人怀疑桂洲得名不实，但小仲勉怀疑了。有一天他对岑雯公说："我们乡叫桂洲，这洲是对了，我们乡被很多河涌包围，但哪里有桂树啊？怎称得上是种着桂树的水乡呢？"

"你跟我来！"岑雯公把小仲勉带到牛归古巷巷尾的翠竹岗顶上。

"仲勉，你放眼望望，都看到了什么？"

"有田，有屋，有河。"

"但古时候这里是大海，只有我们脚下的翠竹岗，还有不远处的桂宁岗、扶宁岗冒出水面，相传扶宁岗上长有三棵枝叶茂盛的桂树，入秋八月，桂花盛开，香飘四方，所以这一带得名桂花洲，后来简称桂洲，明白了吗？"

"明白了。"小仲勉点点头，"多谢伯父。"

小仲勉想了想，挠挠头，又难为情地说："伯父，我还有问题想问。"

"那就问啊！"岑雯公爽朗地说，"大胆问！伯父中意你有疑问就问。你记住，古人说：'于不疑处有疑，方为进也。'有疑问才有进步。你问吧！"

"知道啦，伯父。你说，为什么我们县叫顺德县？"

"你猜呢？"

"我猜？一是我县人民是顺天之德楷模，二是我县人民须遵从顺天之德做人。究竟是哪一种，只有命名的人才知道。"

岑雯公想不到十岁不到的小仲勉心思这样细，考虑问题如此缜密。

"仲勉，你说得都对，我讲个历史故事给你听，你就知道顺德县县名的来源了。"

"谢谢伯父。"

"明朝正统年间，那时还没有顺德县，伦教人黄萧养遇赦放监（出狱）不久，又因武装走私私盐被判了死罪。正统十四年（1449年）三月他与170名重囚越狱出海。后来又回乡招兵起义。十月，在大良镇建立'大东国',自封为'顺民天王',分封文武官员 100 多人。他们围攻佛山、广州 3 个多月。谁知朝廷派来的御史杨信民一招就把黄萧养的气势化解了。他叫人印制约十万份'押印公据',声言即使跟了黄萧养去抢去杀的人,只要有这张公据在手,不但可入广州城吃饭,还可免罪。结果黄萧养手下跑了个七七八八。在一场决战中,黄萧养兵败身亡。有鉴于此,朝廷便在伦教一带共三十七堡设立'顺德县',要求县民'顺天立德'。"

小仲勉此类疑问可谓不可胜数。

世人往往惊讶岑仲勉为何关心西域史地、东西突厥史,甚至黄河史,或许这和小时候岑雯公和他一起玩地球仪有关。岑雯公怕在地球仪上看不清楚,便用纸画图,把什么长江黄河、天山阴山都清清楚楚画出来,边画边讲,还吟诗颂词,"黄河远上白云间""不教胡马度阴山"……一老一少不亦乐乎。

在小仲勉到简竹居处求学的前 6 年里,岑雯公为他打下了扎实的基础。而小仲勉在简竹居处学习了 7 年,至 1903 年考入广东省大学堂为止,足足接受了 13 年的中国传统文化教育,这就使他做学问时能"读书得间",就是从字缝里能读出别人没有注意到的问题。因此,他能在学术上打通古今中外,治学上既通又专。

说回小仲勉从学于简竹居的故事。

简竹居教学最大的特点,就是注重让学生自主发挥。小仲勉写的第一篇作文是《牛归古巷传说》,从题目到内容都是他自定。这次作文,使他发掘出认识世界的一条重要路径。为了对"神牛"有一个认识,小仲勉自己跑到北帝庙去。原本他不过想看看神牛,谁知却发现了一块写满字的石碑。他仔细看下去,兴奋得几乎合不拢嘴,上面写的是北帝庙的来历,包括何时重修,因何重修……

回到家后,小仲勉非常得意地告诉岑雯公,他今天找到一位哑巴老师……打这以后,在岑雯公的陪伴下,他几乎读遍了南海、番禺、顺德重要的史迹石碑,获益良多。这样看来,也就不难理解他为什么会有《金石论丛》等以碑证史的杰作，这一切都源于童蒙启迪。

简竹居知道后拍案惊叹。对小仲勉的教授，简竹居起初是循序渐进的，但由于小仲勉记性好、悟性高，速度倍于常人，便索性任他自由阅读，不加限制，只吩咐他不懂就问，并不时突击考问他。简竹居实在喜欢这个"口不绝吟于六艺之文，手不停披于百家之编"的学生。而且他发现小仲勉有许多学习的方法，其中一个是小纸片分类，那些小纸片记录着各种各样的问题和答案。这一习惯，直到他老年带研究生时，还保持着。在跟简竹居学习期间，他又发明了新的"点读法"，就是取《通鉴纲目》自行点读，有不懂的就请教老师。简竹居在惊奇之余，大加鼓励。有意思的是，其时简竹居正计划著述《酌加毕氏续资治通鉴论》，师徒两人可谓心有灵犀。从岑仲勉方面来说，他或许是着迷于历史故事，但简竹居的鼓励却出于对他有更高的学术方面的期望。这为岑仲勉日后治学、研究历史打下了基础。这是巧合还是传奇？在跟随简竹居的 7 年间，岑仲勉耳濡目染，学到了简竹居治学的精髓。简言之，就是：博览、细嚼。切己体认，这叫进得去，却又要出得来，就是能自找不足，然后由博及约，取其精练，摄其精华。这些学习的方法和要领虽然重要，但在岑仲勉心中，最深刻、最难忘并一辈子追求的，是老师时时吟唱的高风亮节诗句："在齐太史简，在晋董狐笔"，"哲人日已远，典刑在夙昔"……简竹居在仔细地审阅小仲勉的作文后，劝他一改骈体文文风，而在叙事简约上下功夫，这令岑仲勉受益不少，也影响了他一生的著述风格（注：岑仲勉少时注重写骈文，其写的骈文获同学之冠）。

此时，牛归古巷迎来了一位贵宾，这位贵宾的到来，对岑家子侄可谓影响巨大。

这位贵宾就是广东巡抚岑春煊。他是粤祖尧俊公往广西发展的一条支脉的后裔。1902 年他到广州上任不久就来探访岑雯公宗亲，以求寻根。岑春煊，晚清重臣之一，为官清廉，不畏强权，获"肝胆总督"美称。他力主变法维新，甚得光绪帝的青睐。先后任陕西巡抚，四川、两广、云贵总督等职。曾在四川一次弹劾 300 多名官员，力除弊端。

岑春煊最引以为荣的事，便是办学。他与英国人李提摩太共同创办了山西大学堂，开启了我国高等教育的新纪元，其与北洋大学堂、京师大学堂一并成为我国最早的国立大学堂。在牛归古巷一番半叙家常半叙国情中，岑春煊免不了对岑家子侄进行一番启蒙教诲与鼓励。光墉日后改读法政学堂及办厂，岑仲勉入学广东大学堂，多多少少受到了他的影响。当然，这其实也是时代潮流趋势。

在光墉、光樾学有所成后，岑仲勉紧随其后，不忘祖训，最终走上"立言"之路，为祖国争光。

第五回

缘悭辞别留洋梦
劫尽回归治学人

诗曰：

诗书饱读欲何求，
宦海沉浮几许愁。
只为山河寻治学，
非图声誉满神州。

1905 年夏天一个阳光明媚的上午，在省城广东大学堂读书的岑仲勉心情大好，因为学校放暑假了，他可以返回顺德牛归古巷家中。正当他在收拾行李时，一位叫成伟的学弟突然气喘吁吁地冲进宿舍说："懋（仲勉的名字）哥，你，你梦，梦想成真了！"

岑仲勉听得一头雾水，望着成伟笑了起来，指着床沿说："先坐下，看你这样子隔夜火炉也能吹燃了。什么事？慢慢说。"

"是这样，"成伟喘了口气说，"我今早跑步跑到广州贡院时，发现了新大陆。你猜我发现了什么？敢不敢赌一赌？"

岑仲勉看了成伟一眼，没好气地说："你真是隔夜茶壶——不倒（赌）不安乐的。不过我提醒你，跟我赌，你就是孔夫子搬家——尽是书（输）！"

"谁怕谁，就赌'妙奇香'中午一顿饭！你说，在广州贡院，我发现了什么，看见了什么？"岑仲勉想也没想随口就说："你看见了我的梦想！"

成伟愣了："这不废话吗？"

"什么废话？你说我要美梦成真了，是不是？不就看见我的美梦……"

"这，这也算？这不是靠蒙吗？"成伟有点急了。

岑仲勉却若有所思地喃喃自语：广州贡院？美梦，美梦成真……

岑仲勉突然一把拉过成伟，盯着他问："是不是广州贡院贴出了一张告示？"

成伟僵硬地点了点头。

岑仲勉紧张地追问道："告示是不是招考出国留学生？"

"啊？"成伟吃惊地反问，"你，你怎么知道？"

岑仲勉一把推开成伟，夺门而出。

"等等，等等。"成伟急忙追出去。

广州贡院墙上，赫然贴着一张《两广游学预备科馆招考告示》。岑仲勉死死地盯着，告示中最重要的一段话就是："本处再三筹度，爰拟选派学生入日本高等师范学校本科留学，惟是该校本科必须具有中学资格学生方能直入，我两广之学生现尚无及此资格者，仓促派往，仍须在外预备，不惟糜款，亦且旷时，是以本处议于广州省城设一游学预备科，期以预备两年毕业，却派往直入日本高等师范本科。"岑仲勉向来有过目不忘的惊人记忆力，此时却久久盯着告示不愿离去，像是非要寻出什么破绽不可似的。连成伟也不耐烦起来，问道："这告示有什么问题吗？"

岑仲勉也不解答，却嘱咐成伟，把另外两个同学带到"妙奇香"吃午饭。

"啊？那，那这顿饭算谁的呢？"成伟直犯愁，嘀咕道，"也不好说谁输……"

岑仲勉笑了起来，拍了拍成伟的肩膀说："输是你输，东是我做，行吧？"

"放你一马啦！"成伟欢天喜地地离去。

岑仲勉要成伟叫来的两位同学，一位姓江，名琼，字玉泉，号山渊，广东石城（今称廉江）人。另一位姓杨名永泰，字畅卿，高州人。江、杨、岑三人当年被同校师生称为"广高三杰"，之所以能被称为"杰"，那当然不仅因为学习成绩优异、才华横溢，还因为敢于仗义执言、热心校务公益。"广高三杰"也称"广高三个一"，仲勉作文第一，永泰口才第一，江琼点子第一。"三杰"虽没搞过什么桃园结义的仪式，却也情同兄弟，遇事共同进退，不离不弃。

话说回来，从成伟报讯到岑仲勉召友商量这事来看，岑仲勉醉心留洋是众所周知的。这实际上也是岑仲勉同时代的有志青年的共同梦想吧！那么这个留洋招生告示，对于久怀留洋梦的岑仲勉来说，是不是就"信当喜极翻愁误，物到难求得尚疑"呢？不！遇事冷静、三思而行的岑仲勉，不但要与江、杨共议，同进退，还建议各自归家听取长辈意见，不能因此而留下不必要的遗憾。三人一番讨论的结果是报考为上上之选，可谓"同声相应，同气相求"。三人各自回家禀告家长后，岑仲勉、杨永泰如愿报考，江琼却另有选择，可见当日岑仲勉不主张从速报名有先见之明，避免了江琼今日之麻烦。

新生入学考试连考三日六场，分为国文、英文、算术、史地、理化、体格等科。考试结束后十天，于总督衙门前壁放榜，正取生 180 人，备取生 20 人，最终取定 180 人。岑仲勉、杨永泰榜上有名，顺利入读。江琼得意地说："我两位兄长，'智足以造谋，材足以立事，忠足以勤上，惠足以存下'，考上这科馆乃意料中事，不足道也！此生当'名飞日月上，义与风云翔'。"何等意气风发！但以岑仲勉、杨永泰生平成就来看，这并非言过其实。

学馆于 1905 年 9 月上旬开学。

该馆分甲、乙、丙三班，各 60 名学生。甲乙两班学生多不超过 22 岁，丙班则全在 22 岁以上。岑仲勉时年 19 岁，被分在以动植物、矿物、生理学为主要授课内容的乙班。或许正是在这里，岑仲勉学到了西学关于动植物的研究方法。岑仲勉当时正怀抱着"我国惟兴农或可补救"的思想，而这些成为其后来编纂 50 余万字《华南植物志》的原因。

正所谓"不如意事常八九"，学馆开了不到一年，就发生了变故。1905 年底，因日本文部省出台限制政策，颁布《关于准许清国人入学之公私立学校之规程》，引发留日学生风潮，对于派遣留日学生的举措有所滞碍。要命的是，这直接影响到两广游学预备科的前景。果然，广东巡抚鉴于时势，建议将科馆改为两广方言学堂，并获两广总督岑春煊的首肯，但此事秘而不宣。

纸包不住火。1906 年 6 月下旬的一天早上，预备馆学生邹维明在礼堂门前吹响哨子，召集全校学生，公布了这一事实，共议对策。学生谢华国提出"即日罢课并质问当局，宣告学生集体一致反对改变的意见"。

经过到会学生一致举手表决，推定各班正副班长及全体同学代表 9 人，负责与当局交涉事宜。代表名单如下，主席：谢华国、杨永泰、容宝埙；书记：岑仲勉、游金铭；庶务：杨子毅、林继昌；财务：邹维明、黎曜生。

与当局谈判过程中，岑仲勉与杨永泰双剑合璧，炮发连珠，质问得对方理屈词穷，只有招架之功，毫无还手之力。特别是岑仲勉质问当局"人而无信，不知其可也！"令对方面红耳赤，只能顾左右而言他。

很可惜，学生们的罢课抗争终究无济于事，两广游学预备科馆只办了几个月就改为两广方言学堂了，学生们各奔东西。留洋梦断的岑仲勉没有像大多数学生一样转去两广方言学堂，而是决定去打工，自筹留学经费。1906 年至 1907 年两年间，他先后到灵山县速成师范学校及高州中学任理科教员。由于经费难以筹足，1908 年 10 月，岑仲勉遂投考由铁良、唐绍仪等为培养税务行政人才而创办的北京税务专门学校。1912 年毕业。

有人奇怪，以岑仲勉对文史的爱好和执着，为什么不去报考大学文史系而去报读北京税务专门学校？据专家们考据，在当时，文史之学唯大富贵之人方能玩转。博学如王国维，在名声如日中天之时，却为其酷爱文辞之学的两个儿子，选定一学海关，一学邮政，即知此二途，而不是文史之学方能裕家存活。对于三岁失怙、靠伯父扶持长大的岑仲勉来说，这确实算得上明智的选择了。选择固然重要，能否考上更加关键。可以说，一旦考上，虽然不是当上官，但就业后的收入远比芝麻绿豆官的收入丰厚得多，稳定得多。据广府文化学者梁谋先生考证，番禺沙湾古镇何氏祠堂规定，大学生按进士级享受祠堂津贴，可见社会地位之高。岑仲勉毕业后的月薪是 250 元。这是什么概念呢？大家可以做一下比较。当年的普通警察月薪 4 元，广州厨师月薪 6 元，小学教员月薪 8 元……

从北京税务专门学校毕业后，岑仲勉到上海江海关工作，他说："学校毕业后，同学都抱着收回海关权的热情，我被派到上海关，服务了两三年，很不甘心替外人做机械，适逢袁世凯称帝，我是极端反对的，趁着这个机会，决心抛弃较为优厚的待遇，回粤参加倒袁事业。"

1916 年，岑仲勉回到广东参加护国运动，任财政厅第一科科长。又先后任广东财政厅秘书，并兼任广三铁路管理局局长。1920—1930 年，岑仲勉大部分时间在铁路系统工作，并取得了卓越的成绩，因此在 1923 年被国民政府授予三等宝光嘉禾章。一同获奖者均非泛泛之辈，其中就有大名鼎鼎的广东造纸巨头余觉之等。那段时期可谓岑仲勉宦海沉浮时期，之所以造成这种现状，原因是，一方面岑仲勉与同时代的青年一样抱着"国家兴亡，匹夫有责"的政治热情，另一方面受到"广高三杰"之一的杨永泰的影响。岑仲勉自己也说过对此的无奈。1920 年，杨永泰成为广东省省长之际，岑仲勉就毅然决然地给其写了洋洋千言长函。岑仲勉曾说："劝旧同学杨永泰不要再继续挑拨离间的政客生涯，恢复往日的志气，实心实力替民众办事业，他只字不复，……我也跟着消沉下去。……渐转入学问研究的途径。"

岑仲勉研究什么学问去了？一是植物学，他写出了洋洋洒洒 50 万字的《华南植物志》。二是西北史地考据。史学界传言，都说岑仲勉学术生涯的起点是人到中年半路出家。李培先生在《岑仲勉：于无声处听惊雷》一文中也持这一观点。这可能是史料相对缺乏，所以得出的不大准确的结论。其实，尽管史料缺乏，但岑仲勉早年的治学情况也并非没有蛛丝马迹可寻。事实上，我们应当将这个起点适当往前延伸，以便更完整地还原一代学人丰富而多姿的学术生涯和经历。

岑仲勉为何会编撰《华南植物志》？这值得我们去探讨其中之原因。或许，这才是岑仲勉学术生涯的起点。尽管不是其大放异彩的史学生涯，我们不妨听听著名学者向群在其所发表的《格物致知：岑仲勉先生早年植物学研究引论》（摘抄，个别地方有改动）（见《纪念岑仲勉先生诞辰 130 周年国际学术研讨会论文集》第 102—107 页）中是如何说的。

通过名物疏证、游历见闻等多少具有感性色彩的知识和信息的汇集途径，以"志书"或"史志"的形式记录山川万物情状的"博物"传统在中国可谓源远流长。然而可以肯定的是，《华南植物志》并非一部延续国故传统的翻新之作。晚清至民国初年的社会变局，西学东渐的与日俱增，无不迫使中国传统的"学问"或主动或"被动"地踏上艰难的转型之旅。

在那个纷扰无常、新旧交替的时代中，我们可以观察到，许多传统士人及学人通过错位参与及混搭新旧学的方式实现了向近代知识精英角色的跨越。如康有为、梁启超对"西洋美术学"功用性的主观嫁接与鼓吹等有趣的乱象等。故此，在这样一个特定的历史语境中，岑仲勉的《华南植物志》及其植物学的呈现方式及构成元素的解读将不再仅仅局限于个体行为和趣味这样一些感性层面的理解。岑仲勉的伯父曾师从晚清岭南大儒陈澧，陈氏当时为菊坡精舍掌教，故其伯父当时或曾进入菊坡精舍学习，其父亦为学海堂专课生，而晚清时的书院无论新式旧式，均不同程度地引进了西学的内容，故岑仲勉的伯父、父亲均有接受西学教育的背景。

据岑仲勉的材料所言："他（父亲）虽是前清举人，但平日好求历代政治制度，当时上海制造局所翻译的新书，如《克虏炮图说》《海塘新法》等，都买了一大堆回家寻究，甲申安南失败后，他曾写过一篇《广东海防说》，五六千字。"因而从家庭环境与个人经历来看，岑仲勉对西学的了解和认识绝非泛泛。故而他完全有条件在旧学和新知之间选择适合"对接"的领域和工具。岑仲勉的植物学著述，其文本形式和体例，呈现出明显的中西贯通、新旧融汇的特色。既有西方植物学严格的植物科属分类系统的构架，同时也包容整合了中国古代博物志的传统文化资源。

岑仲勉的这个经历与其中年后的学术事业有何逻辑关系？首先，文本中丰富的古典文献材料的信手拈来与征引，显示了岑仲勉深厚的传统文史素养，这表明传统古典"学问"仍然是岑仲勉从事近代植物学研究和著述的重要学术根基与文化资源，他没有疏离原有的古典知识体系，也不会在古今之间作"全盘西化"式的切割，而是以学以致用的精神和理念继续守护和关注着昔日的文化宝藏在近代学术、思想变迁大潮中的命运，这样一种独特的关怀方式也为他在中年以后的学术转向和重新选择埋下了带有某种宿命因缘色彩的伏笔和铺垫。其次，从更具学科专业性的文本内容来看，如1923年在《科学》杂志第八卷发表的《对于植物学名词之管见》一文中，我们可以看到岑仲勉对国际植物学领域最新进展和动态，有着敏锐的关注和了解。这表明，通过实际工作经历，岑仲勉已充分认识和掌握了近代学术规范的要领和宗旨，从而在学术工具层面实现了从相对封闭的传统"书斋式"学人向近代学者的转型。显然，这段看似"另类"的经历，对岑仲勉日后在历史人文领域的学术生涯产生了潜移默化的重要影响。再次，植物学研究的科学理性与岑仲勉学术风格、治学特色的形成有无内在联系？岑仲勉继承和发展了清代乾嘉"朴学"的学术精神，其金石证史、史地考证等多种治学工具及成果均体现出强烈的实证主义学风。从少年时代的"朴学"训练，青年时期理性客观的科学思维，再到中年以后实证史学的异彩纷呈，我们似乎能从中感受和发现串联其中的一条若隐若现的脉络。

这脉络，或许就是"业余"的治学之路吧。

从业余到专业，这二三十年，从哪算其起点，恐怕只有见仁见智了。

人们所谓的岑仲勉"业余"钻研史学时期，是指岑仲勉1937年7月入史语所之前。岑仲勉中年锐意治学，于史学多个领域建树卓越，这一富有传奇性的"转身"，早已成为学界佳话。然而，"罗马并非一天就能建成的"，尽管岑仲勉自学成才，非科班出身，并未受过系统的史学训练，但从其自序中我们可以得知，岑仲勉十岁求学于简竹居时，"私塾没有历史那一课，我却取《通鉴纲目》来自行点读，形成了后来研究历史的基础"。可见岑仲勉日后的学术成就与治学特色，在童蒙时期即已根植其中。而说到岑仲勉对西北史地考据兴趣的产生，则可追溯到1913年。1913年，岑仲勉发表了三篇译作，其中一篇——《哥萨之马》就表露出他关注史地的思维及偏好。《哥萨之马》介绍了哥萨克人的生活环境、马种特征、军队编制、部落结构等内容。这是目前为止已知的岑仲勉公开发表的史地作品中时间最早的一篇。

1914年，岑仲勉在《申报》上发表译作《直隶口外游记》，这是一篇英人希得利在直隶北部的游记，记录了沿途所见的碉楼、河流、蒙古人装束、古迹等。

说到译作，其实岑仲勉自1903年入广东高等学堂初学英语始，历经两广游学预备科馆以及北京税务专门学校近十年的学习，其外语能力并不算低。他能够运用英、法、日文的材料，并对照东西史地学家的有关著作，进行批判性的研究。顺便提及一点，岑仲勉赴上海暨南大学工作当年，就被一位温文尔雅的漂亮姑娘陈淑娴吸引。陈淑娴有着出色的外语能力。岑仲勉执着追求，对方终被其感动而成为他的第五位夫人。而五夫人在追随岑仲勉于抗战流徙期间，亦为岑仲勉的学术研究出力不少。

1912年，岑仲勉在《东方杂志》上发表译作《美法英德行政立法比较简表》，这是目前已知的岑仲勉公开发表时间最早的作品。1912年民国初立，岑仲勉的译作意在通过比较的方法向国人介绍美、法、英、德四国政治特征，他将文赊尔的原作改成表格的形式，并加了一段小序："使人人有普遍政治之常识，实为今日最要之图，年来出版法政书籍，不为少矣。第卷帙繁重。涉猎綦难，殊非谋普及之道也。美人文赊尔氏所著四国行政立法比较，语颇赅括，不揣谫陋，译成国文，且改作形式，间有所知，略附解释，虽无当大雅，然自修者得此，亦足稍知四国政治之概略也。"岑仲勉的这一思想，即是当时翻译介绍西方风潮的缩影，甚至可以说是桑兵等学者探讨的"近代中国的知识与制度体系转型"背景下的个案。

正如《南方日报》记者李培先生在《岑仲勉：于无声处听惊雷》一文中所说："忧患意识与经世思想，纠缠于岑仲勉心底，迫使他中年转入史学，这与鲁迅先生弃医从文的人生抉择，不无相似。清末道光以后，西方列强力逐欧亚大陆，于是出现了中国 19 世纪的西北边疆新危机。值此紧要关头，中国传统士大夫学者里一批敏感的、走在时代前沿的人挺身而出，展开对中国边疆西北史地的研究，相继涌现出魏源、张穆、何秋涛、屠寄、李文田等清代著名学者，尤其是李文田更是岑仲勉同乡。投身于这股学术洪流，也成了岑仲勉向往的人生路径。"

1930 年，岑仲勉毅然从官场上隐退，到广州圣心中学当一名小小的教务主任，留下人生中最具深层意味的一笔。

那一年，日本在东北挑起"九一八"事变，家国乱世，在一个自幼饱读经史、怀抱治世理想的传统儒生心里，会激荡出怎样的波澜？对此我们已无从得知。但应该相信，彼时的岑仲勉，一定不会无视他的堂兄岑光樾作为科举时代顺德最后一位翰林的荣光，不会不知道他的同乡同宗兄长岑学吕正在张学良幕中治军书的显达，也不可能不知晓当日同窗"广高三杰"之一的杨永泰在执政党内如日中天，但他选择了急流勇退。

"苏世独立，横而不流。""三杰"兄长杨永泰这回倒不得不尊重岑仲勉的选择，可见岑仲勉态度之坚决。但他心底始终不以为然，认为治学实在浪费岑仲勉的才华，他始终觉得岑仲勉应该去为社稷建功立业。在杨永泰看来，"大丈夫当如是"。所以，也就有了岑仲勉 1936年陕西之行，此是后话了。

这些变故对常人来说是苦痛挣扎，在岑仲勉心中却不失为快意割舍。其实，这念头早在十年前他给杨永泰的长函里就已经说得一清二楚了。

"学而优则仕"，中国自古有这一传统。从古至今，能主动退出仕途的文人可谓凤毛麟角，古代仅可见陶渊明"不为五斗米折腰"、李太白"安能摧眉折腰事权贵"。到了近代，岑仲勉算是一位。1940年，语言学家李方桂在拒绝傅斯年邀请其担任民族研究所所长时，有名言云:"第一流人才应当做学问;第二流人才可做教师;第三流人才是去做官。"此可为岑仲勉弃官从学的人生选择作一注脚。

岑仲勉弃官后选择在广州圣心中学任教,可谓颇具苦心。圣心中学为法国教会所办,出版法文学术杂志,使人们能直接通达当时欧洲的汉学中心法国。借助《圣心》杂志,岑仲勉得以和沙畹、伯希和、马伯乐、葛兰言等扬名世界的汉学家论长短。岑仲勉无须隐姓埋名,无须蛰伏蹉跎,可公开交流争论。从1920年岑仲勉声言无心公职,"渐转入学问研究",到1930年十年间,绝对是他对西北史地研究"十年磨一剑"的苦学和积累时期。在1932年11月《圣心》第一期上,岑仲勉发表了29篇文章;在1933年《圣心》第二期,岑仲勉发表了31篇文章。在这60篇史地考据的研究文章中,固然有"1931年在圣心中学就手头所有乡土志书辑成,用授诸生"的急就章式的《明代广东倭寇记》,但更多的是他经年累月的研究成果。也正因为"腹有诗书气自华",对于法国汉学权威沙畹学科奠基式的世界名著《西突厥史料》,初出茅庐的岑仲勉也敢于叫板:"除西史部分外,中史材料之编纂,直未达到吾人所预期。"

三年后,岑仲勉的西北史地论文引起著名史学家、广东籍前辈学者陈垣的注意。陈垣将他推荐给胡适、陈寅恪、傅斯年等人,直到这时,主流学术界才知道有岑仲勉这么一个人。

在这里,有个感人的小故事。虽然是小故事,但对岑仲勉一生的学术事业发展与走向来说,却可谓举足轻重。在圣心中学的《圣心》杂志上发表文章,按理来说,可直接与法国汉学家交流,但法国的汉学家却未必看《圣心》。中国的学者特别是权威学者如胡适、顾颉刚、陈垣、陈寅恪会不会看《圣心》,也是不一定的事。如果没人看,那谁都不知道岑仲勉其人及其西北史地研究成果了!但事情就是那么巧,偏偏就有那么个"信使",为岑仲勉"捎信",这种"碰巧",只能用宿命论的"整定"来解释,广州歇后语叫作"茶居点心——整定的(指事先做好的意思,即命运走数)"。

尽管岑仲勉在《圣心》发表了这么多论文，也是水静鹅飞，平静如常。"天上多鸿雁，池中足鲤鱼"，岑仲勉缺替他传书的鸿雁鲤鱼。1933年初，弥足珍贵的"鸿雁"从北京飞来了，他叫刘秉钧。或许他一生平凡，或许他学业事业都无所建树，但他所做的一件事，足以令他骄傲一世，无愧于人前。刘秉钧，我们只知道他是广东新会人，1932年辅仁大学历史系毕业。毕业后于1933年春到广州圣心中学任训育主任。初来甫到，看到《圣心》杂志上岑仲勉的史地考据文章，惊为天才！圣心中学教职工一大把，何以唯他惊愕？无他，就因为他是学历史的。无论是惜才也好，还是生怕留下憾事也好，1933年4月16日，刘秉钧提笔向自己的同乡兼辅仁大学校长陈垣先生推荐了岑仲勉：

> 援庵夫子：
> 昨晤仲勉先生，曾将馆事向之陈述，伊甚为感谢大人引用之厚意。不过仲勉先生还有恳请大人者，即是请大人将北平文化机关之名目及主事者详列示下，又该机关有无支干薪者。盖仲勉先生意欲自己设法谋一兼职，使将来在平方馆事上有伸缩之余地，非谓二百五十元以上之生活费尚不足之故。如何，乞即示复。
> 敬候道安。
>
> 生秉钧敬启
> 四，十六

此信一经寄出，便有如石破天惊，引出史学界百年一遇的大事来。

第六回

陈大师推荐俊杰
傅斯年聘任英才

诗曰：

南国飞鸿化敬之，
大师推荐不迟疑。
三贤合力齐栽种，
一树擎天足赋诗。

初到广州圣心中学任训育主任的刘秉钧先生，在看到岑仲勉发表在校刊《圣心》上的史地论文后，惊为天才，立即向自己的老师——北京辅仁大学校长陈垣推荐他。此回开篇诗说的就是推荐信引起的惊天波澜，且容在下慢慢引用中山大学著名学者张荣芳先生用心搜集的资料一一道来。

俗语说："一个篱笆三个桩，一个好汉三个帮。"岑仲勉先生再怎么天才，如果没有三位时贤的及时扶持，其人生的学术成就如何恐怕就很难说了。岑仲勉在三位时贤的扶持下，成为一代史学大师。哪三位时贤？第一位，就是陈垣先生（1880—1971），他是中国近现代史学大师，出生于广东新会县石头乡富冈里的一个药材商人家庭。青年时期毕业于广东光华医学专门学校，并留校任教。后加入孙中山领导的同盟会，从事反帝反封建的革命活动。1912年中华民国成立时，他当选为众议院议员。1913年定居北京。然而，他无心从政，转而从事学术研究和教育事业，在宗教史、元史、校勘学、历史文献学等领域贡献卓著。1922年起历任辅仁大学副校长、校长和北京师范大学校长，直至逝世。

话说刘秉钧向陈垣推荐岑仲勉后，岑仲勉即向陈垣寄出刊载自己文章的《圣心》杂志讨教。陈垣收到来信和杂志后，于1933年12月20日致函岑仲勉，可惜此函没有保存下来。但陈垣在1934年5月24日给儿子陈约的信中谈及此事："……其中（指《圣心》杂志）佳作，美不胜收，尤以岑仲勉先生史地研究诸篇切实而难得。粤中有此人材，大可喜也。可惜其屈于中学耳。……"

陈垣爱才若渴，把《圣心》分别寄给史学名家胡适、傅斯年、陈寅恪、顾颉刚等人，均引起热烈反响。

胡适说："岑仲勉的《〈水经注〉卷一笺校》，当然远胜一切旧校。其附录五件，尤为有用。……"

顾颉刚回信言："……岑仲勉先生地理学至深佩甚。能由先生介绍，请其为《禹贡》作文否？"其时名声如日中天的陈寅恪收到岑仲勉的《圣心》刊物，阅读后，于 1933 年 12 月 17 日致函陈垣："久未承教，渴念无已。岑君文读讫，极佩（便中乞代致景慕之意）。此君想是粤人，中国将来恐只有南学，江淮已无足言，更不论黄河流域矣。寅近作短文数篇，俟写清后呈正。所论至浅陋，不足言著述也。"

中央研究院历史语言研究所（简称"史语所"）所长傅斯年于 1934 年 2 月 17 日致函陈垣："承赐《圣心》季刊，至佩。其第一册犹可求得否？岑君僻处海南，而如此好学精进，先生何不招其来北平耶？日内当走谒侍教，专此，敬叩著安。"

据中山大学历史系李欣荣教授考证，当年，陈垣曾介绍同为粤人的北大史学系主任陈受颐与岑仲勉相识，似就岑仲勉进入北大的问题有所讨论。

而陈垣亦为史语所的通信研究员，也有引介岑仲勉入所之意。恰巧所长傅斯年是个识才爱才之人，1934 年 11 月，他致信岑仲勉："来沪约见（岑氏），嗣复驱车走访，临行时嘱赴宁参观图书，来月中或抽暇一走也。"次月，傅斯年、岑仲勉在南京见面，傅斯年力邀岑仲勉入所，但岑仲勉因家事及待遇问题，对此事并不积极。当时傅斯年肯给予聘任资格但非研究员。所以，同年 8 月，岑仲勉入上海暨南大学任秘书兼文书，皆因"责任较轻，且可多得自修时间"。但不久，一直怀有"士为知己者死"思想的岑仲勉就被"广高三杰"之一的杨永泰拉到陕西禁烟局去了。所以尽管傅斯年爱才心切，不惜下血本给岑仲勉最高待遇，但直到 1936 年 9 月，岑氏仍在犹豫之中。1936 年 10 月，杨永泰遇刺身亡。

行文至此，在下可以告知诸位，扶持岑仲勉的第二、第三位学者是傅斯年、陈寅恪两位先生。

1937 年 4 月 2 日傅斯年致信岑仲勉：

> 数月前奉上一书，具陈弟等数年来拟约大驾到本所或其他学术机关，而谋之未成之经过，想早达左右矣。兹以本所有在国外

研究满期返国者，经费上遂腾出若干可以设法周转。上周赴北平，与陈寅恪先生商量此事，皆以为当约先生惠来本所，以为弟等之光宠，以赞本所之事业，兹敢陈其梗概。

一、此次决定聘任先生为专任研究员，此职为本院研究人员之最高级，八年以来，除一个例外不计，敝所未尝有此聘任（外任者则有之）。

二、薪俸与同事商定为月三百五十元。本所设置之始，同人薪额皆低，以后逐渐加薪。兹以加薪一事，不易常行，故今竭其能力，定为此数（三百元以上加薪事本极少）。以此时本所经费论，后来加薪之可能性极微，此与以前诸例不同者也。

三、区区之数，本不足以答高贤为学术致力之劳，然此等机关，能力有限，待遇较薄于大学，亦今日各国之通例也。若论研究之方便则非大学之能比，研究员不兼事务者，全部工夫皆是自己所有也。

四、专任研究员之著作，除通俗文字外皆交本所发表（……），不另给酬，此本院常规之一。

五、本所各专任职员，依院章不得兼任院外有给职务。

……数年积愿，今日始能出之于口，幸先生鉴其愚诚，不我遐弃。又此意弟在北平时，曾以商之于援庵先生，得其同情许可。

又专任研究员，每年度之研究计划，例与本组主任商妥后行之。第一组主任为陈寅恪先生。

岑仲勉 1937 年 7 月初到南京中央研究院历史语言研究所任职。7 月 14 日致陈垣信云：

顷读致孟真先生书，知尊处乔迁。迩日外氛甚恶，闾潭受惊否？暑期多暇，或南行否？念念。勉五日晚即已抵京，因卜居奔走，致未修候，日间仍多在所中，赐教祈由所转更便。专此上达，顺候撰祺。

由此可见，岑仲勉能够进入历史语言研究所，陈垣、陈寅恪在促成此事中起了巨大作用。1946 年 2 月 3 日，陈垣致长子陈乐素的信中有一句话："一个人第一要有本领，第二要有人提拔，有本领而无人提拔，不能上台，有人提拔而无本领，上台亦站不住也。"岑仲勉入史语所及其后入中山大学，在学术上做出巨大贡献，证明这是一句至理名言。1937 年，岑仲勉是以最高级专职研究员身份入职的，他是研究历史的新星而不是新丁，所以 1937 年不是他学术生涯的起点，而是他专业治学生涯的开始。

陈垣对岑仲勉的提携，还表现在对岑仲勉著作的发表上。陈垣任辅仁大学校长 20 多年，创办了《辅仁学志》，刊登高质量的学术论文，是他"把汉学中心夺回中国，夺回北京"构想的组织部分。在学术方法上，他推崇中国传统的考据学，但是并不因此而食古不化；相反，为了适应时代的要求，他积极鼓励学者努力挖掘新材料，开辟新领域，采用新方法，提倡中外学术交流与合作。把刊物的使命定位在"沟通文化"，可谓继承了辅仁大学奠基人英敛之确立的办学精神——以文会友，以友辅仁，会通中西。主编陈垣对论文的取舍是以其是否符合刊物宗旨及论文的质量为标准。对于勤奋好学的中青年学者，他着意扶植与提携，对促进他们的成长起了重大作用。岑仲勉在《辅仁学志》发表的几篇高质量学术论文，使他声名鹊起。

1934 年《辅仁学志》第 4 卷第 2 期刊登岑仲勉的《汉书西域传康居校释》和《汉书西域传奄蔡校释》两篇论文，影响甚大，一度引起各种辩驳。

《辅仁学志》第 5 卷第 1、2 合期刊登岑仲勉《再说钦察》一文。此文与陈垣所提供的材料有很大关系。岑仲勉所带的研究生姜伯勤先生说："陈垣先生对岑仲勉的工作更是十分关注，如岑先生的《再说钦察》等文，就是奉援庵先生的函诏而撰写的。"

1937 年《辅仁学志》第 6 卷第 1、2 期合期刊登了岑仲勉的《汉书西夜传校释》和《跋突厥文阙特勤碑》两篇文章。 1946 年《辅仁学志》第 14 卷第 1、2 期合期刊登岑仲勉《陈子昂及其文集之事迹》一文。

20 世纪 30 至 40 年代，日本发动对中国的侵略，辅仁大学的办学经费日趋紧张，《辅仁学志》为了节省经费，一是把每年的两期合为一期，二是几位老先生如启功等申明不要稿费。岑仲勉也不要稿费。

1935 年 10 月 14 日，岑仲勉致陈垣信云："今春承惠稿费，觉有未安。……闻年来受环境影响，私校多支绌，稿费尤不愿滥领。"

1937 年 2 月 26 日，岑仲勉致陈垣信云：

> 本日奉贵校注册课通知，有五卷一、二期（按：指《辅仁学志》）稿费算讫等语。
>
> 勉前经声明不敢受酬，故屡次投稿，今若此，是意邻于贪，固非初衷，且迹近妨碍言路也（借喻）。无已，谨拟如次：
>
> 甲、可不支出，则充支出。
>
> 乙、为他方面计，如须支出，则拟恳赐赠《万姓统谱》乙部（修绠目似有其名，标价约三十金。此只合而言之，因未知采登若干种），以助勉一箦之功（稿费数不及，或市上无其书，此议均请取消）。余则购图书移送贵校图府，庶勉不至尽食前言，而受赐者在学，或庶几不伤廉也。

可见岑仲勉投稿《辅仁学志》，既是陈垣对他的提携，也是他对陈垣工作的支持，而其行动与辅仁老前辈是一致的，深得陈垣的信赖。陈、岑交谊之深，从岑请陈代购书、借书可见一斑。

1936 年 12 月 31 日致陈垣函云：

> 前上复缄计达。兹有求者：
>
> 一、月前阅《潜夫论》（王氏汉魏本），讹错颇多。继购一《丛刊》本。亦复如是。闻《湖海楼丛书》中有汪继培笺，如对五德志二章有详细笺校，乞代购乙部，否则可免置议。因余书皆非急要之本也。

二、《中国学报》五期（见《国学论文索引》），有陈汉章上灌阳唐尚书论注新唐书，颇欲一阅。惟此是多年旧报，恐不易觅。辅大如有度藏，厚赐假读。

……

陈垣几乎是有求必应！

岑仲勉从 20 世纪 40 年代开始研究《墨子》，至 1956 年完成《墨子城守各篇简注》一书，1958 年由中华书局出版。岑仲勉把该书寄给陈垣。陈垣于 1958 年 7 月 5 日致信岑仲勉：

> 久未得信息，忽奉到大著《墨子城守各篇简注》一册，知起居安吉，至以为慰。在今日朋友辈中，出版著作堪称多快好省者，阁下实其中之一人，敬仰之至。谨先复谢，并颂文祺！弟陈垣。

岑仲勉一生最重要的成就之一，便是《元和姓纂四校记》。陈垣对岑仲勉著《元和姓纂四校记》起了什么作用呢？

前面说过，陈垣早知道岑仲勉在从事《元和姓纂》的校勘工作，想把他的部分成果在《辅仁学志》上发表，岑仲勉以"《姓纂》稿过繁，或有妨篇幅"为由，提供其他稿件供陈垣选用。现在保存在《陈垣来往书信集》（增订本）中陈垣与岑仲勉的来往书信 42 通，有 19 通谈到《姓纂》。通过分析可知，陈垣对《元和姓纂四校记》起的作用主要是提供大量图书资料和解答疑难问题。

陈垣身处北京，又任辅仁大学校长，自己的藏书又丰富，为岑仲勉借阅或购买了大量图书资料。

1935 年 7 月 7 日，岑仲勉致函陈垣云：

> 惟旬前因牟君（按：指牟润孙）说之触引，现方作《姓纂》之校记乙篇，专就局本（按：指金陵书局本）勘斟，条数或尚比罗氏（按：指罗振玉）多一半，故未暇及也。犹有渎求者，勉所购《雪堂丛刻》，其《姓纂》校记下适缺一页（即董孔史等一

页），拟恳饬钞乙纸见惠，庶得对勘。

1935 年 7 月 18 日，岑仲勉致陈垣信云：

> 启邮包，知慨以校库本（按：指陈垣校过的四库本）见假，如获瑰宝。窃谓吾人求学，虽未必确有心得，要须贡其所见所闻以为群助。拙稿正誊至上声之半，现拟再为修正，把库、洪本（按：指《元和姓纂》之四库本及洪莹校本）不同处暨尊批采入，藉光篇幅，或亦大君子所许乎？唯库、洪两本异同仍未尽明，下举数端，亟待明教：

> 一、各卷下所记某声某韵是否库本原文？

> 二、书眉楷字，当是校库本之文，间有尊笔行书（单字）者，是否漏校补上抑依罗校之说（例如卷一，一页之下信郡，书眉有行书"都"字）？

> 三、就牟君文看，似洪本"据秘笈新书补"者，皆洪氏补入，非库本所有。但如卷二董姓，书眉称，"董狐二字增"，则是洪氏所谓据补者，亦非洪补矣。然则，"据秘笈新书补"六字，库本有否？其余各条，洪称据补而书眉无校文者，是否均库本所有？

> 四、普通所谓洪校注而书眉无校文者，似皆库本所有，而为修书诸臣之注（恐未必是《大典》原有注）。若然，则洪氏之校注极少极少，然否？

> 五、牟君谓洪本于姓视库本例在某姓之后（某姓大公板刻不明），书眉未说及。

> 以上不过略举拙见，有未及处，并祈一一赐悉，厚幸厚幸。

陈垣把自己使用的"校库本"无私地寄给岑仲勉参考，而岑仲勉则将"尊批采入，藉光篇幅，或亦大君子所许乎？"此高情厚谊，难能可贵。

岑仲勉在校勘《元和姓纂》时，有疑难问题必请教陈垣并恳请代购有关书籍。

1936 年 9 月 19 日，岑仲勉致陈垣函云：

> 《姓纂》一书，实有详注之必要，然兹事固不易言，是在合
> 力，故其人（史无传）有散见他书者，亦如竹头木屑，不忍竟
> 弃，略附校记中。约计稿本当可十万字（八万至少），不审《辅
> 志》能容得否？校事本早毕，但近又泛览唐集十数种，亦间有一
> 二难问，可资解答，故迟迟也。《大公报》屡载余氏其人，谓有
> 详注稿，认识否？

1936 年 10 月 26 日，又致函陈垣云：

> 此次校劳考（按：指陈垣为他代购之赵钺、劳格撰《郎官石
> 柱题名考》），只及石刻，不及补遗，石刻中又只限《姓纂》有
> 世系之姓。校时不及一一检页数，现只就检索表漏列者代填，今
> 日邮寄上。《大典》影本（按：指宋邓名世《古今姓氏书辩证》
> 永乐大典影印本）未见，《提要》谓《姓纂》散见千家姓下，然
> 则今影本当可见若干条，然否？又《姓纂》无独孤系，而劳考屡
> 引《姓纂》，且屡注云原书误入《辩证》三十五。误入二字，颇
> 费思索，能饬摘录此见示否？又《大典》为分韵类书，是否如旧
> 日韵书以一竖（——）代韵脚，或偶见此例否？诸待明教，先此
> 鸣谢。……
>
> 《姓纂》本稍迟再璧。

陈垣对以上问题做了回答，所以岑仲勉同年 11 月 7 日致信陈
垣云：

> 奉教暨《大典》、《辩证》等，始恍然于"误入"二字之解
> 释，缘初未悟《辩证》亦出《大典》也。邓（按：指邓名世）旨
> 在补正，郑（按：指郑樵）旨在厘分，初以《氏族略》为通行
> 书，经前人从事，颇不注重。两校后乃取而逐条比对，所获竟比

他书为多，殊出望外。然由此知成功多寡，固不必专恃珍刊秘籍也。《辩证》乙册，因便顺校乙过，如馆中暂无需用，能赐观全豹更佳（约借十天），否亦不必勉强。《大典》湛氏入勘，《广韵》入范，《通志》入上声，独辑本《姓纂》以入十二侵，殊不合。又后汉大司农湛重一语，非叙姓源，窃尝疑之。今观《大典》，《元和姓纂》上犹有豫章二文，似是《大典》倒错耳。馆存四五十本，倘无大姓，一二日当可校毕。……承赠大著二册并谢，《辩证》、《大典》随璧。

陈垣给岑仲勉寄去代购的由赵钺草创、劳格续成的《郎官石柱题名考》《唐御台精舍题名考》和《古今姓氏书辩证》（永乐大典影本），对岑仲勉校《姓纂》非常重要。《古今姓氏书辩证》对于岑校《元和姓纂》的意义在于它对"《元和姓纂》抉摘独详"，"较他姓氏书特为精核"，故岑仲勉得此书如获至宝。

1936 年 11 月 25 日致陈垣信：

罗氏（按：指罗振玉）虽据《辩证》补佚，尚有漏略复误，今阅三册，已得数条，将来拟汇合删定，并作一总目。

12 月 7 日又云：

前上数缄，有所请益，又附还《辩证》十册，计均达。此次校《辩证》所获亦不勘，《姓纂》有而《通志》无者，约七十姓，勘以《潜夫论》、《广韵》等，约去其半。今得宋本存目，则见《辩证》者，又约三分二，其存疑者不过十姓上下耳。《姓纂》有无错误，最要略知其人时代。

1936 年 9 月 5 日，又致陈垣云：

去年曾在沪商务见有《汉书》无传人名检索（恍惚如此），颇可助校勘《姓纂》之用。昨去函购，竟谓无之，怪极。便祈费神转图书馆查出原名，示知一一。……日来稍暇，渐理旧业，

《姓纂》四部，已竣其三。……余尚有请示商榷之处，当俟毕业时也。

同年 11 月 19 日信又云：

日来忙于整理，又《姓纂》工作未竟，只略涉序例。……《全唐文》固无力购，然每读一唐集，于《姓纂》校正，不无小补。

更值一提的是 1936 年 11 月 25 日致陈垣信云：

奉《十经斋集》暨《辩证》。月前读陈毅官氏中，屡引沈氏，检丛目又不知出自何种，正欲有所请教，不期先有以诏我也。

而在《元和姓纂四校记》卷末附录三《沈涛书元和姓纂后》中说："去岁秋从校《姓纂》，陈前辈援庵以抄本《十德斋文集》卷四寄示，亟将此文录出，涉诵乙过，知近人罗振玉氏据《金石录》所补佚文，前此数十年，沈氏多已拈出，其用功至足敬也。篇中略有讹夺……"而此文署"民国二十六年，顺德岑仲勉识"。信和文的时间吻合，此文中的《十德斋文集》，应是《十经斋文集》之误。《十经斋文集》为清人沈涛著作。孟宪钧《民国以来藏书家刻书举隅·周叔弢》一文说："1936 年 10 月，周叔弢先生刊印嘉兴沈涛撰《十经斋遗集》，封面刊记曰：'丙子岁七月建德周氏刊。'"

沈涛，字西雍，清浙江嘉兴人，一生著述甚多，主要有《十经斋文集》等十数种。……周叔弢先生挚友劳健（字笃文）是浙江桐乡人，劳氏与嘉兴沈氏有姻亲关系，劳氏发愿刊刻沈氏遗著，以广流传。周叔弢先生出于对老友的友谊之情，乃出资刊刻了这部《十经斋遗集》。陈垣所提供的《十经斋集》卷四《书元和姓纂后》，系清儒自孙、洪之后，罗校之前有关《姓纂》研究最集中、最重要的一份学术文献。可见陈垣寄来的材料何等重要，致使岑仲勉"亟将此文录出"。

1937 年 1 月 14 日，岑仲勉致陈垣函云：

> 汪笺大体甚佳，如汪用之子续，劳用之金石，陈用之魏志，合沈氏书后，清儒治《姓纂》之成绩，殆已见六七。惟张澍注《风俗通》姓氏，以时考之，亦应引及。二毛丛书多史地本，价亦不昂，拟恳代觅一部。因函购或受欺，故敢奉劳也。丛镌二册，原只得獎谱之半，勉意留俟暇浏览，亦祈嘱坊贾代觅本，或多或少，所不计也。

同年 1 月 29 日致信陈垣云：

> ……张著虽是可传，惟裁择断制，大不如汪氏。《寻源》、《辨误》，闻其名而未知，行本若非单行本者，又不能不乞诸左右矣。

1937 年 2 月 26 日信又云：

> 前上乙缄，乞便觅《寻源》、《辨误》（想不易得），……张辑《风俗通》引《姓纂》共廿条，均与今本及《通志》、《辨证》引文异。自序谓是早年所为，似总在洪本刊行而后（张生乾隆卅六）。不知其未见，抑竟未对勘也。此等来历，疑出自《统谱》，或牟君所谓明陈士元《姓觿》者。然明人多伪，似不能不慎用之。《姓纂》修稿过半，颇欲得《集古目》一勘。琉璃厂邃雅斋有其名（署价三元），暇恳电话一询，或略优厥值何如？类书文中用——代子目之字，明人已有之，究不知仿自何时，尊鉴宋元本类书有此款式否？诸乞见教为盼。

岑仲勉信中恳请陈垣购买之《潜夫论》《寻源》《辨误》《风俗通》《统谱》等书，都是校勘《元和姓纂》十分重要的书。其中《集古录目》等对岑仲勉的工作来说犹如雪中送炭。

1937 年 4 月 9 日，岑仲勉致函陈垣，告知史语所拟聘他为专任研究员。他把《元和姓纂四校记》书稿的内容大体向陈垣做了汇报，以后还要不断修补。4月26日又致信云："月来得暇，或先作一弁言，稿竣当录呈指正。辱在爱末，此次用功复多承教益，苟获问世，尤愿求赐一序，以增光宠。"

陈垣和岑仲勉，这两位广东同乡，都非史学科班出身，靠自学成才，在各自的研究领域做出卓越贡献，成为史学名家。他们相交20多年，但从未谋面，他们的学术友谊是学术界的传奇，更是佳话。

1961年10月7日，岑仲勉逝世，陈垣是岑仲勉教授治丧委员会成员之一，并致函岑仲勉家属，吊唁岑仲勉。

说完陈垣这位贵人，再说岑仲勉遇到的第二个贵人傅斯年（以下引用李欣荣教授《岑仲勉在史语所工作及其旨趣》一文试述之）。傅斯年在1937年聘请岑仲勉入所任研究员，除了因为陈垣的极力推荐、陈寅恪的首肯外，主要是佩服岑仲勉对史料整理的能力符合史语所的建所旨趣。在岑仲勉入所之初，两人关系不错，尚有书信论学。傅氏指出："《册府元龟》流行本为明刊本，闻人云不佳，近日商务印书馆集得宋刊约半数，配以抄本印入《四部丛刊·四编》，大约明年年底出齐，此或可为先生大著之一助。惟此书不注出处，其引何书有时或未易断。未知先生以为如何？"稍后岑仲勉将《册府元龟》的整理纲要寄上，傅斯年回信表示肯定。即便后来两人不和，傅斯年仍表示："先生治学之勤，弟所极佩。思解之细，用力之专，并世学人，盖鲜其俦，此弟不特向先生言之，亦向外人道之者也。"此亦非虚语。1943年，蒋介石饬令史语所报告各研究人员从事唐文化的研究情况，傅斯年的报告除了强调陈寅恪的贡献外，亦特别称赞岑仲勉之成绩："岑仲勉氏之《突厥集史》，实为治中古西北史地者荟萃之书，亦将付印。……岑氏之校理石刻史料，皆为国内史学界所推重。论文有关唐事者，均为数不少，均在《历史语言研究所集刊》发表。"

但是，岑仲勉毕竟年长十岁（编者注：指与傅斯年相比），治史自有定见，强调研究历史必具通识，提倡博通的治学取径，而与力主专精的傅斯年显分途辙。故其有言："历代制度、名物，每更一姓，虽必有所易，然易者其名，不易者其实。甚至外族侵入，仍有相联之迹（如唐府兵与元怯薛，特勤与台吉，莫离与贝勒等），故每论到典章，文物，非徒略溯其始，抑且终论其变，求类乎通史之'通'，不锢于断代之'断'。"大权在手的傅所长当然要将管辖之地打造成自己史学理想的领地，顾颉刚因旨趣不同离去。岑仲勉最终也离去，不过却在十一年之后。因为在这十一年中，岑仲勉有傅斯年需要且大力支持的工作，那就是中古史考异。

1939 年 4 月，岑仲勉将《全唐诗文札记》三册和古史研究一种，呈交傅斯年点评。傅氏回信，对于前者大表肯定之意，略谓："《全唐诗文札记》三册，弟读毕叹服之至。如是读书，方可谓善读书，方不负所读书，此应为一组助理诸君子用作矜式者也。窃以为史学工夫，端在校勘史料，先生目下所校，虽限于全唐诗文，然而此等工夫之意义，虽司马涑水之撰《通鉴考异》，钱竹汀之订廿二史异同，何以异焉。况其精辟细密，触类旁通，后来治唐史者得助多矣。流徙中有此，诚不易事，谨当编入《集刊》，是亦弟之光宠也。弟所深感悚惭者，两年中流徙无定，书籍秘之箧中，无以供先生参考，其犹能有此精制，皆先生精力过人之征。"

然而傅斯年对岑仲勉偏重传统文献的古史研究明确否定。具体而言，傅斯年不认为岑仲勉具备释读上古语文的能力。至 1945 年，傅氏对于岑仲勉仍坚持己见已颇感不耐，以《瑂生皀殳释名》"不在先生研究范围之内"，而直接将其从送院报告稿中删除。并劝告岑氏，今后应于《元和姓纂注》《突厥集史》两书，"先成其一，其一既成，再成其一，若须同时办，可否先精力集中于此两书，姑舍其他"。同时要求他放弃上古史的研究。

1948 年 5 月 28 日，代理所长夏鼐接到远在美国的傅斯年来信，岑仲勉被请辞不可避免，傅斯年回信照准。"君子交绝，不出恶声。"傅斯年语多客气："弟于先生治学之精勤，史籍碑版之深邃，十余年中，佩服无间，今忧昔也。至于关涉语言学之不同见解，绝不影响弟之服膺先生之治史，此不能不曲予谅宥也。……今以一科上之不同，遂各行其所是，亦事之无可奈何，望先生不以此事为怀。"

关于此次离职事件，众人议论纷纭，莫衷一是。牟润孙言："岑到史语所果然作出了不少成绩，后来因为岑先生兴趣过泛，研究的面太广，有时难免犯了错误。傅先生劝他少写，岑不肯听，终于胜利后不久离去。"朱杰勤的评论则称："岑先生在研究所十多年，淡泊明志，守正不阿，终于受到以傅斯年为首的学阀集团排挤，1948年转入中山大学任教。说句公道话，岑先生的学术黄金期，是在史语所的十一年；奠定了岑学术地位的学术成果，是在史语所所进行的中古史料的整理与研究。他的一系列名著《贞石证史》《读全唐诗札记》《读全唐文札记》《元和姓纂四校记》《白氏长庆集》……都是在这个时期完成问世的，那么，岑是应该感谢傅给了他一个机会的。事实上岑感激了。大恩不言谢，无须献媚语。重要的是，对被请辞，岑至死没出一句怨语。傅、岑都做到了'交绝无恶声'。岑先生被请辞，说到底是两种学术路径的差异和冲突，与人格与道德无关，也与学术水平的高低无关。至于有人就此事歪曲为远在美国的傅斯年，打越洋电话要岑老先生检讨，被徐俊先生斥为'小说家言'。"

最后说说陈寅恪。

为什么说陈寅恪即使不是岑仲勉的伯乐也算得上"贵人"呢？

一是精神鼓舞，二是实际提携。

岑仲勉1934年1月22日致函陈垣："奉十二月二十日惠书，夹陈君寅恪手缄，奖誉备至，惭汗交并。"

陈寅恪奖誉他什么呢？他说："岑君文读讫，极佩（便中乞代致景慕之意）。此君想是粤人，中国将来恐只有南学，江淮已无足言，更不论黄河流域矣。"

有人说这是虚套客气话，不宜微言大义，大加发挥。客气是可能吧，但对粤人客气就可以了，却又何必对江淮人、黄河流域的人不客气呢？可见，声誉如日中天的史学大师确是有感而发的。他是作预言而不是作虚言。事实上，十多年后，陈寅恪所预言的岑仲勉学术硕果累累，力超同辈，确是"只有南学"矣！

有人在文章中曾说，陈寅恪与岑先生的生平出处有关系，但关系不大：就隋唐史研究而言，他们二位却是同行。但我们却以为这其中的关系很大，大到几乎关系到岑能不能进史语所。所长傅斯年专门从南京跑到北京，与陈寅恪先生商量此事，万幸的是，"皆以为当约先生惠来本所，以为弟等之光宠，以赞本所之事业"。如果陈寅恪不支持甚至反对，你说岑仲勉还能顺利进史语所吗？关系大不大？太大了。要知道，陈寅恪当年作为史学界第一人，声誉如日中天，几乎一言九鼎。

或许有人会举出岑仲勉在中大教授"隋唐史"时，旁征博引，论证陈寅恪所述不尽确当，而质疑两人的友好关系。但这种学术争论却正彰显两人君子之风，古人云："风雨无乡，而怨怒不及也。"你见他俩谁怨怒了谁吗？

没错，在学界，岑仲勉基本上是一位独行者。在前辈和同辈中，几十年来似乎只有陈垣始终对岑仲勉关心有加。但傅斯年、陈寅恪对岑仲勉学术人生的作用和影响，是绝对不能忽视的。

第七回

骡马邮包史语所
青灯古卷独行人

诗曰:

功崇唯志业唯勤,
力捍山河壮志伸!
史海丰碑谁所树?
青灯古卷独行人。

题诗说的是 1937 年全面抗战开始后，史语所已无法维持正常的研究秩序，而自"八一三"上海事变后，所长傅斯年便下令各组即装箱打包，准备迁徙。图书、拓片、杂志等物，从南京先运至南昌，再运到长沙，然后分两部分运至重庆和昆明。史语所成为一个骡马邮包组成的流动大书库。史语所 1939 年的报告称："计自抗战以还，图书馆随本所转徙各地，而中文书一十二万六千二百九十九册，西文八千三百四十二册，以及杂志全份二百余种，拓片一万余份，皆毫无所失。现在加紧开拆邮包和清理图籍，希望能于最短期间恢复正常工作。"

岑仲勉于 1937 年 7 月 5 日到南京的史语所报到，随即请一个月的假返回顺德家乡处理一些私人事务。这一个月对于岑仲勉的人生来说可谓意义重大。

从 1937 年 8 月到 1948 年 7 月，头尾十一年，他背井离乡，在颠沛流离中度过，其中的苦闷与艰辛，只有自己知道。烽火多少个连三月？万金何曾换得来家书？

一个月里，岑仲勉在祖父留传下来的宽敞大屋中思绪如潮，不可终日。他三岁失怙，由品格高尚、学贯中西的伯父岑雯扶持长大，如今年过半百，在道德和学业的传承上已无愧先人。或许，对于一般人来说，已足可过上"采菊东篱下，悠然见南山"的悠闲生活。但岑仲勉心有不甘。从岑、胡联谊活动中的撰联折桂来看，他可谓可造之才、乡梓之光；从"广高三杰"称谓到罢课成为谈判代表之一，他可谓正义热血青年；从铁路管理局局长、禁烟局局长到国家的宝光嘉禾章获得者，他也算得上"国家兴亡，匹夫有责"的有担当的大丈夫。

但他始终觉得自己做得远远不够，每当想起先父批读杜佑《通典》就心有余愧，深感一事无成。

进史语所治学、搞学术研究是唯一正确的奋斗之路吗？是的，他相信"世上功名兼将相，人间声价是文章"。尽管他曾这样调侃自己："早岁学殖荒落，中年稍振刷，视苏老泉已瞠乎其后。"的确，对比"年二十七始发愤为学"的苏老泉苏洵，在知天命之年才正式踏入专业学术界的岑仲勉来说步子晚了许多，但是，所幸的是，他并非"新丁"，而是能量无限、才华横溢、满腹诗书、学兼中西的"新星"。更重要的是，从童蒙时便养成的"吾日三省吾身"的"澡雪"内视精神法，使他无时无刻不牢记"君子不恤年之将衰，而忧志之有倦"的古训。或许，"君子之为学，以明道也，以救世也"正是岑仲勉这类清末民国一代文人，身处乱世而得以保身的信条。

岑仲勉请假返乡要处理的最重要的家事，是寻找失踪的小儿子岑公汉。岑仲勉有两个儿子，大儿子岑公棣已大学毕业，任中学教师。小儿子岑公汉时年十八，正读大一，失联已几个月了。能找的地方家人都去找了，能问的人也都问了，小儿子依然杳无音讯。"儿长一百岁，长忧九十年"，岑公汉失联多时，做父母的怎能不担心？"知子莫若父"，在那国难当头的多事之秋，岑仲勉凭着对儿子的了解，其实已大致猜到其去向。但他不敢向儿子的生母言明。不管何种推测，见不到面都是白说。在种种选择中，在离乡返任前夕，岑仲勉选择了元稹所选的"烦恼数中除一事，自兹无复子孙忧"：公汉干大事去了，跟共产党去抗日救国！岑仲勉只是猜，但他猜对了。对于公汉的生母来说，这是无奈中最合情、合理、合适的解释和安慰了。

儿子投笔从戎是为抗战，父亲提笔治学也是为抗战！岑仲勉恐怕当时就是这样想的。不然，实在难以找出其他理由来解释他在抗战流徙期间，为何竟能如此精力充沛，成果迭出。年轻时无日不挂在嘴边的"国家兴亡，匹夫有责"的口号，在抗战的岁月里变成实实在在的行动。尽管不见刀光剑影，也没刺刀见红，但其之艰辛，更考验人的意志。

岑仲勉假满返所，随所迁徙。从 1937 年 12 月起，大部分人员陆续离湘，分途向昆明集中。1938 年 3—4 月，各组人员先后到齐。自 7 月起，史语所租下靛花巷楼房办公，又租了竹安巷四号之平房一院作为职员的宿舍。其间，岑仲勉才见到第一组组长陈寅恪。据称，"渠询余近况，余以拟辑唐人行第录对"。

1938 年 9 月 28 日，因昆明被日机轰炸，史语所当局为谋工作安全计，决定向昆明城北十一公里外的龙泉镇疏散，租用该镇棕皮营村之响应寺及毗连之龙头书坞为办公处，同镇龙头村之东岳庙前后大殿为职员宿舍。10 月 1 日，史语所由城中迁出，4 日起在龙泉镇工作。1940 年 10 月，因云南安全受到威胁，史语所开始搬迁到位于四川宜宾、极为僻远的李庄板栗坳。罗常培先生回忆说："历史语言研究所的所址在板栗坳，离李庄镇尚有八里多……离开市镇，先穿行一大段田埂，约有半点钟的光景。到了半山的一个地方叫木鱼石，已经汗流浃背，喘得上气不接下气。躲在一棵榕树下休息一会儿等汗干了，才能继续登山。又拐了三个弯，已经看不见长江了，汗也把衬衫湿透了，还看不见一所像样的大房子。再往前走到了一个众峦迢拱的山洼里，才找到板栗坳的张家大院。"

至于住所情况，据时任史语所助理研究员的何兹全忆述："史语所用的是一家大乡绅的房院。房舍的布局是环着一个小山头建造的，从进口处顺序排列有田边上柴门口、牌坊头、戏楼院。田边上斜对面有桂花院，戏楼院顺小路再往前走还有一个茶花院。田边上是图书馆，也有几个研究室，我就在那里，和胡庆钧同志一个屋。牌坊头是主屋，史语所只占用了前院，后院厅房和配房仍由原主人住。柴门口是眷属宿舍，芮逸夫、劳榦、岑仲勉、董同龢等有家属的都住在这里。……山上没有电灯，点燃两根灯草的桐油灯。天一黑，院门一关，房门一关，满院寂静，满野寂静，宇宙间都是寂静的。有时候大家也聚到一间房里聊天，劳贞一（榦）家的房子大些，一般都是聚在他家。男男女女一屋子，海阔天空，小则家常，大则国事，无所不谈。"（摘自《傅斯年遗札》）

战时的生活极为艰苦，精神生活也甚为枯燥乏味。连傅斯年也对陈寅恪不来板栗坳表示万幸，称当地的环境"寅恪未必能住下，彼处医药设备太差，一切如乡村。……李庄之闷，住久者亦真不了，故生精神衰弱者累累"。作为年长的一辈，岑仲勉却能甘之如饴。据何兹全回忆，那时在晚上看书，只能点桐油灯照明，直冒黑烟，在灯下看书写字久了，鼻孔里都是黑灰。岑仲勉就在这样的幽灯黑夜里，寂寂地与古书为伴，三个月读完《全唐文》，一个多月读完《全唐诗》，爬梳钩稽，创见性地开拓了以碑证史的唐史研究路径，与陈寅恪以政治入手的研究方向遥相呼应。

可以说，岑仲勉以过人的毅力和精力，以"功崇唯志，业广唯勤"的精神，在学术上建立了不朽的学术丰碑，硕果累累，力超时贤。岑仲勉一生最重要的成就是《元和姓纂四校记》。他在抗战转徙之中的其他成果，其实都是为此项工作而做文献搜寻时的意外收获。《元和姓纂》十卷，为唐人林宝元和七年（812年）所著，起因是某次某官授爵，误属郡望，宰相王涯认为应有记录魏晋以来世家谱系与当代官阀望贯的专书，以便参考。林宝受令，广参群籍，以三月之力编成此书。内容包含两部分，一部分为依据《世本》《风俗通》《潜夫论》《姓苑》《英贤谱》等书构筑的所有姓氏之得姓来源与房支递传，另一部分则是北魏以来至中唐为止三四百年间皇室到重要官员的实际占籍与家族谱系。由于唐以前的谱牒类著作几乎全部失传，该书成为记叙汉唐间士族谱系的唯一专书。举不太合适的譬喻来说明，汉唐士族社会的总体构成，如同参天的大榕树，无数枝杈如同大小家族，大枝分小枝，最后长出无穷榕叶。正史一般仅记载当时最重要人物的活动。至于这个社会是如何构成的，各房各姓又是什么关系，正史无传。而关于曾生存于那个社会的次一等人物又处于什么位置，正史亦无传，《元和姓纂》可以说是研究汉唐士族社会总体构成与所有支脉的唯一专书。宋以后社会转型，这本由近两万人名堆砌的书不受重视，自可理解。原书明以后不传，清人从《永乐大典》中辑出，仍编为十卷，馆书略有校订，是为一校；嘉庆间孙星衍、洪莹重加校补，是为二校；罗振玉作《元和姓纂校勘记》二卷，是为三校；岑校称"四校记"，原因在此。岑校采用穷尽文献的治学方法，致力于该书的芟误、拾遗、正本、伐伪，程功之巨，发明之丰，校订之曲折，征事之详密，堪称其一生著述中的扛鼎之作，也是中国近代古籍整理工作中可与陈垣校《元典章》并列的典范著作。在缺乏系统的古籍检索手段的情况下，岑氏从数千种古籍中采录《姓纂》所记近两万名历代人物的事迹，逐一考次订异，并据以纠正前人辑校本的各类错误。

时任中国唐代文学学会会长、复旦大学中国古代文学研究中心主任、任重书院院长陈尚君教授十分赏识岑仲勉大师的学问及其研究方法，他在"纪念岑仲勉先生诞辰 130 周年国际学术研讨会"上发表的论文《唐史双子星中稍显晦黯的那一颗》中有如下论述（见下文加双引号部分）：

"《四校记》的意义已远远超越对一部书的校正，其揭示的大量汉唐人物线索为这一时期的文史研究提供了丰富的矿藏，称其为人事工具书也不为过。虽因此书刊布于沧桑巨变的前夕，传本不多，加上 50 年代后学术风气的变化，没有得到其应有的学术重视，另此书采用传统的校书不录全书的体例，仅于出校处录文，读者如不核对《姓纂》原书，则不尽能体会其真旨，也限制了一般学者对此书的利用。"

1994 年，中华书局将《姓纂》原书与《四校记》合成一书，岑仲勉与林宝及编拼人员孙望、郁贤皓、陶敏一并列为作者，"稍有吃亏，但其学术意义仍无法遮掩"。

在史语所期间岑仲勉先生完成了大量论文与专著，中心是绕《姓纂》校订工作展开，旨在站在现代学术立场上对唐代史事进行重新认识。其间，意外收获甚丰。岑仲勉先生"读《全唐诗》，目的是遴取人名记录，很快却发现该书小传多误阙、录诗多讹脱之类大量问题，月余检遍，随手所札乃成《读〈全唐诗〉札记》一书。《全唐文》成书于嘉庆间，文献取资与作者小传皆较《全唐诗》为优，在他如炬目光下，仍发现众多误漏，乃成《续劳格〈读全唐文札记〉》，所得倍于劳氏。读唐人文集，则成《唐集质疑》。对白居易、李德裕等重要文集，则反复推敲寻研，皆有多篇长文加以研索。读唐人诗文，深感时俗喜以行第称呼，历经千年，多难得确解，乃排比文献，取舍归纳，为多数人落实了本尊身份。他特别重视对唐人缙绅名录之考订。对前人有专著者，如《登科记考》《唐方镇年表》等皆有所补订。翰林学士在中晚唐政治史上的地位众所周知，但存世仅有丁居晦《重修承旨学士壁记》初备梗概，唐末僖、昭、哀三朝则尽付阙如。岑撰《翰林学士壁记注补》和《补唐代翰林两记》，使一代制度及学士出入始末得以大体昭明。唐六部尚书下之各司马郎官，多属清要官，传世有右司郎官题名石柱，清人赵钺、劳格撰《唐尚书省郎官石柱题名考》，考索每人事迹。岑氏反复斟酌原石及拓本，发现清人所据有误、缺录，更严重的是石刻拼接有误，乃更精加以校订，成《郎官石柱题名新考订》及《新著录》二种，尽力还原真相。《姓纂》清辑所载姓名多讹夺，要求其是，务必广征石刻。岑氏对宋代以来的石刻专书作了系统梳理，发现前人考订方法存在众多偏失，乃成《金石证史》《贞石证史》《续贞石证史》等系列札记，逐种考定，阐释义例，追求真相，足为石刻研究之典范。对正史、《通鉴》、《唐六典》、《唐会要》等基本典籍，用力更勤，如《通鉴隋唐纪比事质疑》摘出司马光疏失达数百则之多。以上论著，所涉问题之广，考订之细，征引之富，审夺之慎，发明之多，不仅并世无二，前后亦难见出其右者。在抗战及稍后的多期《史语所集刊》上，岑氏几乎每期都以三五篇以上论文同期刊发，著述之勤，亦皆可见。"

1948 年，岑仲勉先生南归广东，入中大教书。"一个人咬得菜根，方能实心教育"，是岑仲勉先生的名言，也是他行事的写照。从 20 世纪 30 年代开始研究，到 1961 年去世的 30 年间，岑仲勉先生共留下 1000 多万言，成书 18 种，论文近 200 篇，如此硕果迭出的学者，在中国近现代史家中非常罕见。

对于岑仲勉先生治隋唐史的特色治学方法，以及如何引领唐代文学研究风气的转变等问题，陈尚君教授还有如下精准的评价：岑仲勉先生的《隋唐史》，完整地表达了他对唐史的系统认识。"岑著凡隋 19 节，唐 68 节，对隋唐史的几乎所有重大问题，从国际大势到朝代兴亡，从民族冲突到制度变革，从军事冲突到政事纷争，从佛经翻译到文体迁变，无不有所涉及，这在当时的通史和断代史中都是少见的。他在隋史中分用四节叙述突厥史，特别讲到突厥因丝绢贸易而与东突厥发生联系，力辩铁勒非民族而只是史籍误译所致，都接受了欧美学者的新见。特别讲到隋代三大工程，即大兴城之兴建与通济、永济渠开凿之意义，也与一般只讲大运河有所不同。在唐史部分，他的所长在制度、氏族、经济、人事，各方面都有很充分的发挥。比如田制，他用'北魏均田之缘起及其制度'、'唐之均田'、'庄田'、'俸料、公廨本钱及职田等'四节作充分讨论。即便一般史家很少讨论到的文学问题，也有'佛徒撰译之文艺价值''文字由骈俪变为散体''西方乐曲影响于开元声律及体裁''盛唐、中唐、晚唐之诗人'加以论列。在唐史最后部分，更罗列地方区域及社会组织、手工业及物产、市墟及商务、交通、黄河、水利、学术与小说、历法与天文、乐舞及百戏、服饰等内容，可见其视野之广备与独到，部分已触及 90 年代新史学论述的核心内容。在这些所有方面，岑氏既不循历代正史之定说，与海内外时贤之见亦多有商榷，显示了他的独到见地。"例如"五十八节《市墟及商务》，涉及唐前后期商业活动之不同，从长安东西市之繁荣，讲到各地因墟成市之发展，续讲对外四大商港比景（今在越南）、广州、泉州、扬州之盛况，复讨论陆路商务、南海商务及西域商路之变化，最后介绍海外输入物品之丰富。这些介绍，无不援据丰博，启迪思路。""陈氏折衷百家言，成一家说，与独立的学术专著稍有不同。"当年能刊布已属大幸。"几十年后再读，他所讲到的很多都成为显学，当然他的所见也为新说所超越。"

岑仲勉与陈寅恪被誉为近百年来唐史研究史上并驾齐驱的双子星，但二人的一些观点分歧甚大，治学也各有各法。"岑著《隋唐史讲义》篇幅多达 60 万言，系统表达他对隋唐史几乎所有重大问题的看法，其中包含大量与陈氏商榷讨论的意见，……多达 78 处。除少数几则为补充陈说或引陈说以为佐证外，绝大多数为对陈说的批驳，包括关中本位政策、李唐先世出赵郡李氏、太宗压制中原甲姓、府兵兵农合一、牛李党争所分阶级及始于元和、唐制承北齐、唐小说与古文运动之关系、唐将相文武分途说，等等，几乎涉及陈氏大多主要学术建树。……陈氏虽失明而不良于阅读，但他友生众多，对此应有所知闻，但并未作任何回应，也从未对岑氏有任何批评。

就岑氏之立场，凡学术问题，自应以精密的文献与周圆的考虑予以立说，重要的结论尤应有多方面的考量与审视。他曾撰文批评李嘉言《贾岛诗注》与《贾岛年谱》，李氏回应颇有一些激烈言辞，岑奉覆云：'总言之，学术经讨论而愈明，留昆明时李君虽未谋面，固曾一度通讯，然僚友中如董作宾、向达、马元材、杨宪益诸先生，拙亦屡有讨论之作，则因我的看法，讨论与友谊，应截然划分为两事也。'他订补吴廷燮《唐方镇年表》时，认为'其声誉愈高，愈易得人之信受，辨正之旨，非抑彼以自高，亦期学术日臻于完满而已'。他与陈寅恪的学术讨论，也应属此一性质，仅属于君子之争。在50年代学术风气下，岑著仅就问题加以讨论，绝不引向政治问题，始终保持书生本色。但就他人特别是陈氏其门生与追随者来说，未必愿意这样看。前辈史学家金毓黻初读此书，认为岑走陈一路学术，'于极细微处亦一丝不苟'，'偏于专而短于通'，仔细再读，方发现岑'旁征博引，证明陈氏之不尽确当，可见其善于读书'，但更欣赏陈之'从大处着眼'，认为岑'所引诸证亦能穷原竟委，为陈氏注意所未及'，缺点是'不能贯通前后'……均属中肯之言。海峡对岸的傅乐成看到岑著，感到骇异，极力反驳，有些感情用事。"也可见岑著影响之力度。"到目前来说，以项念东先生《20世纪诗学考据学之研究——以岑仲勉、陈寅恪为中心》之讨论最为客观深入。

以下仅就牛李党争问题略做讨论。

牛李党争是中晚唐之际的大事，因大中政局为牛党把持，晚唐史学家多右牛而黜李，到司马光仍如此。陈寅恪向推崇《通鉴》之有识，多赞同其所见。岑则依据李德裕文集与史实比读，再加上对两造人物仕历与论政之反复比证，右李而斥牛，对李（笔者注：德裕）会昌间之建树及谋国公忠，多有揭示。因此力主李党无党，进而对陈说有关两党涉及不同的阶级、李党重门第而牛党重科举、两党分别代表旧门世族与新兴阶级提出商榷，进而涉及两党相关人员之立场，以及党争初起之原因。这些意见之讨论均涉及复杂之考证与具体之人事，岑之所言虽不能皆是，但确多发人深省之意见。就我近年感受，当时依违在两党间之人物，人数众多，如元稹、李绅近李，刘禹锡与李交厚，与牛党主人亦唱和不断，白居易则广泛结交，却又远远避开，白敏中为李所引，但在武、宣之际打击李又不择手段。牛僧孺元和三年制策，陈（笔者注：寅恪）推测针对李德裕父李吉甫。此策近年在宋人编《唐策》中找到，并没有相应内容。李本人为门荫出身，对进士之浮华有所批评，但他南贬时，'八百孤寒齐下泪，一时回首望崖州'之民意，也足见李之主持公道。大中后牛党把控科场，丑行多有，更为世周知。本来阶级与操守就很难画等号，岑引《新唐书》作者宋祁说，认为牛李之李指李宗闵，则牛李为一党，并引晚唐北宋诸家说认为李德裕无党。《隋唐史》这一节的篇幅多达二万言，他贬斥牛党之争的目的、手段'只是把握朝政，以个人及极少数之利益为第一位而不顾国家、人民，性质属于黑暗社会'。他力辩李德裕不结私党，赞同《云溪友议》认为他'削祸乱之阶，辟孤寒之路，好奇而不奢，好学而不倦，勋业素高，瑕疵不顾，是以结怨侯门，取尤群彦'之说，对从沈曾植之牛李以科第分，'牛党重科举，李党重门第'之说，以及陈寅恪以个人行为来界定旧族或新兴，皆致不满，排列陈氏认定的核心人物二十多人中大多为旧族出身，二牛李党人物则各占其半，证明沈、陈之说不能成立。他对司马光、陈寅恪都赞同牛僧孺放弃维州及将吐蕃降人交还吐蕃的说法尤致强烈的不满，考辨议论都非常详尽。当然，岑有时也因意气用事而有失冷静，如李德裕已出为女冠之配刘致柔，究竟为妻为妾，大约还是陈氏为是，刘的身份是妾而非妻，但她所生之子李烨已立为嗣子，丧事又由李烨操办，因此而与一般之妾志有所不同。岑对此段史实的研究，用力极其邃密，故能在讨论中占尽上风。后来傅璇琮撰《李德裕年谱》，为岑说提供了更坚强的支持。

　　具体说到陈、岑二家治史方法之不同，可以借缪钺谈唐宋诗之语为例，陈是登高远望，意气浩然，岑是曲径寻幽，得其精能。比如言农获，陈见万顷良田，禾稼盈丰，风雨调顺，灾害不兴，猜其致隆因由，断其秋获必盛，每多卓见，足启后学；岑则开沟通壑，勤耕细作，去草灭害，日日辛劳，至秋获已毕，粮谷入库，称量完成，方细说所得，总结始末，虽然琐碎，但精确无比。譬如绘画，陈所作为写意画，大笔挥洒，意境全出，文章生动，韵在象外，启人意志，观者如云；岑所作为超现实之工笔画，画树则每片绿叶之叶脉皆精准无讹，画山则山石飞走无不毕肖其真，读者骇其博，未必赞其艺。无论怎么说，百年来的唐史研究，总体水平高于其他时代，两位大师从不同立场进行的分析和探讨，互为竞争也互为补充的研究，是其中的关键。那么二人的共同点何在呢？我认为都是从基本文献出发，突破唐到北宋史家对唐史的基本叙述，用现代学术立场重新建构一代史学。"

　　"1949 年以后，岑仲勉治学勤奋如故。对于新的主流学说，他也试图加以尝试，故在《隋唐史》中附列一节以《试用辩证法解说隋史之一节》为题，所讲则为北朝及隋之对突厥馈赠引发东罗马与波斯间的争斗；另列《西方乐曲影响于开元声律及体裁：从〈实践论〉看诗词与音乐之分合》，也有些贴标签之生硬。在社会分期讨论兴起之际，他撰写了《西周社会制度问题》参与讨论。 1953 年根治黄河方案推出，他以二年之力写出 60 万言《黄河变迁史》，提供决策参考。他努力适应并服务于新社会，方式则与那时的一般曲学阿世者有很大不同，基本治学方法与致力方向并没有大的改变。在五六十年代，纯学术著作之出版不算太景气的情况下，他先后出版《黄河变迁史》《隋唐史》《府兵制度研究》《西周社会制度问题》《墨子城守各篇简注》

《突厥集史》《西突厥史料补阙及考证》《隋书求是》《两周文史论丛》《唐史余沈》《唐人行第录》《中外史地考证》《通鉴隋唐纪比事质疑》（笔者注：以上论著省去出版单位及出版时间），达十三种之多，其中许多是他早年的著作。此外《金石论丛》《郎官石柱题名新考订》《汉书西域传地里校释》等几种也基本定稿，到'文革'后出版。可以说，他生命的最后十来年，在忙碌而兴奋中度过，尽管这时他的健康状况已经大不如前"，帕金森综合征令他双手颤抖，写字东歪西倒，但他却以惊人的毅力著述不辍。

在学界，岑氏是兀傲不群的独行者，傅斯年称他为真豪杰士！他的学生陈达超坚持多年，陆续完成他遗著的刊布。其他较有成就的学生有姜伯勤与蔡鸿生等，但治学路径已经有很大的不同。

其学生张难生，在 2010 年 6 月 9 日《南方日报》上发表文章，如此描述岑仲勉："视学生如子弟，令受业者如坐春风。他时常左兜装一盒'白金龙'香烟，右兜揣一包糖，上课时，男生发烟，女生发糖。我记得当时凡选了岑仲勉教授课的人都能获赠他的书，岑先生当时还在赠书上题字：赠某某学弟。他不把我们当学生看待，而是把我们当朋友，当弟弟来看待，令同学们激动不已。"

陈尚君教授说："最近四十年中，岑氏最大的拥趸群体，则来自唐代文学领域。或者可以说，岑氏的治学方法影响了最近几十年唐代文学风气的转变。

较早地可以说到瞿蜕园、朱金城之分别或合作笺注李白、刘禹锡、白居易诗，瞿家与陈寅恪父子两代世交，瞿氏注刘诗特别关注贞元、会昌间之政局动向及在刘诗中的反映，注意揭示刘与各方政治人物来往交际中所存留的复杂痕迹，其对人、事、时、地及诗文寓意的揭示，兼得陈、岑二氏之长。朱金城注白居易诗，特别关注白氏一生交际中的人际变化，他的三篇《〈白氏长庆集〉人名考》长文，将白居易诗中不同称谓人物的具体所属逐一指明，从而揭示人际交往中白诗的具体指向，最得岑氏治学之精神。《中国大百科全书》中将《登科记考》《唐两京城坊考》等列入文学卷，也出于他的手笔。

傅璇琮受法国社会学派影响研治唐诗，特别关注唐代诗人生平与创作研究如何走出传说的记录，而追溯诸人真实的人生轨迹，关键是据《姓纂》、石刻、缙绅职官录等可以精确定时、定地、定家世实际的记录，纠正笔记、诗话乃至《唐才子传》一类传闻记录的偏失，揭示诗人的人生真貌与创作原委，从而给唐诗以新的解说。傅主持所编《唐五代人物传记资料综合索引》，将以往很少为人关注的包括史传、全唐诗文、僧录、画谱以及包括《姓纂》在内的各种谱录做出精密的索引，以便学人充分利用。又著《李德裕年谱》光大岑说。晚年继岑氏而做《唐翰林学士传论》二种，将两百多位学士在政治、文学方面的建树作了更彻底的清理。

整理《姓纂》及岑氏《四校记》的郁贤皓、陶敏，对岑氏的治学深有体会。郁之成名作《李白丛考》，循岑氏治学理路，广征当时还很难见到的石刻文献，对李白初入长安之人际交往、李白诗中的崔侍御为崔成甫而非崔宗之、李白供奉翰林非出吴筠推荐等重大问题，作出精密考订。其后更感到唐诗中大量出现的王使君、李太守之类交往难得确解，确定这些人名的具体人物对考订唐诗作年极其重要，乃发愤编纂《唐刺史考》，将岑氏《隋书州郡牧守编年表》的工作扩展到有唐一代。陶敏在笺注刘禹锡集中深感唐诗人名考订对诗歌作年、本事及文本校订之重要，在整理《姓纂》中对一代人事有极其精准的掌握，在完成《〈全唐诗〉人名考》前后两版及《〈全唐诗〉作者小传订正》等著中，主要依靠文本解读寻觅内证解决唐诗及诗人研究中许多重大问题，晚年并据岑著且补充新见文献，写定《姓纂》新本。"

陈尚君教授自述在 20 世纪 80 初开始做唐诗辑佚时曾查阅岑氏大量著作，"体会基本方法，曾将《姓纂》通抄一遍，比对岑校细读，从而认识唐一代人事的基本格局。此后为唐诗文考订补遗，作《〈全唐诗〉误收诗考》《再续劳格〈读全唐文札记〉》《〈登科记考〉订补》《唐翰林学士文献拾零》以及石刻研究的系列论文，都依傍岑著而有所发明，并学会从文献流传过程中辨别真伪，追溯真相"。

　　"一位历史学家之治学竟如此密集地为文学研究者所追随，确实很特殊。"陈尚君教授认为，"如果一定要加以解释，我认为传统史学的关注重心在上层政治史，但岑著几乎涉及唐代所有与文史相关的典籍，揭示这些典籍存在的问题及校订方法，更揭示了以《姓纂》与郎官柱为代表的中层官员及文人群体的存在状况。多数诗人虽然偶尔也涉足上层，但更多时间则行走基层，交往中低层级的官员，岑著的文献考订和治学追求，无疑提供了解读这些诗人及其作品的可靠途径。一些文学学者因此而涉足史学领域且乐此不疲，也就可以理解了"。

　　李培先生《岑仲勉：于无声处听惊雷》一文对岑仲勉先生的学术成就有如下评价：

　　"19世纪末以来，中西文化对撞的百年里，中国学人最大的命运就是变革和转型。岑仲勉身处其中，走出了一条'人无我有'的治学路径。岑仲勉从中国传统文化中走来，与王国维、钱穆等路径相仿，以乾嘉学派为主导，极大推进了清人治史路径的现代化转型。可他又并非闭目塞听的老学究"，而是青少年时代便接受英语、数理化、动植物、矿产学科学习的新派学者，他眼观世界，与时俱进，淡泊自甘。清代数一数二的唐史专家劳格45岁英年早逝，"岑仲勉以45岁跨入史界，继承了劳格的未竟之业，成就上也更上层楼。在学问上岑仲勉隔代续接清人学问，如有神助，冥冥之中维系了传统经史之学在近代的命脉。在民族文化转折的宏阔背景中，岑仲勉这类学人，轮廓极尽清简，但似乎又关系重大。在他们生前，不求声名显赫，也不会曲学阿世，只是甘为人梯的平民学者"。然而由于种种原因，新一代学人却至今仍"让岑仲勉们的学问往往只剩下空谷回音，留下绝响"。

　　"一直在去世前，岑仲勉还在家里做着与世无争的学问。"在抗战的迁徙岁月中，他搜集旧账本，在桐油灯下爬梳钩稽。在风烛残年的岁月里，他用颤抖的手在家中小黑板上吃力地书写，以回答登门拜访学生的提问（因耳聋只能用书写来交流）。

"1961 年，《重校贞观氏族志敦煌残卷》刚刚誊清不久，他就溘然长逝，一直等了差不多 30 年后，这部著作才发表。在'文革'中，他的学问遭鄙夷唾弃，扔进故纸堆。多年后，人们才猛然想起这个学富五车的老学者，从废书库翻出业已发黄的文稿，重新发表。这让人遥想起陈寅恪当年送王国维的那句话：'先生之著述，或有时而不章；先生之学说，或有时而可商，惟此独立之精神，自由之思想，历千万祀，与天壤而同久，共三光而永光！'"

只要用心阅读，我们就可了解岑仲勉先生这个不苟言笑的老人，这个曾被师生们称为"广高三杰"的青年，这个被傅斯年叹为"兀傲不群"的"豪杰士"，这个被陈寅恪预言为"只有南学"的学人代表，其实心中何尝没有波澜？"他对写下'独怆然而涕下'的孤独诗人情有独钟"；对吟出"夕阳无限好，只是近黄昏""而一生郁郁不得志的李商隐青睐有加；对身陷牛李党争的李德裕的经世才能满怀敬重"。他胸中自有天地，做的是学问，走的是正道。他传承了家族遗训，立言树碑，无愧先人。半生治史，"期取前贤之伟略，作后世之准绳"（岑仲勉名言）。

岑仲勉先生的入室弟子姜伯勤先生说："岑先生给我们留下了两个方面的精神财富，第一，超越性。身为学者，一定要超凡脱俗，学问要超越一般水平，这关系到一个民族在文化精神上的独立。岑先生经常说：'一个人咬得菜根，方能实心教育。'他的意思是做学问必须心无旁骛，苦到一定程度，才能达到一定的境界。像他自己，放弃了在海关、禁烟局的优越的生活条件来搞教育，还要养活一大家子人，平时的生活很拮据。第二，重视实学。岑先生上课时会问我们，你们懂什么是财务吗？我做过财务工作。岑先生也讲求经世致用，他认为懂得实学的东西才能懂学术，所以他晚年花费精力著成 50 万字的《黄河变迁史》，是为了对新中国成立后政府治理黄河有所裨益。但是，他的经世主张和现在的'实用之学'不一样。"

在中国学术的近代转型之中，像岑仲勉先生这样有着本土文化教育背景，自学成才而走上史学之路，成为大家的学人，屈指可数。

在如今新一轮国学热之下，岑学具备怎样的启示意义呢？中国文化传统究竟该何去何从？我们相信，诸位已有见仁见智的答案了。

我们无意去凑热闹，只想做些学术的普及化、大众化工作。具体来说，就是将著名学者、专家、教授介绍评论岑仲勉先生著作的大作推荐给诸位读者，集知识性、思想性、启迪性于一体，也不失为向大众传播学术的一种途径吧！

第八回

考海陆丝绸古道
擎南学特色明灯

诗曰：

关心海事察夷情，
南学千年特色明。
最是权威岑仲勉，
著书立说早蜚声。

上诗写的是岑仲勉先生对海事观察外洋诸国发展情况的关注，是南学有史以来的特色。而南学发展到近代，当数岑仲勉先生最为权威，等身著作早已让他蜚声文坛，驰名中外。前文曾述，岑仲勉的伯父岑雯公为了安抚要寻找父亲而哭闹不止的四岁的他，以画像哄骗他说，他的父亲下南洋给他买宝物去了！或许自此以后，"南洋"便在岑仲勉脑海里挥之不去，为他日后成为考订海上丝绸之路的权威奠定了基础。当然，也有人说之所以岑仲勉先生对南海史地、海外交通史有兴趣，是因为他是广东顺德人，崇拜老乡李文田，而岭南学术历来有关心海事、考察夷情的传统，是以促成与造就了岑仲勉的海外史地研究。这当然是顺理成章的事。说回岑父下南洋寻宝的事，岑雯公何以顺口找出这个理由呢？原来南洋自古以来就有宝可寻。在我们介绍岑仲勉先生如何考证海上丝绸之路之前，先谈谈南洋寻宝一说。从历史上可寻到的晋武帝年间王恺与石崇斗富的小故事中可见到南洋有宝可寻。中国唐史学会会长张国刚先生曾说："作为科学研究本身，不管是历史还是其他学科，能够与他对话的，当然不是大众。岑仲勉只在同行学人圈中知名，没有成为大众话题，就不会引起关注。这并不奇怪。但是，我觉得学术面向大众作传播是无可厚非的。其实，中国学术传统历来注重的'学理'与'致用'两个方面，我认为都不可偏废。"

学问的传承在于它的实用性，以传承人类的记忆。传承又有两个指向，一是传之久远，二是传之当世。前者清冷，却能经得起比较长久的考验；后者时髦，但也许会时过境迁。究竟走哪条路，每个学者都有自由选择的权利。比如历史知识，无论是对于知识性的了解，还是对于启迪性、思想性的把握，都是需要的。所以，笔者试图进行一些创新，恐怕也不会影响主题。

岑仲勉先生早年即关注南海史地、东西交通，海路、陆路都有专著探讨。除了专著《佛游天竺记考释》外，还有60篇论文收在《中外史地考证》一书中。

现借荣新江先生《岑仲勉先生与丝绸之路研究》一文以及李庆新先生、龚伯洪先生相关著述择要介绍一下，揭示其学术价值。

（1）关于海上丝绸之路方面，岑仲勉先生为广东人，又长期执教于中山大学，所以对海路颇为关心，发表论著涉及海上丝路的许多方面。

《西汉对南洋的海道交通》一文，对于《汉书》卷二八下《地理志》所记从日南障塞徐闻、合浦出发的海上丝路，做了详细的考证，指出所经之地为"先经马来半岛之都元国，次泊苏门答腊之邑卢没国，又次船抵缅甸南边的谌离国，始弃舟循赴缅甸重镇或都城之夫甘都卢国"，最后到印度东海岸之黄支国，再南至马达拉斯西南之巳程不国。《汉书·地理志》这一段是研究中国海上丝绸之路开通时间的最基本史料，其所提到的地名地理位置众说纷纭，岑氏的考释可备为一说。

《南海昆仑与昆仑山之最初译名及其附近诸国》一文，从《梁书》卷五四《扶南传》提到的金邻国，进而讨论魏晋南北朝时期南海一些地名，如都昆、边斗、拘利、比嵩、顿逊、林阳、盘盘，特别指出金邻即昆仑旧称，三国时已见，其地在今暹罗西部迤西至下缅甸一带，为南海昆仑之来历，可补前人考证昆仑之说。

《自波斯湾头至东非中部之唐人航线》一文，是对《新唐书》卷四三下《地理志》所录贾耽《广州通海夷道》大食以西道路的考证，也就是从波斯湾头的乌剌，到东非海岸的三兰国一段。

《娑里三文行程之前段》一文，是考证《宋史》卷四八九所记大中祥符八年（1015年）注辇国使臣娑里三文来华之行程。注辇大致在今印度半岛东海岸之 Coromandel，使者经婆里西兰（锡兰），到恒河流域之占宾，从恒河口历缅甸西岸之伊麻罗里山，抵古罗海峡，历占不牢山、舟宝龙山，到苏门答腊东南之三佛齐。

对于波斯、阿拉伯文中指称中国的地名，也是海外交通史常常遇到的问题，岑先生也多有论说，如《唐代大商港 Al-Wakin》《Zaitûn

非"刺桐"》等文。以今日通行说法审视，有得有失。

（2）关于陆上丝绸之路，岑仲勉先生也有不少论说。

宋辽以降，有关西北丝路的记载显然不如唐朝那样系统、详细，材料十分零散，岑仲勉先生涉猎广阔，从中外文献中选择出不少珍贵资料，加以考证。《读〈西辽史〉书所见》一文，对于耶律大石西征路线、八剌沙衮之今地、西辽疆域等，均有讨论。《〈耶律希亮神道碑〉之地理人事》，从危素《危太朴文续集》卷二录出此碑，并详细考订耶律希亮经河西到天山北道再从天山南路、吐鲁番返回漠北的经行地理，发掘出这篇重要的元代西北交通文献。虽然是处于战争状态下的旅行路径，但也有极大价值，并提供了许多地名的不同译音。

《天山南路元代设驿之今地》一文，则是对元朝至元二十三年（1286 年）所立罗不、怯台、阇鄽、斡端等驿站的考订，揭示了元初从敦煌到于阗丝路南道通行的状况。

《从嘉峪关到南疆西部之明人纪程》一文，整理顾炎武《天下郡国利病书》所引《西域土地人物略》及《秦边纪略》卷六所载，对明朝时期从嘉峪关，经哈密、吐鲁番、焉耆库车、阿克苏，直到喀什葛尔的路程，做了一一对证，为明代的陆上丝绸之路勾勒出一条清晰的路线。

《吐鲁番一带汉回地名对证》一文，是对 1890—1892 年间俄国东方学者 N. Th. Katanoy 撰的《东突厥斯坦民族记》所载吐鲁番地名的考订，对于俄文所记并经德文转写的地名，对照汉文典籍、出土文书，做了详细的比证，是研究吐鲁番地理以及经行盆地的交通路线的重要论著。

在《历代西疆路程简疏》一文中，岑仲勉先生明确指出《汉书·西域传》未记天山北道路程，并因此而对《魏略》所记西域三道做了解说和考订，对魏晋南北朝时期没有专书记录的道路做了勾勒，指出《新唐书》所引贾耽《道里记》中的谬误，条列出入清以后西域道路各个分支。

（3）魏晋南北朝至隋唐，中印交往频繁，前往印度的求法僧络绎不绝，他们撰写了不少有关印度、中亚、南海的记录，但除了法显、玄奘、义净有整本著作传世外，大多数都散佚，因此，辑录工作是研究中印交通的一项重要工作。岑仲勉先生的《晋宋间外国地理佚书辑略》一文嘉惠学人。我们知道，辑录中西交通史料者，以张星烺的《中西交通史料汇编》为最有成就之书，但该书没有辑录包含大量中印关系史料的《水经注》，这大概是因为 20 世纪 30 年代前《水经注》版本较为复杂，经注难以区分。而岑仲勉先生却著有《〈水经注〉卷一笺校》，所以可以着手此事。《〈水经注〉卷一笺校》对《水经注》的误字做了校勘，并对涉及的印度山川、国邑、佛教遗迹等，都做了详细的笺释，其中许多内容都是研究求法僧所记材料的解说。后来意大利学者伯戴克有专著《〈水经注〉记载的北印度》，可以说是岑氏此文的继续。

（4）此外，岑仲勉先生有关陆上丝绸之路的论著，还收录在《西突厥史料补阙及考证》一书中。

隋代虽然只有 38 年历史，但也推行了促进南海郡外贸的措施。大业三年（607 年），朝廷招募能通使外国者，屯田主事常骏、虞部主事王君政应募，带队拣五千段丝绸出使赤土国（今马来西亚吉打州）。

唐代广州对外贸易虽有起伏，但总的来说成就辉煌。虽然黄巢起义军占据岭南时劫杀外商，使外贸大受影响，但黄巢军离去两年后灾害不再，广州外商再度云集，有十数万人之多。与此同时，由于唐代家养奴仆成风，一些外商为赚大钱，竟将非洲、马来半岛、南洋等地的一些土人运到广州贩卖，使之成为富贵人家的奴仆，时称"昆仑奴"。

唐诗人张籍有《昆仑儿》诗为证：

昆仑家住海中州，蛮客将来汉地游。
言语难通秦吉了，波涛初过郁林洲。
金环欲落曾穿耳，螺髻长卷不裹头。
自爱肌肤黑如漆，行时半脱木绵裘。

随着丝绸之路的展开，中国人也有了移居外国的路，战争、经商、避仇、爱情等种种原因使不少中国人移居各国而成为华侨，被称为"唐人"，即来自"唐"这天朝之国的人。"唐人"之称，沿用至今。

唐代的贸易政策非常开放，出入定居自由，甚至准许外商在广州等内地开店起屋，娶妻生子。唐人裴铏写的传奇《崔炜》，便是证明。故事大意是：唐贞元年间，南海郡书生崔炜在中元节时，见一老妇沿街乞食，状甚可怜，忽然之间，不知是由于饥寒交迫还是隐病发作，老妇轰然倒地且口吐白沫，路人纷纷避去。崔炜不忍，急忙上前扶起老妇，招呼路人合力将老妇扶进附近之药店兼医馆。经郎中一番救治，老妇始转危为安。经询问，崔炜怜其孤老，赠金助其返乡。老妇感激涕零，从贴身口袋掏出一小包越井冈艾送给崔炜，说是家传宝贝，善治疣，一注即愈。崔炜推辞不得只好收下，也没有放在心上。因疣之难治世人皆知，岂有如此神药？说来也巧，崔炜有个和尚朋友正生疣而久治不愈，一天来访崔炜，崔炜想起老妇所赠，心想不妨一试。和尚朋友也抱死马姑作活马医的想法，谁知一注烧罢，疣赘即应声而脱，且了无疤痕！两人呆若木鸡，觉得不可思议！和尚回过神来，拉起崔炜就走，说是要去给一任姓富翁治疣。和尚朋友用意，无非世俗之见，以为可助崔炜一脱贫困之境也。谁知崔炜却是穷且益坚，不坠青云之志之人，见了任翁也不讲什么报酬，就立即将任翁下巴疣赘上艾烧注，只见艾尽而疣落，任翁惊愕之余追问越井冈艾的来历。崔炜乃光明磊落之人，将路边救治老妇而蒙赠之事和盘托出。任翁大赞崔炜积德行善，故可获仙人惠赠，诚神药也。并非要崔炜住下，欢聚数天不可。崔炜见盛情难却，自己是孤身汉，也乐得逍遥几日，当即应承下来。和尚朋友要去云游，任翁当即施以银两，三人当场告别。任翁猜得没错，崔炜真的是蒙仙人赠药。传说那老妇就是神仙鲍姑也！

话说半夜时分，崔炜睡梦中突然被急促的敲门声惊醒，急忙披衣而起，开门一看，却见任翁之女又羞又怕地站在门口，崔炜一愕，正要关门坚拒小姐夜奔求欢，只听此女急速地说："小女并非投怀送抱，只是来通知公子赶紧逃命。我爹见仙药而起歹心，小女子羞煞人前！"说完转身而去。

崔炜如雷轰顶，带上神药，夺门而逃。

或曰世间人心叵测？任翁果然！

或曰人间尚有真情，任女非妄！

月黑风高，心慌意乱，崔炜夺路而逃，却一头栽进一口枯井中。也许是命不该绝，崔炜摔在了一条大蛇身上，捡回一条小命。大蛇或许是寂寞太久，见到崔炜却似遇到朋友一样，笑问崔炜何以如此狼狈。崔炜数日间屡遇怪事，不由感慨万分，从自己因自幼孤苦而同情老妇出手相助，到任翁恩将仇报，任女又如何冒死报讯，一五一十尽情倾诉。说到委屈处不由声泪俱下，想起自己也算满腹诗书、才华过人，且积德行善不辍，却屡试不第……大蛇听着，良久不言。待崔炜心情平静下来，大蛇悠悠地说："命运这东西，公道得奥妙，我也不懂。虽说菩提本无树，明镜亦非台，但我还是想把你送到一个地方，让你碰碰运气。好人嘛，我始终是希望他们能得到好报的。不然，都不肯做好人，都不怕做恶人，那这世界就毁灭了。"说完便要崔炜骑到它背上。崔炜此时定下神来，正要爬上蛇背时，却赫然看见蛇腭上长了颗大疣，不由得埋怨道："你不是吧？没听到我有神药吗？当我什么呢？"大蛇笑道："崔公子，说真的，我不是为了求你替我治疣而送你去碰运气的，快爬上我的背吧！"崔炜边掏出艾团边说："是你说的，好心该有好报，你送我去碰运气是出于好心，那就应得好报！"

一注烧罢，疣赘应声而脱，大蛇连连感激，嘱咐崔炜爬上背上，闭紧双眼……

大蛇背起崔炜飞进一皇宫般山洞后隐去。不一会儿出来一个宫女，赠了颗"阳燧珠"给崔炜，嘱他返穗后去波斯人商店卖掉，会有好价钱。随后便叫来一个叫"羊城使者"的仙人带崔炜回家……

崔炜回家后便到波斯人专卖店售珠，店主见珠大喜，开口就给了十万缗钱的高价，惊掉崔炜下巴。他哪会知道这珠是波斯镇国之宝。此珠失落多年，王室在全世界寻觅……但"阳燧珠"最后还是没能回到波斯国。

传说运珠的海船将出内河入海之际，宝珠竟化成一道白气从仓底铁箱冲出，然后投入江底消失得无影无踪。波斯人打捞数月，最终失望而去。此后每到更深人静，江中石底便不时发出珠光宝气，直透江面，一江通明，久而久之，人们便把这条清澈通明的出海内河叫作"珠江"，一直至今未改。

事实也好故事也好，皆源于生活吧。

开宝四年（971年），宋灭南汉，随即在广州首设管理市舶贸易的机构市舶司，由广州知州潘美、尹崇珂任市舶使。市舶司不但保护外国来的贡使、商人，还对商船出事故或遇上困难的外商给予关照与安置。当时官府在西湖（今西湖路）南面设来远驿安置外商友人。在外国商船抵达或离开广州时，皆设宴招待。宴席就设于当日豪华的海山楼。

宋代诗人洪适有《设蕃乐语口号》诗咏道：

> 海山楼上水朝东，此去弥漫拍太空。
> 稛载宁寻蕞尔国，舟行好趁快哉风。

著名名士李公昴有词《水调歌头·题斗南楼和刘朔斋韵》，热情歌颂中外贸易：

> 万顷黄湾口，千仞白云头。一亭收拾，便觉炎海豁清秋。潮候朝昏来去，山色雨晴浓淡，天末送双眸。绝域远烟外，高浪舞连艘。
>
> 风景别，胜滕阁，压黄楼。胡床老子，醉挥珠玉落南州。稳驾大鹏八极，叱起仙羊五石，飞佩过丹丘，一笑人间世，机动早惊鸥。

那时广州的中外友谊佳话亦不少。天庆观重修便是一例。广州天庆观前身是唐代的开元寺，宋仁宗皇祐四年（1052 年），侬智高起义反宋，攻占广州时，天庆寺被毁。英宗治平年间，三佛齐商人来穗贸易，见天庆观成废墟甚惋惜，回国后便告知首领地华伽罗。治平四年（1067 年）起，地华伽罗三次出资复建。元丰二年（1079 年），天庆观重建落成后，地华伽罗又捐资购地出租，供天庆观作经费。后来地华伽罗被宋朝封为保顺慕化大将军。天庆观后来改称玄妙观，遗址在今海珠北路祝寿巷内。据说苏东坡曾到观中建井，有"琪林苏井"一景，曾为明代"羊城八景"之一。

元代广州的外贸地位虽稍逊泉州，但与之有外贸关系的国家和地区也有 140 多个，所造的海船船高四层，可载千人，技术相当发达。

明清以来，从屈大均、梁廷枏，到近代康有为、梁启超、陈序经、韩振华、朱杰勤等先生，都在南海史地、中外海上交通史研究上各有建树，成为岭南学术的突出特色，在中国学术史上独树一帜。岑仲勉先生关于南海史地与海外交通史研究成果的发表至今虽已八九十年，但仍有重要参考价值，众多真知灼见，令人肃然起敬。他的巨著，至今仍在各种海防问题上给后人以种种启示。

今天，我们许多人重新关注丝绸之路，应当首先继承前辈学者留给我们的文化遗产，岑仲勉先生的著作就是这些珍贵遗产之一。

第九回

王黄之乱查通鉴
学术入门尊导师

诗曰：

亡佚史书何处寻？
乾嘉传统功夫深！
岑君摘出惊听录，
价值烦劳细细斟。

什么是历史考证？如何考证？门外人难免一头雾水，不知东南西北。一旦了解，知其艰辛，无不佩服。通过历史考证，还原历史真相，确是一番石破天惊之事，史学之玄可见一斑。而拙作的目的是宣传与弘扬岑仲勉先生的学术成就及其治学精神，但笔者非史学界之人，只能"借他山之石以攻玉"。所以从第八回开始，笔者便试图通过众多著名学者对岑仲勉先生著作精彩准确的介绍与评价，让广大读者知晓岑仲勉先生的治学之道及其实际意义，集知识性、启迪性、思想性于一体，也起到开卷有益的作用。上回通过学者荣新江先生、李庆新先生、龚伯洪先生的相关大作，介绍评价了岑仲勉先生研究海上、陆上丝绸之路，以及南海史地中外交通著作的内容和意义，本回则通过陕西师范大学历史文化学院胡耀飞教授的《王黄之乱早期专题史料王坤〈惊听录〉考——从岑仲勉先生的唐末史料表说起》一文，介绍岑仲勉先生的史学贡献。以下摘录胡耀飞教授原文（笔者注：有个别改动）。

关于王（仙芝）黄（巢）之乱，人们历来重视《旧唐书·黄巢传》《新唐书·黄巢传》以及《资治通鉴》中的相关记载，这些都是经过整合的史料，算不上原始文献。那么，最早专门记载黄巢史事的有哪些文本呢？这就需要从已有史料中去发掘已亡佚的史书。关于王黄之乱，尚有一种专门的史料需得重视，即署名为"王坤"的《惊听录》。此书虽已亡佚，却是《新唐节·艺文志》中唯一注明"黄巢事"的著作，其亦被视为最早研究黄巢的专著。

晚唐五代史料之缺乏，学界多有认识。不过真正正视这一问题并极力加以解决的，首推岑仲勉先生。20世纪50年代前期，岑仲勉先生编撰了共和国第一部断代隋唐史《隋唐史》，辟专题讨论唐武宗以后的史料问题。即卷下"唐史"部分第49节《唐末之一瞥及其史料》，并将《资治通鉴考异》征引的史料，"分为晚唐、五代及宋三部分"录之为一表。这充分体现了岑仲勉先生史学的特色，即"专门化"，无论是对具体史料的重视，还是对具体问题的研究，都遵循乾嘉传统。自此以后，学界进一步认识到晚唐五代之重要性，并进入对相关史料的开发与整理阶段。

在岑仲勉先生所整理的这一表格中，晚唐部分，即"唐人作品"中，便有"王坤《惊听录》（黄巢事）"一条。他又加注曰："《崇文总目》三及《宋·志》均有《惊听录》一卷，当即《新·志》之王坤《惊听录》。《宋·志》作沈氏撰者，误。"可知岑氏在据《资治通鉴考异》摘出相关征引的史书时，又据各种书目加以考辨。就王坤《惊听录》而言，岑氏参考了三种目录，并指出《宋史·艺文志》所列《惊听录》作者为沈氏有误。即此，可视作岑氏对于王坤《惊听录》一书流传之观点。

最早著录王坤《惊听录》的是宋仁宗庆历元年（1041 年）由王尧臣领衔上奏的《崇文总目》，其中"传记类"有《惊听录》一卷。随后是嘉祐五年（1060 年）成书的《新唐书·艺文志》，其中"史部·杂史类"记载："王坤《惊听录》一卷。黄巢事。"征引至此，似可判定《惊听录》一书有一卷，作者是王坤。但到元顺帝至正五年（1345 年）成书的《宋史·艺文志》中，又出现了不同的说法。其中"子部·小说类"有沈氏《惊听录》一卷。关于这两种说法，前引岑仲勉观点是《宋史·艺文志》有误。需要注意的是，《宋史·艺文志》中，归类于"史部·传记类"的尚有"王坤《僖宗幸蜀记》一卷"。

由此再来看岑仲勉先生的观点，可知其只说对了一半。因为还存在另一部王坤《僖宗幸蜀记》，它与《惊听录》并非同一本书。笔者认为，这两本书中，《僖宗幸蜀记》在书名上完全对应唐僖宗幸蜀之事；而《惊听录》则完全是另一种风格的书名，且以"惊听"来表达对王黄之乱所造成政治和社会动荡的社会之情。现根据《资治通鉴考异》，可列出王坤《惊听录》七条佚文：

> （1）乾符四年，丁酉，仲夏，天示彗星。草寇黄巢、尚君长奔突，即五年戊戌之岁。狂寇王仙芝起自郓封，而侵汝、郑，即大寇黄巢、尚君长并贼帅之徒党，仅一千余人，攻陷汝州。

（2）黄巢望闽、广而去，仙芝指郓州南行，尚君长期陈、蔡间。取群凶之愿，三千余寇属仙芝、君长，二千余人属黄巢所管。

（3）巢与仙芝皆入蕲州，以仙芝独受官而怒，殴仙芝伤面，由是分队。

（4）拥李逊在寇，复并蓣海隅，又陷桂州，次攻湖南，屯衡州，方知王仙芝巳山东没阵，又尚君长生送咸京，遂召李逊，怒而踬害。

（5）宰臣豆卢琢奏："缘淮南九驿使至泗州，恐高骈固守城垒，不遮截大寇，黄巢必若过淮，落寇之计。又征兵不及，须且诱之，请降节旄，授郓州节度使，候其至止，讨亦不难。"宰臣卢携言之不可，奏以"黄巢为国之患久矣，昨与江西节制，拥节而行，攻劫荆南。却夺其节，但征诸道骁勇，把截泗州"，因此不发内使，罢建双旌，乃发使臣诸道而去。寻汴州、徐州两道告急到京，报黄巢过淮，卢携托疾不出。

（6）朝廷议骈以文以武，国之名将，今此黄巢，必丧于淮海也，寻淮南表至云："今大寇忽至，入臣封巡，未肯绵伏狼狐，必能晦沈大众。但以山东兵士屯驻扬州，各思故乡，臣遂放去，亦具闻奏，非臣自专。今奉诏书责臣无备，不合放回武勇，又告城危，致劳征兵劳于往返。臣今以寡击众，然曰武经，与贼交锋，已当数阵，粗成胜捷，不落奸谋，固护一方，臣必能了。但虑寇设深计，支梧官军，迤逦过淮，彼岸无敌，即东道将士以至藩臣，系朝廷速下明诏，上委中书门下，速与商量。"表至，中书咸有异议，遂京国士庶浮谤日兴，云淮南与巢衷私通连，自固城池，放贼过淮也。

（7）（唐弘夫败在）四月。

那么就可以逐条讨论王坤《惊听录》此书的历史价值。综合而言，此书价值包括两方面，一是史实方面，二是文献方面。

第一，史实方面。

第一条、第二条：这两条同时出现于乾符三年（876年）十二月条《资治通鉴考异》所引，因《资治通鉴》原文叙述此时王仙芝攻蕲州，并因蕲州刺史裴偓而向朝廷求官，随后黄巢因不满唐对王仙芝的封官不及己而与之分道扬镳。《考异》对《惊听录》进行引用，是为了否定其混乱的记载。

其实并非如此。根据《惊听录》原文，佚文第一条一开始即明确给出时间，即"乾符四年，丁酉，仲夏，天示彗星"。表明下文所述时间在乾符四年夏天之后，与《考异》提及的乾符四年二月发生的事无关。此外，《惊听录》关于彗星的记载，与《新唐书·天文志》的记载吻合，后者曰：乾符"四年七月，有大流星如盂，自虚、危，历天市，入羽林灭。占为外兵"。可见《惊听录》的记载应当是对此后发生之事的一种总括性描述，其出发点当即彗星事件引起的恐慌，所谓"占为外兵"，表明有乱事将起。

这里涉及蕲州刺史裴偓何时上任的问题。较可信的是方积六所证，刺史裴偓在乾符四年三月出任。这样，王仙芝与黄巢在蕲州分道扬镳之事，如果确实与裴偓有关，便不是《资治通鉴》所说乾符三年十二月，而是乾符四年。又据《资治通鉴》，乾符四年十月，"黄巢寇蕲、黄，曾元裕击破之，斩首四千级，巢遁去"。另据《唐大诏令集》，指王仙芝、黄巢合兵后自乾符八月至十月，先后对随州、安州、蕲州进攻，所以两人分兵，不可能在乾符三年十二月，由此可证《惊听录》对于王、黄分兵之事的大范围时间判定没有问题。

第三条："巢与仙芝俱入蕲州，以仙芝独受官而怒，殴仙芝伤面，由是分队。"

《资治通鉴考异》此处对《惊听录》的征引，旨在说明王仙芝、黄巢在蕲州城内产生冲突时，已经到了乾符四年十月，"时君长亦在座，非仙芝死后，巢方依让也"。

第四、第五、第六条皆属于黄巢与王仙芝分开后单独活动时期。

据这三条记载，第四条指黄巢自岭南经湖南北上之事，第五、第六条皆涉及黄巢北上渡淮之事，总体而言并无大误。但其中第四条，谓黄巢在南方活动屯于衡州时方知王仙芝遇害并因此而杀李迢，此事确是《惊听录》误记。盖王仙芝死于乾符五年二月，而乾符五年三月时，黄巢尚在滑州、濮州一带。当时，黄巢必然听闻此事。盖此后不久即渡江南下，彻底避开唐军，以免唐军将目标转向自己。李迢之死则首先并非因为听说王仙芝遇害，而是因为拒绝为黄巢写降表。至于其被害时间，一说在广州，时间在乾符六年五六月间；一说在江陵，时间在乾符六年十一月。但应该不会在衡州。

第七条涉及的已经是黄巢占领长安之后，周围藩镇对长安进行包围的局面。不过这条佚文并无完整原文，仅有时间提示为"四月"。但通过《资治通鉴考异》对这一时间的采信来看，其为肯定《惊听录》史料价值无疑。

第二，文献方面。

除了对具体史实的价值之外，《惊听录》有限的佚文，也有其文献价值。因为这本书原本篇幅也就一卷，字数应该不会很多。古人撰文分卷，基本上一卷为一万字左右。故上文所辑得约一千字的佚文可以说已经是《惊听录》原文的十分之一左右，其文献价值也就十分可贵了。就此而言，可分两个层面加以探讨。

其一，可以反映晚唐战事类专门史著的特点。

前文提及，《惊听录》从体例上来说，类似于后世的纪事本末体。盖纪事本末体虽然是袁枢（1131—1205）《通鉴纪事本末》一书问世之后方有的体裁，但在此前很多史书都可以归入纪事本末体。就晚唐而言，包括李德裕《会昌伐叛记》、郑言《平剡录》、郑樵《彭门纪乱》、郭廷诲《广陵妖乱志》等。盖晚唐时期战事纷纭，为某一战事之始末专门集中进行著述，以总结经验教训，亦属形势所需。

论及此点，便不得不赞赏岑仲勉先生视角之独特，盖此前未有学者专门谈到这类史料。《资治通鉴考异》所征引的著作，集中出现于

《新唐书·艺文志》的杂史类（13 种）、小说家类（4 种）、地理类（2 种）三类。其中又以杂史类所著录之著作为最多，可见杂史类对于晚唐史事的补史作用最为明显，而不是大家经常提及的笔记小说。这一现象所反映的，则是晚唐士人对于这类杂史著述的撰写热度。对于这类著述的集中出现，瞿林东在论述晚唐史学特点时，仅仅将两种地理类著述——樊绰的《蛮书》和徐云虔的《南诏录》作为晚唐著述所体现之民族史特征的一个例证，似未专门关注杂史类。对于归入杂史类和小说家类的这些杂著，目前只有文献学者关注，且依然未能就这类杂史的性质予以特别考察。

在这类杂史中，《新唐书·艺文志》除了通常记录其作者和卷数外，还有关于其书内容的附注。这一方面是因为这些杂史有各自的专门主题，或裘甫事，或庞勋事，或黄巢事，或高骈事，或董昌事；另一方面，也能看出这些杂史在命名上较为追求典雅，虽未直接体现该书内容，却能提示关键词。比如，《平剡录》作为裘甫事的专门史事，其书名使用了裘甫活动地区的地名剡县；《彭门纪乱》则用了庞勋活动地区徐州的旧称彭门。此外，从书名来看，杂史类和小说家类中的这些书，多为"某某录"的形式，从而突出其与正史所用之"书""史""起居注""实录"等之间的差别。加上这类书的作者多是亲身经历相关历史事件，如郑言为平定裘甫之乱的王式之从事，从而使归入杂史类或小说类的这些书，成为晚唐史料缺乏之下不可多得的私家著述。

而就撰述形式来说，这类杂史一般以某个事件为专题记录对象，突出故事中心人物和事件。因此这类杂史的篇幅一般较小，上列最多不过十卷。更重要的是，这类杂史著作的体裁，因所涉及的事件多较短暂且复杂，不方便用编年体，且也明显不是私人传记类作品，无法完全使用纪传体。上文分析的《惊听录》佚文第一条中对时间的倒叙手法，即可作为例证。故这类杂史著作，颇类于后来的纪事本末体，在《通鉴纪事本末》中，亦有《武宗平泽潞》《裘甫寇浙东》《庞勋之乱》《黄巢之乱》《钱氏据吴越（董昌僭逆附）》等篇目。当然，纪事本末体是在编年体的基础上出现的体裁，本身的时间线索依然延续了编年体的模式。故而这类杂史著作在行文风格上并不突出时间线，又夹杂了纪传体风格的情况下，成为一种特别的著述形式。

对于这样一种著述形式，由于上列的著述如《续皇王宝运录》《平剡录》《彭门纪乱》《咸通解围录》等皆已亡佚，故而难以得到其撰写体例。唯一几近完整留存至今的《广陵妖乱志》，可以作为特别的考察。单就《惊听录》来说，大概可以得到这一著述形式的两个特点：一是以事件为核心，并不完全按时间线来论述，颇有倒叙、插叙手法；二是多引诏令，奏议原文，作为对于事件始末、因果的凭证。

其二，《惊听录》佚文中保存的其他类型文本。

毫无疑问，《惊听录》所存佚文，可以作为《资治通鉴考异》史料价值的体现。在《惊听录》中所保存的其他文献的佚文，则可以作为《惊听录》史料价值的体现。对此，可以根据上引《惊听录》佚文，整理其中所包含的其他文献如下。

第一，宰臣豆卢瑑奏："缘淮南九驿便至泗洲，恐高骈固守城垒，不遮截大寇，黄巢必若过淮，落寇之计。又征兵不及，须且诱之，请降节旄，授郓州节度使，候其至止，讨亦不难。"

第二，宰臣卢携言之不可，奏以"黄巢为国之患久矣，昨与江西节制，拥节而行，攻劫荆南。却夺其节，但征诸道骁勇，把截泗州"，因此不发内使，罢建双旌，乃发使臣诸道而去。

第三，寻淮南表至云："今大寇忽至，入臣封巡，未肯绵伏狼狐，必能晦沈大众。但以山东兵士屯驻扬州，各思故乡，臣遂放去，亦具闻奏，非臣自专。今奉诏书责臣无备，不合放回武勇，又告城危，致劳征兵劳于往返。臣今以寡击众，然日武经，与贼交锋，已当数阵，粗成胜捷，不落奸谋，固护一方，臣必能了。但虑寇设深计，支梧官军，迤逦过淮，彼岸无敌，即东道将士以至藩臣，系朝廷速下明诏，上委中书门下，速与商量。"

以上这三条从《惊听录》中析出的佚文，可分两类，一为第一条和第二条所示，分别为豆卢瑑和卢携的奏章；二为第三条所示淮南节度使高骈上表。通过对这三条佚文内容的考察，可以认识到《惊听录》这本书本身的史料价值，并非《资治通鉴考异》一句"年月事迹差舛尤多"所能涵盖。

第一、第二条佚文，一方面反映了豆卢瑑和卢携之间的矛盾，可视为所谓党争的例证。另一方面，从佚文中还可以得到一些新发现的使职，比如缘淮南九驿使。这一使职，此前未能得到学者关注，但从其名称看，能够反映很多信息，不妨深探。

至于第三条内容，反映的是广明元年（880年）七月前后黄巢北上经过淮南道时，淮南节度使高骈与唐朝之间的虚与委蛇。如此，《惊听录》所保存的高骈这一奏表，便颇为珍贵了。

在岑仲勉先生《隋唐史》一书中，专门就唐末史料缺乏问题辟有一个小节，列表整理了《资治通鉴考异》所引各类专题史料。其中，即有《新唐书·艺文志》所载王坤《惊听录》一种，是为唐人记载黄巢史事的唯一一种专门著作。然而此书虽有诸家著录，但已经亡佚，作者信息亦十分有限。目前只能从《资治通鉴考异》中整理出七条佚文。

不过通过整理，可知此书在史实和文献方面的价值。其中，就史实而言，其内容颇可印证相关黄巢行军路线的记载。就文献而言，此书本身可作为晚唐杂史类著述的一个代表，与后世的纪事本末体异曲同工。对于这类杂史类著述的特点来说，一是其叙事介于编年体和纪传体之间，二是其中多引用各类原始文书文本。故此，在《惊听录》中还保存了王黄之乱时期当时人的奏章，可作为日后进一步分析的文本。

第十回

通校隋书讹反正
遍寻牧守漏添加

诗曰：

隋书研究自清多，
岑氏点评兼正讹。
缜密思维推理细，
青灯古卷漫穿梭。

这诗写的是岑仲勉先生大作《隋书求是》如何成篇、有何特点，奈何才疏学浅，未敢班门弄斧，下面录用华南师范大学历史文化学院陈长琦教授以一篇专业精彩的文章——《岑仲勉与〈隋书〉研究——读〈隋书求是〉》与读者分享（注：个别有所改动）。

岑仲勉先生是 20 世纪享有盛名的杰出的史学家之一，他一生著述宏富，在中国古代史、中外关系史、突厥史、历史地理学、中国历史文献学诸多领域都有杰出的贡献。隋唐史研究是岑仲勉先生着力较多的领域。除人们熟知的《隋唐史》外，《隋书求是》则是岑仲勉先生在隋唐史研究领域里的另一部大作。

一

《隋书》编于唐初，是记录有隋一代历史的断代史，其史料与史学研究价值无可替代。然而，对于《隋书》的研究，唐以后学者皆重视不够，鲜少问津，这一状况至清代方有起色。清代学者对《隋书》的系统整理，始于乾隆年间对二十四史的校勘。《隋书》与其他列入正史的诸史一起在乾隆初年得到校勘、刻印。这就是我们今天看到的清武英殿刊印的、俗称"殿本"的《隋书》。殿本《隋书》附有校书史臣的校语，我们称之为考证。殿本考证集中反映了当时《隋书》整理的成果，是清代学者研究《隋书》的结晶，值得我们敬重。但是，由于当时二十四史的校勘属于集体操作的大工程，要求同时刊印，时间匆忙，校勘不细，还留下许多问题。

清代学者对《隋书》的研究有数家，但水平参差不齐。岑仲勉先生在《隋书求是》一书自序中提到的有牛运震、钱大昕、李慈铭、章宗源、姚振宗、杨守敬诸人。

牛运震是康乾时期山东滋阳人，雍正十一年（1733 年）进士，做过泰安等地知县，主持过晋阳、河东书院，于经学、史学、文学皆有著述，史学方面的主要著作，就是收入其文集《空山堂全集》中的

《读史纠谬》。其中有《隋史纠谬》一卷，却局限于《隋书》之体，研究未能深入。一是篇幅少，只有四条，涉及内容少。二是牛氏主旨在于讨论史法，其论史文之繁简得失，多出己意，客观讨论少，如论《隋书·高祖纪》，曰："（开皇）二十年十二月，诏禁毁佛及天尊象，此诏不必全录"。又论仁寿三年（603年）诏，"词意冗衍重沓，须节删之"。多见仁见智之论，不为深根不拔之见。正如岑仲勉先生所说："牛氏所重者，史料之取舍，书法之是非，文字之雅俗，然见仁见智，派各不同，徒伸一己之主张，殊非史学之正轨。"对牛氏评价不高。

钱大昕是清代考史大家，为清代史学之领军。钱大昕名著《廿二史考异》有《隋书》考异一卷，收入关于《隋书》的考证十六条。钱大昕之精力，专注于有隋一代之典章制度，考论所及，除帝纪三条，余皆为考志之作，其中对《地理志》考证最为用力、精细。然智者千虑，然终有未尽善处。岑仲勉先生对钱氏之作，既尊重又有所憾。他评论说："《廿二史考异》固负盛名，亦间有凑数之作。钱校《律历》，自是专长，非门外汉所能评骘，若就《隋书》纪、传言之，则多与一般校勘记无异，且不著取舍。"

李慈铭为清末道咸同光时期浙江会稽人，光绪六年（1880年）进士，官至山西道监察御史。李氏一生科考不顺，屡试不中，年逾知命，方中进士，六十余岁即去世，殊为可哀。李氏生平爱书藏书嗜书，日有所得，辄为札记，临终，积有三十余年，七十余册日记遗世，且日记中有近千种书的读书札记，非常宝贵。李氏在文学、史学方面造诣颇深，自称在史学方面用力最多。1932年，北平图书馆将李氏日记中的读史札记辑出，题名《越缦堂读史札记》出版，其中《隋书札记》有一百余条，岑仲勉先生当年所读到的李慈铭读史札记即此。由于《越缦堂读史札记》为后人所编而未细审，故掺入了许多李氏摘录他人的学术成果。岑仲勉先生评论说："李慈铭《隋书札记》非完成之作，不过近人王重民氏从其书眉录出。然中有多条，实系李氏当日撮录《殿本考证》以省记忆，非谓出自己见，编者乃不一为比勘，使李负攘窃之嫌，李固不任咎也。"岑仲勉先生分析其札记内容说："抑综记之，李记凡一百十一条，纪占廿二，传占十四，只十分之三强，除去转录，更无此数，是李氏用力于志者实多，而《天文志》所言，或旧已有说，或说而不当，更无论矣。"

李慈铭固当为清末史学一大家，但就《隋书》研究而言，却有一定之局限。通观其 111 条札记，除去转录者外，真正抒发己见者仅有四条，远较岑氏估计的为少。四条之中，分别为校《音乐志》一，校《地理志》一，校《礼仪志》一，校《诚节传》一，可见李氏对《隋书》的研究的确有限。

清代《隋书》研究的大家，不能不提章宗源、姚振宗、杨守敬诸先生。

章宗源先生是清乾嘉时浙江山阴人，乾隆丙午（1786 年）科举人，一生中花很大精力研究《隋书·经籍志》，成《隋书经籍志考证》一书，这部书第一次系统地对《隋书·经籍志》进行细致的整理，功不可没。非常遗憾的是，此后此书被仇家所毁，仅有史部数卷留下来。

姚振宗先生与李慈铭同时代且同乡。姚氏一生未仕，终生以读书治学为务，特别是在中国古代目录学方面造诣深刻，卓然为一大家。代表作有《汉书艺文志条理》与《隋书经籍志考证》，均为过百万言中国古代目录学巨著。而《隋书经籍志考证》计有 52 卷 117 万字（除标点外）。其用力之勤、用功之深，令人叹服，可谓《隋书·经籍志》研究第一人。

杨守敬先生为清末民初湖北宜都人，同治壬戌（1862）科举人，是清末民初杰出的历史地理学家。他在中国历史地理方面的代表作有《水经注疏》《历代舆地沿革图》《隋书地理志考证》等。

杨守敬先生的《水经注疏》是中国古代历史地理学的一座丰碑，代表了中国古代历史地理学的最高成就。而另一书《历代舆地沿革图》则是运用近代绘图法绘制中国古代历史地图的杰出成果。……正因此，他在《隋书·地理志》研究方面取得了重要成就，《隋书·地理志考证》着重对汉唐间近四百年的政区沿革进行了系统梳理，是《隋书·地理志》研究方面不可替代的成果。

此外，岑仲勉先生未提到的学人尚有赵翼、王鸣盛等。赵的《廿二史札记》、王的《十七史商榷》都有关于《隋书》史法、史实的考证、评论数条。

民国时期，对二十四史以及《隋书》研究功劳最大的，当推张元济先生。他找到了较早的《隋书》刻本即元大德九路本（又称元大德饶州路刻本），并据此进行影印。在校勘中发现了一些问题并写了部分校勘记，但囿于影印，并没随书付印，而后丢失，实在可惜！至今所见仅有笔记数条，难窥张元济先生校勘记全貌，是学术史上的一件憾事。

通过以上回顾，我们可以看到，清代是历代学者研究《隋书》的鼎盛时期。这一时期的成果主要集中在对《隋书》诸志的考证、订补。……然而，清代学者之不足在于，一是对《隋书》之《纪》、《传》考证者少；二是缺少对《隋书》的通校。……而张元济先生进行百衲本校勘、影印工作时，校勘记未能保留与刊布，则是民国时期二十四史整理中又一大憾事。

二

有感于清代学者及民国学者对《隋书》研究、整理、校勘工作之不足，自 20 世纪 30 年代开始，岑仲勉先生即着手对《隋书》进行校勘、研究与整理。

岑仲勉先生之主要贡献，可概括为两个方面。

一是对《隋书》进行通校，并发现许多前人未发现的问题。进行通校时，为了发现问题，他没有用善本作底本，而是用了当时流行的一个本子——竹简斋二十四史本《隋书》作底本。竹本是清末光绪十八年（1892 年）杭州竹简斋的一个石刻本，它的底本就是乾隆年刊印的武英殿本。根据岑仲勉先生的考虑，可能是因为这个本子在当时发行量大、流行广，而校出问题则影响大。他对校时用的本子则有百衲本，即影印元大德九路本，清补瑞州本，同文本。

除以上《隋书》诸本外，岑仲勉先生还参考了许多古籍及近代研究成果，笔者粗略检索，岑氏所引用文献约 159 种，其中清以前古籍130 种，近人研究文献 29 种。这当中有《史记》到《新唐书》等正史，类书《册府元龟》《初学记》《太平御览》，石刻资料有罗振玉《芒洛冢墓遗文》及其《续编》《续补》《三编》《四编》《四编补》《邺下冢墓遗文》，学者文集、笔记有王应麟《困学纪闻》、戴表元《剡源文集》、胡三省《通鉴释文辨误》、牛运震《读史纠谬》、张燧《读史举正》、王鸣盛《蛾术编》《十七史商榷》、卢文弨《群书拾补》、钱大昕《廿二史考异》、洪颐煊《诸史考异》，佛教文献有《续高僧传》《广弘明集》等，可谓搜罗宏富。

岑仲勉先生对《隋书》每一卷逐一进行校勘，进行系统的文字正讹、史实考订。

文字正讹是《隋书》校勘基础。岑仲勉先生通过细心对校，参校《隋书》诸本及相关史料，发现许多文字错讹，纠正了许多错误。例如：

《隋书》卷二十二《五行志上》："后齐河清二年二月，大雪连雨，南北千余里，平地数尺，繁霜昼下。是时，突厥木杵可汗与周师入并州，杀掠吏人，不可胜纪。"

岑仲勉先生校记曰："据《北齐书》七，乃十二月事，'二'上夺'十'字。又'杵'字讹，应作木杆。"

按，岑仲勉先生所言甚是。后齐河清二年（563 年），"大雪连雨，南北千余里"及北周与突厥联师攻略北齐并州地区的史实，确实发生于河清二年十二月，而非二月。

又，《隋书》卷二十四《食货志》叙以官品高低荫庇佃客之制曰：

"都下人多为诸王公贵人左右、佃客、典计、衣食客之类，皆无课役。官品第一第二，佃客无过四十户。第三品三一五户。"

岑仲勉先生校曰："第三品三一五户，应作三十五户。"

通览《隋书·食货志》，其下作"第四品三十户……"……第一、第二品以下，每个等级皆以五户为差，第三品自然就应该是三十五户。

同卷叙北齐田制："丁牛一头，受田六十亩，限止四年。"

岑仲勉先生校曰："年是'牛'之讹，盖能受田之牛有限额也。"

北魏、北齐的均田制度，在历史上有非常重要的影响。究竟是限止"四牛"还是"四年"，文献记载不一。《魏书·食货志》《通典·食货一·田制上》：太和"九年下诏：均给天下民田。诸男夫十五以上受露田四十亩，妇女二十亩，奴婢依良。丁牛一头，受田三十亩，限四牛。所授之田率倍之，三易之田再倍之，以供耕作及还授之盈缩"。

学术界亦一直有不同的看法。有依"四牛"者，有依"四年"者，亦有回避者。《资治通鉴》就仅言"牛受六十亩"，回避了限"牛"还是限"年"的问题。有学者，例如日本清水学士则以《资治通鉴》卷一百六十九胡三省注所引的《五代志》与《隋书·食货志》作"四牛"，认为《魏书·食货志》中的"四牛"为"四年"之误。

笔者认为，岑仲勉先生所言是对的。

其一，北齐制度系沿袭北魏而来，就均田制而言，更是如此。前揭《魏书·食货志》曰"丁牛一头，受田三十亩"，而后又有"所授之田率倍之"，也就是实际受田六十亩的意思。《隋书·食货志》所言北齐"丁牛一头，受田六十亩"，恰与北魏合。那么北魏"限四牛"，北齐亦当"限四牛"。

其二，《五代志》与《隋书》十志是同一部书。

其三，从《魏书·食货志》《隋书·食货志》所叙均田制的授田办法、原则来看，其限定的是受田数量而非受田年限。如《隋书·食货志》："奴婢受田者，亲王止三百人；嗣王止二百人；第二品嗣王以下及庶姓王，止一百五十人；正三品以上及皇宗，止一百人；七品以上，限止八十人；八品以下至庶人，限止六十人。"因此，参照这一原则，关于丁牛的授田限制，也应该是丁牛数量，而不是丁牛拥有授田的具体时间。

其四，关于百姓、奴婢、丁牛受田数的土地授还方法，北魏有明文规定。《魏书·食货志》："诸民年及课则受田，老免及身没则还田。奴婢、牛随有无以还受。"也就是说，当百姓达到课田的年纪时，政府则授其土地，达到免课的年纪时以及死亡后，则需将田还给政府。而针对奴婢、牛的土地授还办法，则是有则授，无则还。根据这项规定，有丁牛的人家尚拥有丁牛时可获得法定授田数，但当其丁牛丢失、死亡或卖掉时，则要将田还给政府。至于还田的时间，《魏书·食货志》曰："诸还受民田，恒以正月。若始受田而身亡，及卖买奴婢牛者，皆至明年正月乃得还受。"可见政府关于授田的授还规则考虑之细，因此，倘若文献是丁牛授田为"限止四年"，则明显违背了授田法令的相关规定。

《隋书》卷七十六《诸葛颖传》："是以时人谓之'治葛'。"

岑仲勉先生校曰："治字误，治葛又作野葛，是有毒之草，故时人以比颖。"按，治葛确实是冶葛之误。冶葛属一种蔓草类植物，其毒性在汉代已为人们认识。唐代文献对冶葛的毒性多有描述。

冶葛又名钩吻，亦有医学著作介绍其药性及医用价值。唐代法律将其列为杀人的毒药之一。

在广东地区，冶葛俗称断肠草，是广为人知的一种毒草。《本草纲目》卷十七《草部》："时珍曰：此草虽名野葛，非葛根之野也。或作冶葛。……广人谓之胡蔓草，亦曰断肠草。入人畜腹内，即粘肠上，半日则黑烂，又名烂肠草。滇人谓之火把花，因其花红而性热如火也。岳州谓之黄藤。"

又《隋书》卷二《高祖纪下》："浙江刺史元胄为灵州总管。"

岑仲勉先生校曰："淅江，衲本、清补本均作淅州，《诸史考异》一三指为妄人所改。又淅应作淅，本书四六殿本已有考证，惟周建德三年建崇寺造像记碑阴实作淅，盖自六朝迄唐，从扌、从木之字，往往混用，未得为误。"

按，"淅江"应为淅州，岑仲勉先生所言为是。淅误为淅，古籍甚多。淅、淅二字皆从水，一为析声，一为折声，相去甚远。但其形近而易讹。古代刊印书籍，多凭书手、刻工之眼力，稍有不慎，缺笔成误，在所难免。但淅州误为淅州尚情有可原，而转误为淅江，两字皆错，则令人瞠目。淅州肇设于西魏，本北魏淅阳郡，其辖地约相当于今河南省之淅川、西峡、内乡与湖北省之郧县、丹江口、十堰诸县市部分地区，淅阳得名于其境内之淅水，以郡地部分于淅水之北，故名之曰淅阳。淅水发源于秦岭南麓，南流而汇于丹江，丹江东南流而汇于汉水，这一地区，今部分已没于湖北、河南两省间的丹江水库，成为南水北调之水的水源地。淅江作为水名虽起源很早，但作为政区名出现，则要到宋代以后，百衲本、清补本作"淅州"更是大误，古代历朝皆无淅州之设，隋无淅州，自隋上溯秦汉，下至明清亦无。淅州误自淅州，尚有文字可依，而误为淅江则纯属妄改。

在中国古代史籍校勘中，最常见的问题，应该属于讳字问题。唐代是史籍避讳的流行时代，《隋书》编于唐初，亦有许多避讳字的使用，其中李世民的名讳，就是一个突出的问题。而把握避讳的规律，则是《隋书》校勘的锁匙。岑仲勉先生在通校《隋书》中，经认真细致的检索，对《隋书》的避讳规律进行了总结，并以李世民的名讳为例，提出了自己的看法。他说："《隋书》纪传成于太宗生前，各志则成于高宗之世，故论讳例时，首须区别纪传与志，不能混作一观。"这是非常正确的。正是因为《隋书》纪传与志成书之时间的差异，形成了《隋书》避讳的差异，不注意这一点，就难以正确把握《隋书》避讳的规律。同时岑仲勉先生又不囿成说，指出《隋书》中多处不讲避讳的问题。他说："今本《隋书》或讳或不讳，或讳改，或径缺，例最无恒。"他又指出："按《隋书》中不讳者，如王世积、虞世基、冯世基、薛世雄、李世师、阴世师是也。其讳者，如李世贤称李贤，王世充称王充，是也。……本纪四则世民二字俱不讳（例如将军薛世雄、蠹政害民、除名为民、阅视民间童女、募民为骁果等）。守二名不偏讳之义，太宗时初无敬避之条，修史者不一其人，各以己见行之，故义例遂杂。"

岑仲勉先生的结论，不仅正确指明了《隋书》校勘中应该注意的问题，同时也正确地指明了古籍校勘中应该注意处理的一般与个别的关系问题，即在把握避讳的一般规律时，也应该注意特殊情况。

<h1 style="text-align:center">三</h1>

岑仲勉先生《隋书》研究的第二个方面的重要贡献，是《隋书州郡牧守编年表》的编纂。这是一项非常繁复的工作，也是其所花力气最大的工作。隋朝建立之初，继承南北朝时期政体，地方权力结构采取州、郡、县三级制。据《隋书》所言，隋代北周的前一年，即周大象二年（580 年），有州 211。这应是隋初州的数据。开皇三年（583 年）废郡，实行州县二级制，开皇九年（589 年）平陈，收得陈所设州 42，两者相加，应有州 253。炀帝即位，又事改作，大业三年（607 年），并省诸州，改州为郡，恢复郡县二级制，至大业五年（609 年），统计天下，有郡 190。然而有隋一代，政区的设置一直处于变动之中，不断有合并，有拆分，有废，有新设，如果不断代、不考证，很难准确摸清州郡的具体数目。因此，州郡设置与变动的复杂性、多样性是把握隋代州郡的存废、编制州郡牧守表的困难之一。困难之二在于《隋书》现存州郡牧守的材料少。考证隋代改郡之后的郡，数量当在 300 余个，但许多郡在《隋书》中却不见牧守之事迹。史料收集难度大。岑仲勉先生下了极大的功夫，参考史料即达 130 多种，考得州郡牧守 370 多人，远超《隋书》所载牧守数。

　　岑仲勉先生的编辑方法是以州为纲，附以大业三年以后改州为郡的郡，在州郡之下排列州郡牧守的相关史料，使每个州郡的牧守先后任职、迁转情况一目了然。同时，岑仲勉先生对州郡设置及牧守史料做了考证与补充，有许多新的收获。例如隋曾在仁寿元年（601 年）之后改广州为鲁州的问题，就是岑仲勉先生的一大发现。

　　南北朝时期，北朝与南朝皆设有广州。开皇九年（589 年），隋平陈，遂有南、北两个广州。南方的广州，即南朝旧置广州，在隋大业三年改为南海郡，故《隋书·地理志》"南海郡"条下注："旧置广州，……平陈，置总管府。仁寿元年置番州，大业初府废。"对其在隋朝的变化有明确的交待。《元和郡县志》有更准确的记叙："隋开皇九年平陈，于广州置总管府，仁寿元年改广州为番州，大业三年罢番州为南海郡。"而北朝广州之存废，则史料阙如。清代著名学者钱大昕及杨守敬的《隋书》研究也因之而失误。

　　岑仲勉先生广泛收集，细致考证相关资料，为隋代鲁州之存废探赜索隐，实为隋史研究之一大发现。

　　首先，岑先生考证隋设广州之史实，以《魏书·地理志》"广州，永安中置，治鲁阳"之史料，证"鲁阳郡之地，原置广州，自是不易之论"。这也是清代学者钱大昕等所主张的。

　　其次，据《周书·阎庆传》，阎庆，隋开皇二年薨，赠司空、荆谯等七州诸军事、荆州刺史，七州之内有广州，说明隋初广州沿置，此时隋尚未平陈，此广州为鲁阳所置之广州无疑。

　　再次，据《隋书·皇甫诞传》，诞曾为鲁州长史，《金石录》所收《隋皇甫诞碑》作诞为广州长史，证明隋鲁阳之广州曾改为鲁州。赵明诚考证云："右隋皇甫诞碑，余尝得诞墓志，又得此碑，……传与墓志皆云为鲁州长史，而碑作广州。则疑碑之脱漏，墓志乃葬时所述，然碑亦贞观中其子无逸追建，不应差谬而不同，何也？"岑仲勉先生轻松地释疑："余按墓志与传，均隋人手笔，故讳广为鲁，碑立于唐，不必讳，故作广，碑不误也。"可谓一语破的，足可见岑仲勉先生超越前人之卓识。

最后，由《元和郡县志》考证出广州讳改为鲁州时间之蛛丝马迹。《元和郡县志》虽然没有提到鲁阳之广州避隋炀帝杨广之讳改为鲁州之史实，但多次提到隋仁寿元年为避"广"字讳而改地名之史实。如《元和郡县志》卷三："广安县，隋仁寿元年，以广字犯皇太子，改为延安。"又云："广洛县……改为金明县。"岑仲勉先生指出："凡此避广改名之例，志中不下十数。"同时，又引钱大昕《十驾斋养新录》列举的隋以避"广"字讳改地名数十例，证明仁寿元年，隋曾为避太子杨广之名"广"字讳，大规模改易地名。岑仲勉先生指出《隋书·地理志》"'仁寿元年，改广州为番州'。南之广州尚改之，而谓北之广州独不及乎？由是思之，襄城郡之广州当仁寿元年时，必尝易称，绝无疑义。然则所易者果何名乎？《元和志》六鲁山县云：'武德四年，又于县置鲁州。'唐初建设，率沿隋制，今适于此鲁县置鲁州，宁为巧合，是可推襄城郡之广州，当仁寿元年时曾改曰鲁州也。"岑仲勉先生的考证，其思维之缜密、推理之精细，为我们提供了一个史学研究的典型范例。

四

通过以上回顾，我们可以看到，岑仲勉先生是 20 世纪对《隋书》研究做出重要贡献的学者之一。无论在《隋书》研究的广度还是深度方面，他都超越了同时代的学者，甚至前代学者。

在岑仲勉先生之前，虽然有清代学者对《隋书》进行过校勘，形成了殿本考证；有张元济先生于 20 世纪 30 年代初主持进行的百衲本整理工作，但这些都是集体成果。而岑仲勉先生是以一人之力独自完成了《隋书》的通校，其所花之精力与体力，所下之功夫，实非没有做过古籍整理的旁观者所能体会。其考证之精细，思考之缜密超越常人。如前述在《隋书州郡牧守编年表》中对隋曾改北广州为鲁州的考证，能够从前人视而不疑、不以为疑处发现问题，弥补了钱大昕、杨守敬诸先生研究之不足，还为赵明诚先生释解了千年之疑，足见岑仲勉先生史学功力之深厚。另外，岑仲勉先生还根据墓志等考古资料，补写了《隋书》无传的隋朝重要官员扈志、庄元始、豆卢寔、姚辩、元寔、范安贵、段济等七人的传，也为《隋书》及隋史的研究提供了有价值的资料。

重读岑仲勉先生的著作，我们不禁为他深厚的史学功力、深邃的学术洞察力所深深折服，也为他严肃治学的风格而肃然起敬。至此，我不由想起三十五年前，胡厚宣先生曾给我谈起岑仲勉先生的往事。胡厚宣先生追忆，在那战争与困苦的年代里，无论生活怎样艰难、学术研究条件怎样差，岑仲勉先生都把一切困苦置之度外，孜孜不倦地追求学术。他的一些论文、著作的草稿，大都是在找来的旧账簿上，用铅笔头草就的。岑先生从不以为苦，而以学术追求为乐，常乐此不疲。在纪念先生的同时，我们不仅要继承先生所留下的宝贵学术遗产，更要继承先生那种一生孜孜不倦、死而后已、永不停步追求学术的精神。

第十一回

隋唐史力证通识
摩景祆难成主流

诗曰：

摩尼景祆三夷教，
唐代从无显摆时。
历史长河通识透，
敢云顺带见真知。

此诗写的是岑仲勉先生在向学生讲解"隋唐史"时，把摩尼、景、祆三夷教放在次要位置上"顺带"讲述一下，引起一些人的不解甚至不满，但历史学家林悟殊教授却认为这正显示了岑仲勉先生的真知灼见，并以一篇精彩论文《岑仲勉先生唐代三夷教观试诠释》为众读者揭示个中原委，足可令人叹为观止。因篇幅关系，本回对林教授原文有所删辑，但未改原文宗旨。林教授原文如下。

岑仲勉先生"十分注重通识"，其所撰《隋唐史》为其通识教学的代表作，被誉为"二十世纪中国史学名著"。本文拟就该书有关三夷教的论述，阐述作者于唐代三夷教的历史定位，并试加诠释，就教方家。

一、三夷教在《隋唐史》中的定位

岑仲勉先生 1982 年中华书局出版的《隋唐史》，全书约 700 页；43 万字。当今颇为热门的三夷教，即祆教、景教、摩尼教，同入该书"唐史"部分第三十四节，题以"西方宗教之输入"，置于与回纥关系密切的第三十三节"马政"之后。该节还对天方教即回教，略有介绍。全节仅 12 页，约占全书篇幅的 1.7%，比例如此之小，窃意绝非岑仲勉先生于三夷教未多关注，未做过专门深入的研究。正如姜伯勤先生所云："仲勉先生的主要成就是在隋唐史考据方面。"而早在《隋唐史》成书之前，岑仲勉先生便曾对唐代西安景教碑做过深入的考证。1944 年他发表了《景教碑书人吕秀岩非吕岩》，1946 年发表了《景教碑之 SARAGH 为"洛师"音译》，1951 年撰写了《景教碑内好几个没有彻底解决的问题》。任何研究景碑的学者都绕不开这三篇文章，尤其关于景碑出土的地点，近年出于非学术原因，或有回避岑仲勉先生的考证结论而欲倡别说，唯未见有成功者。成书于唐代的《中国印度见闻录》便记载公元 879 年黄巢攻克广州时，屠杀了 12 万外来移民，其中包括回教徒、犹太人、基督教徒和琐罗亚斯德教徒，岑仲勉先生列出四点令人信服的理由加以辩证。足见岑仲勉先生一直关注三夷教的研究。复通读《西方宗教之输入》一节，可看到就三夷教的源头、名称、义理及其入华年代、在唐的传播，甚至唐后的情况，都有简要的论述。从所涉及的内容，可以断言岑仲勉先生健在时所能看到的有关中外资料和研究成果，大都细读过了，而且有过深入的思考，论述时多有精辟过人之处。因此，其于三夷教讲授用较少篇幅，并不是他所知不多，研究不深；这与当时政治气候亦应无关。真正的原因不妨从该节的引言去体味：

> 说回纥就不可不顺带论及与回纥最密切的摩尼（Mani）教；然回纥之摩尼教，实经中国输入，故又不可不总唐时输入之西方宗教，一并论之。除佛教已见前外，兹依其输入先后为序。

这一引言实际已表明，在岑仲勉先生心目中，三夷教在唐代社会中并未扮演过什么重要角色，更没有起过什么举足轻重、值得大书特书的作用，只因叙述回纥而顺带一并论之。窃以为岑仲勉先生把三夷教摆在隋唐史的"顺带"地位上，乃其俯视历史长河所得之"通识"。就此，本文拟从朝廷对三夷教的态度，内地民众、士人对三夷教的参与度及关注度，还有三夷教在内地寺庙及僧人数量等方面，进行考察，以证岑仲勉先生之真知灼见。本文考察三夷教在唐代中国的地位及影响，则按照唐人于三夷教之排次，即摩尼教、景教、袄教。

二、唐代摩尼教的兴亡

摩尼教居于三教之首，学界已有定评。因此，就这个声势最浩大的夷教在唐代之地位及影响先行考察，于评价其他两个夷教自具参照之效。

在三夷教中，摩尼教最具扩张性。其教徒在唐前或已进入中国内地活动，但其高僧与朝廷的正式接触则是在唐高宗和武则天时期："慕阇当唐高宗朝行教中国。至武则天时，慕阇高弟密乌没斯拂多诞复入见。群僧妒谮，互相击难。则天悦其说，留使课经。"该教在唐代中国的传播可分两波，第一波乃得助于武则天之优容，始于公元694年，止于公元732年玄宗之敕禁该教，不足四十年；而第二波则在安史之乱后，借回鹘势力重入中国内地，始于大历三年（768年）回鹘请建摩尼寺，止于会昌三年（843年）被残酷杀戮，凡七十五载。

其实，回鹘之请建摩尼寺，支持一批摩尼僧到内地，未必就是为了向汉人传教，除了方便中土的回鹘与胡人教徒礼拜外，更是服务于经济活动的需要，如把寺院兼作货栈、客栈等。至于僧人，免不了回报回鹘，为他们从事一些与宗教无关的工作，彼等并未留给唐人良好的印象。

当会昌初漠北回鹘败于黠戛斯而西迁时，在中国内地的势力衰退，摩尼教亦厄运临头；武宗把对回鹘的长年积怨倾注到摩尼僧身上，大加杀戮。在专制社会里，任何宗教"不依国主则法事难立"，然不走向民间，其命亦难久长。

三、唐代景教文明的流产

景教源于叙利亚东方基督教会，属基督教的聂斯脱里派。该教早在公元544年，便在中亚历史上著名的木鹿城，建立了都主教区，在众多的教区中名列第七。另一中亚名城萨马尔罕，亦于6、7世纪成为都主教的驻锡地。而唐之前，中国与三夷的往来已十分频繁，由陆上丝绸之路进入中土的景教徒必不乏其人，但未闻有与朝廷正式接触者；倒是直接由海路而来的叙利亚高僧阿罗本觐见了唐太宗，得以青史留名。著名的西安景碑正文第8—9行曰：

> 大秦国有上德曰阿罗本，占青云而载真经，望风律以驰艰险。贞观九祀（635），至于长安。帝使宰臣房公玄龄，总仗西郊，宾迎入内。翻经书殿，问道禁闱，深知正真，特令传授。

复据《唐会要》卷四九"大秦寺"条下所载"贞观十二年七月诏曰"：

> 道无常名，圣无常体，随方设教，密济群生。波斯僧阿罗本，远将经教，来献上京，详其教旨，玄妙无为，生成立要，济物利人，宜行天下。所司即于义宁坊建寺一所，度僧廿一人。

两者互证，足见阿罗本确有其人。其奉宗主教之命，带了成批经典，不远万里，由叙利亚航海辗转来到中国，意在译经传教。而从诏书看，此举亦得到唐太宗认可。不过，唐代士人尤其是知识精英，对景教显然不感兴趣。该教译经不过像汉文摩尼经那样，或呈皇帝御览，或作教士布道的脚本，当非街坊流传之物。依现存文献资料，实际无从确认有地道汉人皈依景教。

当然，外来景僧毕竟在唐代公开传教长达两百年，出于某些因缘巧合，或者有些地道汉人受洗入教亦不奇怪。不过，即使有，为数也微不足道。景僧传法布道的效果，较多地体现于移民内地的胡人。唐代中土居住了大量西域移民，个中当有已在中亚皈依景教者。由于宗教信仰的世袭性，其后裔自多有景教情结。因此，汉译经典的主要受众应是该等胡人胡裔，有 2006 年 5 月洛阳出土的唐代景教经幢为证。唐代来自叙利亚的景教曾雄心勃勃，企图借助朝廷的支持，在华开辟新教区，当可占有一席之地。然而，后来发展的情状却未如所愿。景碑正文第 14—15 行云：

> 圣历年（698—700），释子用壮，腾口于东周；先天末(712—713)，下士大笑，讪谤于西镐。有若僧首罗含、大德及烈，并金方贵绪、物外高僧，共振玄纲，俱维绝纽。

这段碑文揭示了武周后期到玄宗即位初年，因教敌在朝廷进谗景教，景教遭遇困厄，幸好景教联合在华的西域质子（金方贵绪）、生活在中国的富有教徒（物外高僧）齐心合力，得以挽回局势，转危为安。

景教虽逃过武氏之厄，但逃不过会昌法难。会昌年间，摩尼教被取缔在先，继之大规模"灭佛"，最后连被太宗肯定的"济物利人，宜行天下"的景教，还有最为守分的祆教，亦同受牵连，被科以"邪法"之名取缔。此事见载于《旧唐书》卷一八《武宗本纪》：

> 五年秋七月庚子，中书又奏："……其大秦穆护等祠，释教既已厘革，邪法不可独存，其人并勒还俗，递归本贯充税户。如外国人，送还本处收管。"

景教在唐后虽并非绝迹，甚至近年福建霞浦所见明清时期科仪抄本亦有其赞诗遗迹，但与摩尼教和祆教相比，其在唐后的遗迹不仅隐晦得多，而且实在少得可怜。

四、唐代祆教的地位

琐罗亚斯德教为古代伊朗的民族宗教，隋唐以前，便已随胡人移民中土而入华。该教在传播过程逐步变异，形成了多个版本，在华活动的琐罗亚斯德教属于粟特版，以粟特人为主体，汉人特造"祆"字以名之。陈垣先生《火祆教入中国考》云该教"因拜光又拜日月星辰，中国人以为其拜天，故名之曰火祆。祆者天神之省文，不称天神而称祆者，明其为外国天神也"。复考曰：

> 曰天神，曰火神，曰胡天神，皆唐以前之称。祆字起于隋末唐初，北魏南梁时无有。魏书康国传虽有祆字，然魏收书西域传原佚，后人特取北史西域传补之。北史西域传之康国传，则又全采自隋书，故与其谓祆字始见于魏书，毋宁谓祆字始见于隋唐。祆盖唐初之新造字也。

就这个新字的造型，岑仲勉先生更有细考：

祆字之右旁，或谓从"天"，或谓从"天"，历来争讼不绝。按《唐律》三："诸造妖书及妖言者绞。"从天者即"妖"字。更证祆教字之不从天。《玉篇》，祆，呵怜切，xien（《广韵》呼烟切），《通典》四〇，呼朝反，xiäu，其差异处只收声附–n缀或不附–n缀，从"天"者示其为天神也（会意字，非谐声字）。读音则两皆可通。

其实，当今的出版物，把"祆"作成"祆"者尚不乏见，遑论古籍。

琐罗亚斯德教与摩尼教、景教不同，无任何扩张性。其经典《阿维斯陀经》，是否曾被译成其他古代民族文字，至今未有证据可资确认。尽管唐代中国有众多胡人祆教徒，但未见其像摩尼教、景教那样，有汉译经典存世，而在文献资料上，亦找不到曾流行汉译祆经的迹象。古籍于该教起源历史所记甚少，仅见下揭《僧史略·大秦末尼》：

> 火祆（火烟切）教法，本起大波斯国。号苏鲁支，有弟子名玄真，习师之法，居波斯国大总长，如火山，后行化于中国。贞观五年，有传法穆护何禄，将祆教诣阙闻奏。

此间所云"苏鲁支"的信息，当源于该"传法穆护何禄"所闻奏，尔后汉籍续有提及者盖袭于此。何禄之将祆教诣阙闻奏，究竟是奉诏而来抑或主动求见，记载并不明晰。而"穆护"为祆教的专业神职人员，用岑仲勉先生的话来说，即为祆教之教士。由于祆教不主张苦行，其神职人员盖有家室，时人不以僧称之。彼等不事译经，唯负责操作寺庙的宗教仪式，包括守护圣火等。因此人数有限。由于祆教没有出家修持制度，因此其寺庙便不像佛寺那样有住寺僧，若有居者，除穆护外，谅必只有其家眷或勤杂人员。

就三夷教之排次，唐人将祆教置于最后，或许是其不主动对外传教，穆护少穿梭于街坊之故。其实，由于唐土的西域移民主流信仰为袄教，朝廷于袄教最为优待，置祠最多，仅京城一地，有案可稽者已有六所，非摩尼、景教可比。朝廷复置萨宝府，入流品，任胡酋为官员管理移民，府内尤设袄正、袄祝二职以主教务。不过，如是做法，与认同支持其宗教无关。

袄教既乏汉译经典，也无意向汉人传教，其作为胡人体系化宗教，即便有汉人欲入其教亦不得其门。更有，华夏传统以死者入土为安，而若依袄教葬俗，死尸绝不能入土着地。单就这一条，已令汉人望而生畏，无法融入。因此，该教不存在"诳惑"唐人的问题，"会昌中汰僧"，袄教纯属"躺着中枪"。不过，所幸其受伤程度为三教中最轻。穆护被"还俗"，不过就是不得在寺庙操作法事而已，而彼等又多已早早定居中土，也就不存在"送还本处收管"的问题。至于一般信徒，更是毫发无损。敕令也没有提及毁庙，风头过后，也就恢复如旧。

在唐代三夷教中，袄教不仅最为朝廷所重，亦最受士人关注。古籍于袄俗多有记载，瞩目其拜火拜天，于其"袄主"所擅长的巫幻之术，尤感兴趣，作为异闻、记录传世。而在唐代传奇小说中，亦可见到袄教的身影。尽管汉人不皈依袄教，但该教诸多面目奇特的袄神，于向有多神崇拜传统的汉人来说，不乏吸引力；因其来自远方异域，益令唐人"畏其威灵"，是以袄庙在唐以后仍长期存在。而袄神崇拜作为一种胡俗，亦在汉人中流行，其袄神更有衍变成行业神者。此外，会昌年间被还俗的穆护，谅必有以巫术、幻术谋生者，唐后民间长期广泛流行的巫门之术，与该等穆护有多大关系，有待行家考实。

五、会昌年间"大秦穆护袄"的数量

为了评估景教、袄教在华的传教力度，对其在华活动的景僧、穆护的人数，亦有必要像对摩尼教那样，做一较具体的估算。上面已考会昌年间在唐土内地的摩尼僧，不过区区二三百人。然现存的唐文献却多称景教、祆教的神职人员被还俗者多达二千或三千余人，如是数字，可信乎？下面试加考证。

有关数字源于会昌五年（845年）八月颁发的一份制书，就现存文献，最早过录该制书者当数《旧唐书》卷一八《武宗本纪》：

> ……其天下所拆寺四千六百余所，还俗僧尼二十六万余人，收充两税户。拆招提、兰若四万余所，收膏腴上田数千万顷，收奴婢为两税户十五万人。隶僧尼属主客，显明外国之教。勒大秦、穆护祆三千余人还俗，不杂中华之风。

《旧唐书》成书于后晋开运二年（945年），所载八月制书，假如最初抄录无误，而后又未被误抄的话，应是最权威的版本。上引中华书局版《旧唐书》制书有关句子，《文渊阁四库全书》版除"祆"作"被"有异外，即"勒大秦穆护被三千余人还俗"，其余盖同。《旧唐书》于该制书未见题名，尔后历代古籍所见文本，或称《拆寺制》，或称《毁佛寺制》，或称《毁佛寺勒僧尼还俗制》，不一而足。

宋代宋敏求（1019—1079）所编《唐大诏令集》卷一百一十三《政事·道释》以"拆寺制"为题，将制书全录，不过该句却作："……勒大秦穆护拔二千余人，并令还俗，不杂中华之风。"四库版的《唐会要》（史部十三，政书类一）此句便作："勒大秦穆护祆二万余人违俗不杂中华之风。"

个中"还俗"作"违俗"，显为笔误；而将"二千"讹为"二万"，则属离谱。

《全唐文》卷七六为"二千余人"，而《御选古文渊鉴》则曰"三千余人"。这实际上意味着，单纯从现存的不同版本的制书，实无从确定相关数字孰是孰非。是以，不妨再从集部著作中去寻求有关对证。

李德裕《会昌一品集》卷二十《贺废毁诸寺德音表》，四库版作："大秦穆护祆二十余人并令还俗者。"

复质诸子部著作。李上交《近事会元》卷五"减废佛寺及僧"条提及"勅大秦穆护杖二千余人还俗"。方以智、顾炎武所著亦是。

对于历史研究者来说，通过校勘，复原文献记载的原始数字固然必要，但更重要的是探索其数字是否符合当时实际。

故会昌五年（845 年）八月制书的行文，应是武宗会昌汰僧的一个总结性文件，用于宣示其汰僧政策的理由及取得的成就，旨在让"百官奉表称贺"，争颂圣明。制书所列的诸多数据无疑是各级官府上报累计所得。然各级官吏为对上邀功，少不了夸大本地执行圣旨的力度，因此在申报政绩数据时，层层加码乃常态，夸大"大秦穆护火袄"还俗的人数理所当然。若非如此，何以势态比"大秦穆护火袄"强得多的摩尼教，据上面所考，僧人不过二三百人，而"大秦穆护火袄"竟数千计，岂不怪哉？真实的数据如何，也许可以从南宋姚宽（1105—1162）所撰《西溪丛语》卷上的记载中得到启示："武宗毁浮图，籍僧为民。会昌五年敕：大秦穆护火袄等六十余人并放还俗。"

按，"放"有放逐、放走之意。上揭中书省奏折的"如外国人，送还本处收管"，意思不太明晰，此处则表明是放回本国。不过，八月制书于大秦穆护袄的处理但言还俗，却未提及"外国人"如何处理。是以，窃以为在具体执行时，于外籍僧人令其还俗，不得在华从事宗教活动固必然，但是否有强制"放还蕃"则不一定。而姚宽所谓"六十余人"，显然不可能是二千余人或三千余人之笔误。窃以为所引文字当为会昌五年的一个敕令，而非同年八月的制书。该敕令所谓的"大秦穆护袄等六十余人"，当针对京城而言。

按景碑以"景教流行中国碑颂"为题，以"主能作兮臣能述，建丰碑兮颂元吉"为结，教会春风得意、踌躇满志之心态毕现，可见景教时处鼎盛。教会立碑之举，纯属效法华夏勒石纪功的传统文化，由是，冒九死一生航海来华的景僧们，就算未能会与立碑盛典，亦未必争相在碑上勒名。是以，碑上所勒七十三位叙籍景僧，应是其时躬逢其盛者。……会昌五年距立碑已逾一个甲子，其人数或有增减，但恐不可能以倍计。而估算京城在常态下，叙籍僧人三五十人，应属得当。

复考唐代京城祆教祠寺，见于现存文献仅六所耳：

> 布政坊西南隅胡祆祠，武德四年（621）立。
>
> 长安崇化坊祆寺，贞观五年（631）立。
>
> 西京醴泉坊，十字街南之东，波斯胡寺。仪凤二年（677）立。
>
> 醴泉坊西北隅祆祠。
>
> 普宁坊西北隅祆祠。
>
> 靖恭坊街南之西祆祠。

若有失载，误差恐亦一二而已。而观上揭《墨庄漫录》所载东京城北有祆庙，主其事者惟庙祝史世爽一人，且为世袭。若以每祠一穆护计，京城穆护不过六七人；就算每祠二穆护，也就是十余人。这个数字加上叙籍僧人三五十人，胡姓景僧若干，当与《西溪丛语》所云"大秦穆护祆等六十余人"这一数字相近。

考会昌三年对摩尼僧大开杀戒，首先是在京城下手。同理，敕令大秦穆护祆还俗，首先当于京城实施。武宗之取缔释教亦然，先在京城进行，而后扩至全国。这有圆仁《入唐求法巡礼行记》为证，该书第454条载会昌二年十月事，节录其时敕令："帖诸寺：不放僧尼出寺。左街功德使奏：准敕条流僧尼，除年已衰老及戒行精确外，爱惜资财自〔愿〕还俗〔僧〕尼共一千二百卅二人。右街功德使奏：准敕条流僧尼，除年已衰老及戒行精确外，爱惜资财自愿还俗僧尼共二千二百〔五〕十九人。奉敕：左右街功德使奏，准去年十月七日、十六日敕条流，令还俗僧尼，宜依。"

第456条则记会昌三年正月："十七日，功德使帖诸寺：'僧尼入条流内并令还俗。'此资圣寺卅七人。"

第457条复记会昌三年正月："十八日早朝，还俗讫。左街还俗僧尼共一千二百卅二人，右街还俗僧尼共二千二百五十九人。"

以上敕令显然是针对京城地区的僧尼，可见自会昌二年十月始，朝廷便一再下敕约束或取缔京城释门僧尼。有关敕令，圆仁未必悉数载录，但仅此数条，已足以证明：会昌五年八月颁发的制书不过是武宗对其整个"灭佛"行动的总结，此前其还颁发过一系列具体的相关敕令。窃以为姚宽《西溪丛语》所云"大秦穆护火袄等六十余人并放还俗"，可能就是来自类似的一个敕令。

上面曾据会昌年间京城摩尼僧七十多人，而估算其时内地摩尼僧为二三百人，如不算离谱的话，那么排位摩尼教之下的"大秦穆护袄"应亦相近这个人数。窃以为，真实的数字很可能是二百余人，臣僚夸大十倍以表功。

堂堂神州，渊渊大国，儒释道鼎立，处世界文明之高位，本来雍容大度的唐帝国，到了武宗朝，却一反常态。若说灭摩尼乃出于对回鹘之泄愤，尚可理解，但竟惧于区区二三百"大秦穆护袄""杂中华之风"，则不可理喻。显然非因彼等在华夏有何气候，实缘经安史之乱后，已走向衰落，失去了自信，朝野出现了极端排外、仇外的反常心理。

六、结语

上面就三夷教对唐代中国社会的影响，从朝廷对彼等的政策，民众的参与、关注度，以及其寺院、僧人、教士数量等方面进行考察，无非是想说明岑仲勉先生当年讲授"隋唐史"时，将三夷教摆在"顺带"的地位上，良有以也。几十年来，三夷教资料时有新的发现，学术界于三夷教的研究不断深化，如果重写《隋唐史》，于《西方宗教之输入》一节中一些具体论述、提法或有修改补充的余地。尽管如此，窃以为从历史通识的角度，无必特别提高三夷教在唐代的历史地位。至于明清时期，地方民间宗教吸纳了既往三夷教遗存的材料，是为古代外来宗教融入华夏文明的一种模式。但不能反证三夷教于唐代社会曾有过多大的影响，更不能证明在会昌以后，三夷教还一直保持其体系化的宗教形态在华夏传承。

第十二回

石刻碑文频证史
时贤成果上层楼

诗曰：

石刻碑文奥秘多，
兴亡家国几消磨。
朝鲜半岛爬梳处，
发掘空间奏凯歌。

拙作本回欲借陕西师范大学历史文化学院拜根兴教授大作《岑仲勉教授对石刻碑志等史料的考释研究——以唐与朝鲜半岛关联石刻碑志为中心》，进一步认识岑仲勉先生是如何以碑证史的。拜根兴教授原文如下（略有改动）。

岑仲勉先生是活跃于 20 世纪前半叶著名的历史学家，其研究领域广泛，著作等身，涉及隋唐史、中西交通史、黄河变迁史、姓纂谱系，以及西北民族史，等等，其中对当时所见石刻碑志亦颇多考释，是一位不可多得的、令人敬佩的学问大家。有关岑仲勉先生对隋唐史、西北民族史、黄河变迁等领域的研究贡献，以往学人均有不同程度的探讨，使得岑仲勉先生的研究为更多的人所了解。而对于唐代东亚历史，特别是唐朝东北边疆，以及唐与朝鲜半岛政权交往的诸多人物和事件，岑仲勉先生也充分展示了其宽阔的史学视野和深厚的史料功底，得出许多令人信服的结论。鉴于学界对此领域的介绍和发掘还有一定的空间，本文仅对岑著中涉及唐与朝鲜半岛政权关联的人物事件略做爬梳，以就教于师友方家。

一、石刻碑志所见新罗、百济人

新罗位于朝鲜半岛东南部，依据《旧唐书》《新唐书》及高丽时人金富轼所撰《三国史记》等史书记载，新罗于公元前 57 年建国，可分为上代、中代、下代三个阶段。其中，从上代末真平王在位期间开始与唐朝建立关系，并与唐朝的存亡相始终。公元 935 年，新罗归附新兴的高丽而不复存在。由于诸多原因，研究朝鲜半岛古代史最大的困难来自史料的匮乏，上述《三国史记》及另一部《三国遗事》均为 12 世纪以后出现的史书，号称研究韩国古代史的"双璧"，是朝鲜半岛现存最古的史学著作，因而探讨朝鲜半岛古代史，特别是古代中国与朝鲜半岛关系史时，中国正史及相关古籍、石刻碑志史料，成为其中重要的史料来源。岑仲勉先生早年专注于石刻碑志史料的考释研究，其中也涉及来自朝鲜半岛的诸多人物事件，他的某些考释论证结论，迄今仍被学界奉为圭臬，令人信服。

（一）入唐新罗使者金仁问

金仁问为新罗武烈王金春秋的次子，曾经七次往返唐朝与新罗，最终病逝于洛阳。武则天遣使护送其尸骨到新罗，韩国庆州至今仍可看到金仁问的坟墓遗址。对此，《三国史记》卷四四《金仁问传》亦有较为详细的记载。而位于陕西宝鸡麟游县九成宫遗址所在，保存有著名的《万年宫铭》碑石，其碑阴则有随从唐高宗巡幸万年宫三品以上臣僚军将奉敕题写的《万年宫碑阴题名》。对此，清代金石学者多有探讨。如清人王昶（1725—1806）《金石萃编》卷五十《万年宫铭》谈及《万年宫碑阴题名》云：

> 是文成于三月，碑刻于五月耳！碑文逐句炼字极尽妍丽，得泮奂优游之致。殆闰五月丁丑，水涨暴溢，漂溺麟游居人及卫士，死者三千余人。《旧唐书》本纪特书之语，又见《唐书·薛仁贵传》。回视此碑所云，忧乐之情景迥别矣。薛仁贵在从官之列。今碑阴有"左领军将军臣□仁□"，当即其人。稽之本传，则其时仁贵官右领军中郎将，与碑少异耳！

就是说，王昶认为《万年宫碑阴题名》中的"左领军将军臣□仁□"，应该就是"薛仁贵"。但清人洪颐煊（1765—1837）在《平津读碑记》卷四中明确指出：

> 碑阴有"左领军将军臣□仁□"，《金石萃编》谓即薛仁贵，谛视之，"仁"上字有金旁，可辨非仁贵明矣！仁贵时为右领军郎将，正五品，例不得书。

可见，洪颐煊对王昶的看法存有疑问，只是他虽指出"仁"字前一字有"金"字旁，但却将探讨的方向引入歧途，即要寻找有金字旁的字，这样就为此后将"□仁□"释为刘仁轨提供了可能。

清人毛凤枝（1835—1895）在《关中金石文字存逸考》卷十中则认为：

> 《金石萃编》云，"碑阴有左领军将军臣□仁□，系薛仁贵题名。"今以石本证之，臣字下系金字，当系金仁□，非薛仁贵也。案《通鉴》，仁贵是年方为右领军郎将，系正五品上，不得与三品以上题名之列。考《通鉴》高宗上元元年，有右骁卫员外大将军临海郡公金仁问，新罗人，以外蕃而入宿卫者，今碑阴问字形尚可识，即其人矣。盖仁问于是年方官左领军将军，系从三品，扈从巡幸，故得题名也。

可以看出，毛凤枝依据《通鉴》记载，认为"□仁□"当是新罗宿卫金仁问。当代著名历史学家岑仲勉先生则依据现存文献及石刻碑志史料，考释辨认"□仁□"题名并非薛仁贵，认为是新罗人金仁问的可能性大，云：

> 王（昶）云："曰□仁□，疑即薛仁贵。"按碑刻"左领军将军臣□仁□"，据《通鉴》考之，永徽五年仁贵从幸万年宫时为右领军郎将，显庆二年冬十二月苏定方击西突厥沙钵罗可汗时，仍为右领军郎将，显庆四年十一月败高丽将温沙门时为右领军中郎将。按郎将为正五品以上，中郎将为正四品下，若左领军将军则为从三品，官阶与时代不合。复考碑文，姓氏字泐其半，但可确认其非"薛"字，有类金字，疑为金仁问，待考。抑显庆五年《平百济国碑》有"副大总管左领军将军金□□"，以时代考之，殆同一人。唐制武官常久不调，可于前引《契苾何力传》见之。

考察毛凤枝与岑仲勉对"□仁□"的考释，两位前辈学人均认为王昶将其释为"薛仁贵"存在问题，并得出其为新罗人金仁问的结论。从最终结论或见解看，两人的看法是正确的。但两人运用的史料存在些许差异。即毛凤枝利用传统的文献史料，而岑仲勉先生则在运用文献史料的同时，还采用远在朝鲜半岛的第一手石刻碑志史料，增加了说服力，有利于这一问题的最终解决。与此同时，岑仲勉先生似并未最终做出结论，以此亦可看出他对史实考释的慎重。需要说明的是，上述两位前辈均没有看到朝鲜半岛出现的史书《三国史记》，这部编纂于12世纪高丽时代，朝鲜半岛现存最古的史书，其中就有"金仁问传"，而且对解决上述问题可提供翔实的史料佐证。

（二）在唐新罗人薛氏

如上所述，7世纪中叶唐朝与新罗联合，共同消灭朝鲜半岛所在的百济、高丽两个政权，虽然此后唐朝与新罗出现长达7年的唐罗战争，但这一时期新罗使者、商人、僧侣等入唐者仍络绎不绝，有的人因此定居唐朝，并终老于此。新罗人薛氏的父亲薛永冲曾是上述新罗宿卫使者金仁问的随从，薛氏在唐朝长大，信奉佛教，后与7世纪末年叱咤风云的名将郭元振成婚。薛氏30岁左右病逝，著名诗人陈子昂为其撰写墓志。对此，岑仲勉先生撰《郭元振之新罗尼姬》一文，详加考释。不妨抄录如下：

> 《伯玉集》六有《馆陶郭公姬薛氏墓志铭》，余以为郭公即元振也。《旧书》三九"后魏分馆陶西界置贵乡县于赵城。"馆陶即贵乡之旧称，则其贯合。《志》记姬之卒云："以长寿二年太岁癸巳二月十七日遇暴疾而卒于通泉县之官舍。"通泉，元振所尉之县，刚在其出使前四年，则官合，时亦合。《志》复详姬之身世云："帝畴厥庸，拜左武将军。姬人……年十五，大将军薨，遂剪发出家……静心六年，清（青）莲不至……遂返初服而归我公。郭公豪荡而好奇者也，杂佩以迎之，宝瑟而友之，其相得如青鸟翡翠之婉娈矣。"盖尝经天子指婚，既寡而尼者也，正足为《旧传》细务不介意之注脚。《志》又载姬之所出及盛道其美而艳云："姬人姓薛氏，本东明国王金氏之胤也，昔金王有爱子，别

食于薛，因姓焉，世与金氏为姻，其高、曾皆金王贵巨大人也。父永冲，有唐高宗时，与金仁问归国。……幼有玉色，发于秋华，若彩云朝升，微月宵映也，故家人美之，少号仙子。"则姬本出新罗。《旧书》一九九上《新罗传》云："贞观五年，遣使献女乐二人，皆鬐发美色。"东方之美，其誉有自来矣。夫元振官不过一从九品通泉尉耳，盖世女豪如武曌，与语而奇之，开代文雄如陈子昂，睹事而奇之，宠彼美姬，则得拾遗以为文，文而传于今，使千余年后好奇如余者词知其为通泉尉郭公之故姬，不若"郭公夏五"，尚留史阙，掩卷读竟，夫益叹馆陶郭公之信为奇人也！

据笔者考察，有关陈子昂的《馆陶郭公姬薛氏墓志铭》，在岑仲勉先生之前，似未曾见其他学者关注和考索，故对初唐名臣郭元振的这段奇缘了解的人并不多。通过上引岑仲勉先生的论述，我们可以看出几点：第一，岑仲勉先生确定墓志铭中所提及的"馆陶郭公"就是武周时代文武双全、大名鼎鼎的郭元振。第二，薛氏的出身和来历。薛氏来自东明国即海东新罗，其父亲薛永冲追随新罗宿卫使者金仁问入唐，唐高宗授予其左武卫大将军。在随后的岁月里，薛永冲与金仁问一样，终老于唐。正因如此，15 岁的薛氏削发为尼，黄卷青灯坚守六年，可能在 21 岁时归于郭元振。第三，岑仲勉先生依据墓志铭文字，认为郭元振与薛氏的婚姻，是当朝天子撮合而成。从时间看，可能是垂帘听政时期的武则天所为。当然，郭元振什么时间应诏到达长安，并得到武则天的接见，这是问题的关键。第四，岑仲勉先生指出薛氏的绝代美貌，以及郭、薛联姻的美好。郭元振得到武则天的垂青，薛氏病故后，又因陈子昂与郭元振故乡相邻，薛氏又出自新罗，"开代文豪"陈子昂为朋友加同乡"故姬"撰写墓志即成为事实。总之，陈子昂为薛氏撰写墓志铭，源自郭元振"豪荡而好奇"，与寓居大唐新罗孤女、美丽动人的薛氏成婚，是为一奇；郭元振、陈子昂同出于剑南道，此前可能已有所过从交往，得到郭元振拜托或者闻知郭元振美姬病故，甚为感佩而撰写墓志铭，是为二奇；通过这篇令人扼腕好奇的墓志铭，后世人们了解到文武双全的名将郭元振，在通泉担任县尉等官职之时，还有这么一段旷世姻缘，是为三奇；岑仲勉先生发掘出陈子昂撰写的这篇在唐新罗人薛氏的墓志铭，不仅将淹没于历史尘埃中的这位新罗美女展现在现代人面前，并自然与唐至武周名将郭元振联系起来，有利于探讨唐代涉外婚姻涉及的诸多问题，并对探讨唐代石刻墓志、唐与新罗关系等有重要的启示作用，此可谓四奇也。

当然，自岑仲勉先生大作刊印之后，虽然对薛氏墓志铭关注者仍不多，但近年来中韩学界对薛氏墓志铭的研究成果亦多有刊出。如韩国学者李钟文、卢重国和中国学者拜根兴、于赓哲等均有论文发表，其中探讨的议题涉及薛氏的名讳、薛氏在新罗的发展、墓志所记"返俗谣"研究等问题。相信在岑仲勉先生大作的启发下，与薛氏墓志铭关联的诸多问题一定会吸引更多的海内外学者参与研究，推动唐代石刻碑志及古代中韩关系研究走向深入。

二、7世纪唐与高丽（高句丽）交涉关联人物

唐朝建立之后，位于东北的高丽频繁入朝朝贡。贞观年间，高丽与唐矛盾加深并恶化。贞观十九年（645年），唐太宗亲征高丽，但并未实现最终目的。唐高宗继位后，于660年消灭朝鲜半岛西南部的百济，构筑高丽南线据点，初步达成南北夹攻高丽的战略态势。随着高丽权臣泉盖苏文的去世，高丽内讧，668年唐与新罗联合消灭高丽，朝鲜半岛为新罗所统一。与此同时，大量高丽移民入唐，唐廷分散安置。随着时间的推移，仍然居住辽东的高丽人则逐渐接受唐朝的统治。岑仲勉先生依据史料，关注居住于辽东的高丽人高仇须，以及为参与征讨高丽移民叛乱，并赴新罗指挥作战的唐将高侃补做传记，抽丝剥茧，发掘出一片新的研究领域。

（一）辽东都督高仇须

因《陈子昂文集》中收录有陈子昂为建安王武攸宜撰写的多篇表文，其中涉及辽东都督高仇须的事迹，岑著发掘了其中学术的隐秘，以小见大，成为此后学界探究不尽的议论话题。不妨抄录岑仲勉先生文如下：

> 《伯玉集》四《为建安王破贼表》云："今月日，得辽东都督高仇须等月日破逆贼契丹孙万斩等一十一阵露布，并捉得生口一百人送至军前事。"同集一○《为建安王与辽东书》云："清边道大总管、建安郡王攸宜致书于辽东州高都督蕃府，贤甥某至，仰知破逆贼孙万斩十有余阵，并生获夷贼一千人。"即一事也。《书》言"尽灭已死"，又言"初春向暖"，则其时为万岁通天二年初无疑。高仇须是高丽高氏之后，亦可断定。考《旧书》一九九上及《新书》二二○《高丽传》，于高宗末召还高藏后，高丽事如何处理，均甚缺略，观此文，则知武后通天中辽东尚是高氏为都督，犹奉唐命，可稍弥其缺矣。

岑仲勉先生从《陈子昂文集》中翻检出两篇表文，填补了唐高宗末年遣派高丽末代王高藏返回辽东事件平息之后，正史史料记载辽东状况缺略之空白。他还认为虽然武则天万岁通天时期，辽东地方高氏仍然担当都督，但却接受武周政权的号令，尊奉武周朝廷的权威。从学界现有的研究成果看，应该说岑著首次关注辽东州都督高仇须的事迹，肯定其在武周平定契丹叛乱中的作用，为此后学者进一步探讨提供了扎实的依据。韩国学者卢泰暾在岑著的基础上，认为唐高宗末至武周时期，在辽东地域出现朝鲜郡王、安东都护府羁縻体系相互协力并相互监督的治理方式。而亲唐的辽东州都督高仇须，就是在这种体制下脱颖而出的人物。与此同时，卢氏依据上述陈子昂所撰的两篇表文，认为武氏家族曾嫁女于高仇须的父亲，这可能与解决高藏谋反事件中高氏所建立的功勋有关。故而才有表文中出现"贤甥"之文字表现。著名东亚史学者黄约瑟亦依据岑著脉络，认为唐高宗末期曾奉行和亲政策，嫁武氏家族女到辽东。笔者认同卢泰曤、黄约瑟两位的看法，认为从高藏谋反到被流放邛州，随后唐朝将和蕃公主嫁与高仇须的父亲。从高仇须的父亲担任辽东都督这件事来看，可能唐朝在处理高藏谋反事件中，高仇须的父亲扮演的角色应是一个不容忽视的问题。

第一，唐朝没有将皇后一族的女子（和蕃公主）嫁与高丽王高藏的子孙，也没有顾及投诚唐朝、对唐朝忠心耿耿的泉氏家族，而选择了高仇须的父亲，可预见的原因不外乎以下几点：要么高仇须的父亲可能作为王室近支、高藏身边人物，以实际行动效忠唐朝，在辽东高丽人中有一定的影响力，唐朝因此选择他接替高藏担任辽东都督；要么他在挫败高藏谋反阴谋中起到了特殊作用，唐朝用下嫁和蕃公主、授予辽东都督官职的方式奖励他。笔者以为后者可能性较大。

第二，唐朝仍然没有放弃利用高丽王室安抚高丽人的策略。史载此后武周政权一方面任命高藏的孙子高宝元、儿子高德武为朝鲜郡王，前往辽东，安辑辽东高丽移民。但另一方面，唐朝从辽东高丽王室之外或者王室近支的实力派中培植代理人，不失时机地将这些人推向前台，下嫁和蕃公主，利用和皇后武氏家族的姻亲关系，也是应采取的必要措施之一。此后，高仇须率领麾下兵士为武周政权英勇作战，以少胜多剿灭契丹叛军，说明唐朝在辽东一带奉行的双管齐下策略还是具有一定成效的。另外，高宝元、高德武赴辽东统摄高丽旧户的同时，依附武周的高丽移民高仇须势力的存在，成为武周朝廷制衡辽东高丽王室势力策略的着眼点。公元697年，高宝元没有按计划赴辽东，一年后朝廷派其父辈高德武成行，其中高仇须因素应当引起研究者注意。

无论如何，岑仲勉先生依据一些不为人们关注的史料，开启了入唐高丽移民研究的大门，成为此后学者进一步探讨其中问题不可或缺的参考资料，并为我们解决一些悬而未决的问题提供了忠实可信的见解。

（二）"补高侃传"

如上所述，公元668年，唐朝与新罗联合共同消灭高丽，但随后唐罗间摩擦冲突不断，爆发"唐罗战争"。对于双方长达七年的冲突，韩国学界卢泰暾、徐荣教、金相勋等，日本学者池内宏、古畑彻、井上直树、植田喜兵成智等人均有论文或专著发表，而中国学者似乎关注得不多。其实，早在20世纪40年代，岑仲勉先生就依据当时可以看到的《册府元龟》《通鉴考异》《千唐志斋藏墓志》等史籍，探讨与此相关的内容。至于曾官拜安东都护、东征西讨颇负盛名的高侃将军，《旧唐书》《新唐书》却没有为其立传；同时，值得一提的是，高侃还曾与出身靺鞨族的著名将领李谨行并肩战斗，活跃于朝鲜半岛战场。岑仲勉先生可能意识到高侃在唐朝对外战争中的巨大贡献，因而潜心补写《高侃传》，道出了此前学界不甚了解的东西。不妨抄录主要内容如下：

> 高侃，渤海蓨人。父祐，隋左散骑常待，宕州别驾。贞观末，突厥车鼻可汗遣其子车钵罗入贡，太宗遣使征之，不至，帝大怒。使侃引回纥、仆骨等兵袭击之。侃时官右骁卫中郎将。高宗永徽元年六月，军至阿息山。车鼻闻唐师至，发诸部兵皆不应，遂携爱妾从数百骑遁。侃追至金山，擒之，送京师。旋为北庭安抚使。累迁营州都督。会高丽泉男生与弟男建、男产相攻，男生遣子献诚入唐求救，乾封元年六月，诏侃为行军总管，偕右骁卫大将军契苾何力等经略之。三年（即总章元年）二月，辽东道行军大总管李勣等进拔扶余城，侃及庞同善等为后殿，尚在新城，男建遣兵救新城，夜袭同善，左武卫将军薛仁贵率援军破之；侃等移军进至金山，不胜。会侍御史贾言忠奉使回，高宗问诸将孰贤，言忠对称侃"俭素自处，忠果有谋"。咸亨元年四月，高丽酋长钳

年岑率众反，立前王高藏外孙安舜为王，诏遣司平太常伯（即工部尚书）杨昉往安东，安抚高丽余众；又诏侃以左监门大将军为东州道行军总管，发兵讨之。安舜遽杀钳年岑，走投新罗。昉、侃始拔安东都护府，自平壤城移于辽东州。二年七月乙未朔，侃破高丽余众于安市城。三年十二月，复与其余众战于白水山，大破之。时新罗遣将救高丽以拒唐军，侃与副将李谨行等引兵迎击，斩首三千级。官至安东都护。又尝历陇右道持节大总管，封平原郡开国公，食邑二千户。卒，赠左武卫大将军，谥曰"威"，陪葬昭陵。有子崇德、崇礼；玄孙固，别有传。

笔者查阅岑著《唐史余沈》目录，其中为唐人补写传记的只有这一篇，可见高侃其人在唐高宗朝开疆拓土过程中所建功勋之大，以及岑仲勉先生对高侃其人的重视。因为有了这篇高侃传记，我们就可利用岑著，了解高侃其人不为人知的生平事迹。当然，从所采用资料源流看，20世纪40年代身处战乱的煎熬之中，岑仲勉先生困居西南危地，可供参考书籍相当有限，其能够潜心钻研，从《册府元龟》《通鉴考异》，散见的"千唐志斋"藏墓志拓片等石刻文献资料，以及《旧唐书》《新唐书》关联传记中找出如此多的史料，为唐代东征西讨建功立业的著名将领高侃补修传记，不仅堪称填补空白之作，无疑也是探讨7世纪中叶唐代与朝鲜半岛关系的大胆尝试。当然，从现在的角度看，有关高侃的事迹，亦可从域外史籍中找出相关记载，如韩国史书《三国史记》中就载有不少高侃的事迹，虽然其中有些和中国史籍记载大同小异，但也有少许史料可以补充岑著。不管怎样，作为唐史研究大家，岑仲勉先生从细微之处洞见学术之奥妙，发掘整理探讨一些不为人们注意，但却是不容忽视的事件和人物，既为唐史研究添砖加瓦，又为探讨古代中国与朝鲜半岛交流打开了方便之门，其精神必将激励后来从事唐史研究的学者勤于钻研，勇于探索。

三、《隋唐史》中存在的一些问题

通过上述有关新罗人金仁问、薛氏以及高丽移民高仇须，参与征伐高丽移民、新罗反唐等战斗的高侃等事迹之外，1957 年，岑仲勉先生还在高等教育出版社出版了《隋唐史》一书。该书其实就是其为大学学生讲授隋唐史编撰的讲义。单从著作分量上看，同时期出版的杨志玖《隋唐五代纲要》（上海人民出版社，1955 年）、吴枫《隋唐五代史》（人民出版社，1958 年）等教材讲义，显然存在差距。具体到谈及唐代东北到朝鲜半岛历史，岑著分两小节论述，即第七节"高宗继成大业"，谈及唐高宗时代联合新罗先后灭亡百济、高丽；第八节"新罗、渤海及日本之汉化"。岑著对此所用篇幅并不多，但主要问题都涉及了，并在一些问题上提出自己的看法。当然，其中对某些小问题的探讨也存在些许瑕疵。

首先，从排列顺序看，岑著将高宗时代的开疆拓土与对外交往分开，这就有了将新罗、渤海、日本并列探讨的论述方式出现，显示出50 年代国内对东北边疆地区及域外日本研究的趋向。按照当下的研究态势以及外国对某些问题的不当理解看，将新罗和渤海并列探讨，显然是不合适的。因为依据中国学界一般通说，渤海是唐代东北地区的少数民族地方政权，而新罗则是有宗藩之名，并与唐朝保持良好关系的朝鲜半岛国家，日本更是和上述高丽、渤海完全不同的域外国家。

其次，可能是没看到相关史书，特别是朝鲜半岛现存史书的缘故，岑著在第八节中的某些表述明显有误。如认为贞观二十一年（647 年），新罗善德女王去世，其妹金真德继位，永徽五年金真德卒，其弟金春秋继位。其一，金真德为新罗真平王的兄弟国饭葛文王的女儿，即善德女王叔父之女，严格来说，金善德和金真德两位新罗女王为堂妹关系，并非胞妹，对此应该界定明白。其二，继真德女王之后担当新罗国王的金春秋，其父为新罗真智王之子伊飡龙春（龙树），其母亲为真平王的另一女儿天明夫人，这样看来，金春秋肯定就不是善德女王的弟弟了，而应该是两位女王的外甥才对。岑著只参考了《旧唐书》中的记载，故才有如是之误。其三，岑著中将金春秋的谥号和其子金法敏的谥号搞混了，即认为金春秋为新罗文武王，这显然是不对的。依据中韩现存史料记载，金春秋死后谥曰"武烈王"，其子金法敏死后溢曰"文武王"。岑著中还将新罗文武王金法敏误写为新罗孝昭王，而垂拱二年（686年）新罗王并非孝昭王，而是文武王金法敏长子金政明，金政明在位十二年（681—692），其死后谥曰"神文王"。金政明的长子金理洪继立新罗王，在位十一年，唐长安二年（702年）薨，谥曰"孝昭王"。

总之，岑著《隋唐史》出版于20世纪50年代中期，有关朝鲜半岛古代新罗的研究还不是很多，强调中朝友好交往的格调并未涉及上述诸多具体人物事件，中国史书中有关记载还未得到更多的考订，朝鲜半岛自身相关史书可能并不好找，故书中有关新罗的论述出现一些笔误亦可理解。应该说，虽然如此，但瑕不掩瑜，其丝毫不会影响我们对岑著的喜爱，以及对岑仲勉先生本人的崇敬。相信该书在以后再版过程中，会以注释或其他方式，标示出其中笔误，并对相关文字予以修正，以便使更多的人了解朝鲜半岛古代历史相关问题。

四、结语

本文对岑仲勉先生论著中涉及的朝鲜半岛古代新罗、百济历史涉及的人物事件，古代中韩关系史中关联问题，做了相应的探讨，认为岑著从浩如烟海的石刻碑志资料中，找寻出和古代朝鲜半岛关联的人物，并利用其他史料进行严密的考释，首次论述如馆陶郭氏新罗姬薛氏墓志，认定《万年宫碑阴题名》中的"左领军将军臣□仁□"为新罗宿卫使者金仁问，首次收集赴朝鲜半岛征战的唐将高侃的事迹，补写《高侃传》等，不仅填补了相关研究的空白，而且通过这些点点滴滴的探讨，为后来研究者整体了解这一时期唐与朝鲜半岛关系之概貌打下了坚实的基础。作为 20 世纪隋唐史等领域全方位研究的历史学家，岑仲勉先生涉及研究领域宽广，具体研究深邃无穷，他留给后人众多学术著作，特别是有关东北边疆及朝鲜半岛古代史的论述，必将对隋唐时代边疆史，古代中韩关系史的研究手段、方法、理念等提供指导，进而促进这一时期海内外学者对这一领域整体研究更上一层楼。

第十三回

明诚留下千年问
仲勉追寻半步遥

诗曰：

明诚留下千年问，
后学精研起鹊声。
借助先贤基础钻，
尉迟世系得澄清。

俗语说"隔行如隔山"，对岑仲勉先生的力作《元和姓纂四校记》，普通群众即使感兴趣也多理不清其中的源流脉络，今借赵和平教授大作《东魏北齐尉长命子孙考——中古尉迟氏研究之三》，一一做说明，肯定能让诸位读者大增兴趣，大开眼界，大有裨益。

对北齐尉长命子孙进行考证的，原来宋朝的金石学家赵明诚，也就是著名女词人李清照的丈夫，曾留下"百年疑问"。岑仲勉先生的《元和姓纂四校记》做了考证，可惜，离完美回答"百年疑问"还是差了半步之遥。且看赵和平先生是怎样在"前贤研究的基础上，往前迈了一小步，得出了一个相对合理的结论"的。

赵先生大作如下：

近几年来，我（按：赵和平先生）选定的研究课题之一是"中古尉迟氏研究"，已经发表《尉迟氏族源考——中古尉迟氏研究之一》，大体内容是判定活跃于大代、大魏、东西魏、北齐、北周、隋、唐初的尉迟氏诸人，皆出于随魏圣武讳诘汾南迁的三十六国、九十九姓之一部；对于《魏书·官氏志》"西方尉迟氏"的诠释，则认为"西方"是指代都平城畿内的西方。同年，又刊出《于阗尉迟氏源出鲜卑考——中古尉迟氏研究之二》，大体内容是说尉迟氏一部在西晋末东晋初开始，即活动在今青海湖四周及河西走廊东部，与留在平城之西的尉迟氏并非一支；公元 445 年，鲜卑吐谷浑首领慕利延率军攻入于阗，随其同入之尉迟氏即留镇于阗，故从 5 世纪至 11 世纪初，历代于阗王姓尉迟，于阗的"殿门东向""妻戴金花"等习俗及"貌不甚胡，颇类华夏"的人种特征显示，于阗王族尉迟氏或为吐谷浑鲜卑之一部。目前我正对从《魏书》中的尉古真、尉元家族直至唐初的尉迟敬德家族逐个进行个案梳理，恰逢中山大学历史学系举办"纪念岑仲勉先生诞辰 130 周年国际学术研讨会"，遂以岑仲勉先生在《元和姓纂四校记》中做过先行研究的北齐尉长命家族作为对象，撰此小文，先行发表，以示对先贤的敬意。

一

《北齐书》卷一九《尉长命传》："尉长命，太安狄那人也。父显，魏镇远将军，代郡太守。长命性和厚，有器识。扶阳之乱，寄居太原。及高祖将建大义，长命参计策，从高祖破四胡于韩陵，拜安南将军。樊子鹄据兖州反，除东南道大都督，与诸军讨平之。转镇范阳城，就拜幽州刺史，督安、平二州事。州居北垂，土荒民散，长命虽多聚敛，然以恩抚民，少得安集。寻以疾去职。未几，复征拜车骑大将军，都督西燕、幽、沧、瀛四州诸军事，幽州刺史。卒于州。赠以本官，加司空，谥曰武壮。子兴敬，便弓马，有武艺，高祖引为帐内都督。……高祖攻周文帝于邙山，兴敬因战为流矢所中，卒。赠泾、岐、邠三州军事，爵为公，谥曰闵庄。高祖哀惜之，亲临吊，赠其妻子禄如兴敬存焉。子士林嗣。"

《北史》卷五三《尉长命传》所记尉长命事，比《北齐书》同传简略，记其子则曰："子兴，字敬兴，便弓马，有武艺，位冠军将军。"仅十六字。但多出"位冠军将军"一条信息。

《北齐书》卷二《神武下》记尉兴庆战死事颇详："〔武定元年（543）三月〕西师尽锐来攻，众溃，神武失马，赫连阳顺下马以授神武，与苍头冯文洛扶上俱走，从者步骑六七人。追骑至，亲信都督尉兴庆曰：'王去矣，兴庆腰边百箭，足杀百人。'神武勉之曰：'事济，以尔为怀州，若死，则用尔子。'兴庆曰：'儿小，愿用兄。'许之，兴庆斗，矢尽而死。西魏太师贺拔胜以十三骑逐神武，河北刺史刘洪徽射中其二。胜稍将中神武，段孝先横射胜马殪，遂免。"

《北史》卷五三《綦连猛传附尉兴庆传》："初，〔綦连〕猛与尉兴庆、谢猥绥并善射小心，给事神武左右。神武使相者视之，曰：'猛大贵，尉、谢无官。'及芒山之役，兴庆救神武之窘，为军所杀。

神武叹曰:'富贵定在天也。'……兴庆事见齐本纪。兴庆每入阵,常自署名于背,神武使求其尸,祭之,于死处立浮图,世谓高王浮图云。于是超赠仪同,泾州刺史,谥曰闵庄。"

《北齐书》卷一九《尉摽传》:"以帐内从高祖出山东,有麴珍、段琛、牒舍乐、尉摽、乞伏贵和及弟令和、王康德,并以军功至大官。……尉摽,代人也。大宁初(561)封海昌王。子相贵嗣,武平末(575),晋州道行台尚书仆射,晋州刺史,为行台左丞侯子钦等密启周武请师,钦等为内应。周武自率众至城下,钦等夜开城门引军入,锁相贵送长安。寻卒。弟相愿,强干有胆略。武平末,领军大将军。自平阳至并州,及到邺,每立计将杀高阿那肱,废后主,立广宁王,事竟不果。及广宁被出,相愿拔佩刀斫柱而叹曰:'大事去矣,知复何言!'"

《北史》卷五三《张保洛传附尉摽、摽子相贵》:"摽,代人。大宁初,位司徒,封海昌王。卒,子相贵嗣。相贵,武平末,开府仪同三司,晋州道行台尚书仆射,晋州刺史……弟相愿,强干有胆略。武平末,开府仪同三司,领军大将军。"

与《北齐书》对比,《北史》尉摽传多出"位司徒"三字,相贵,相愿多出"开府仪同三司"六字。

《元和姓纂(附四校记)》卷十"尉迟条"说:"又司空、长乐公尉迟长命,生破侯、相贵。破侯,北齐尚书令,周汴州刺史、黄源公。相贵,左仆射,海昌王。"

岑仲勉先生在此条下有长篇校记:

《金石录》22云:"广业王者,尉苌命之子破侯也。《碑》云,魏末离乱,苌命营护此寺,其后破侯与其弟兴敬复加营葺,故立此碑。按《北史》及《北齐书》有《尉长命传》,今碑乃作苌命。"何焯谓六朝碑中,"长"与"苌"多通用,是长命、苌命确即一人。据史与碑,只知长命有子破侯及兴敬(《北齐书》2作"兴庆"),且未闻封爵。

又《北齐书》19，尉摽封海昌王，子相贵、相愿，则尉长命与尉摽，殊难断为同人。劳格《读书杂识》一徒因《姓纂》长命生破侯、相贵之语，遂谓"摽与长命当即一人无疑"，未免断得太易。盖吾人既读前文，知《姓纂》此处讹舛颇多，长乐公恰是俟兜封爵，已著错简之迹，不能遽谓是长命之封爵也。纵然是长命之爵，而与海昌王差要别矣。《北齐书》武定元年，"神武勉之曰：'事济，以尔为怀州，若死，则用尔子。'兴庆曰：儿小，愿用兄。许之"。不请用父而用兄。合观长命本传，长命之卒，似在兴庆前，（本传年份可考者，讨平樊子鹄在天平元年），而摽封海昌王在太宁初，去兴庆之卒，又几二十年矣。故知劳氏摽即长命之说，不能据《姓纂》以立论也。复次，沈炳震云："《北齐书·尉长命传》，长命子兴敬，封集中侯，谥闵庄。按：《北史·尉长命传》，长命子名兴，字敬兴，无封谥；《綦连猛传》，尉兴庆，不言何所人，谥闵庄。盖兴庆别是一人。《北史》兴庆无传，而庆、敬以音似而讹，遂以为长命子，当从《北史》为正。"不信先出之《北齐书》，而信后出之《北史》，殊无的据。况长命子名兴敬，有碑可证。是《北史》之"兴字敬兴"，以先示人以讹舛之迹。赵氏既比较碑传，亦不闻辨《北齐书》之非，吾故谓沈说未足凭也。《重藏舍利记》（会昌六年九月立）云："寺为后魏元象中（538）幽州刺史尉苌命所造，号尉使君寺，后改为智果寺，唐则天时改为大云寺，开元中又改为龙兴寺。"（据《金石录》20引）

《金石录校证》卷二二《北齐大安乐寺碑》条："右《北齐大安乐寺碑》，其题额'广业王大安乐寺碑'，广业王者，尉苌命之子破侯也。《碑》云：'魏末离乱，苌命尝营护此寺。其后破侯与其弟兴敬复加营葺，故立此碑。'案《北史》及《北齐书》有《尉长命传》，今《碑》乃作'苌命'。又史云其卒谥曰'武壮'，而《碑》乃作'武庄'，当以碑为正。破侯尝仕为中书令、尚书左仆射、尚书令、录尚书事，封广业王，官甚显而《史》无传。"

姚薇元《北朝胡姓考》内篇第四"尉氏"条说:"《姓纂》八物尉迟条云:'司空长乐公尉迟长命,生破侯、相贵,破侯尚书令,相贵海昌王。'按:《北齐书》19 有《尉长命传》云:'卒赠司空,子兴敬嗣。'《金石录·北齐大安(乐)寺碑跋》引碑云尉苌命尝营护此寺,其后其子与兴敬复加营葺。又《北齐书》19《张保洛传附尉摽传》云'太宁初封海昌王,子相贵嗣'。劳格据谓尉摽即尉长命,摽盖长命之名,史讹为二人。故破侯、相贵、兴敬皆长命之子。史以原传讹夺,破侯之名不见。"

二

赵明诚《金石录·北齐大安乐寺碑》认为尉长命之子为破侯、兴敬,而"破侯尝仕为中书令、尚书左仆射、尚书令、录尚书事,封广业王,官甚显而《史》无传";劳格《读书杂识》认为"摽与长命当即一人",姚薇元也认为"劳格据谓尉摽即尉长命,摽盖长命之名,史讹为二人。故破侯、相贵、敬兴皆长命之子。史以原传讹夺,破侯之名不见"。岑仲勉先生不同意劳格之说,也批评了沈炳震否认兴敬为尉长命之子说,但对尉破侯在史籍中有无记载,尉破侯与尉摽有何关系,均未言明,本文讨论的重点即是破解尉摽究系何人。

尉长命一家世系,据《北齐书》《北史》《元和姓纂》《金石录》所存之赵明诚《北齐大安乐寺碑跋》,考诸事实,其家族之世系班班可考。

"尉长命,太安狄那人也,父显,魏镇远将军,代郡太守。"尉长命遇"扶阳之乱寄居太原。及高祖将建大义,长命参计策,从高祖破四胡于韩陵,拜安南将军"。讨平兖州樊子鹄反叛,此事在天平元年(534 年),后任幽州刺史,卒于州,元象中(538 年)造大安乐寺;据《广业王大安乐寺碑》,"苌命尝营护此寺,其后破侯与其弟兴敬复加营葺"。而尉兴敬于武定元年(543 年)三月为救神武高欢而死，是大安乐寺碑之立时，兴敬与其兄破侯可能都在世，也可能是兴敬战死后，其兄破侯以其兄弟二人名义共立，也未可知。

尉兴敬"便弓马，有武艺，高祖引为帐内都督"。《北齐书·尉摽传》："以帐内从高祖出山东"，其籍贯也是"代人也"。"太宁初（561），封海昌王。子相贵嗣。"尉兴敬以身捍高祖，最后遗言"儿小，愿用兄"。若高欢遵守承诺，武定元年与兴敬战死后，尉破侯可能被任命为怀州刺史。

据《北齐大安乐寺碑》和《元和姓纂》，尉破侯与尉兴敬乃尉长命之子。问题是，尉破侯在《北齐书》《北史》《陈书》《资治通鉴》等书中均不见，而与此姓名相近的是尉破胡。

《北齐书》卷一二《南阳王绰传》："绰始十余岁，留守晋阳。爱波斯狗，尉破胡谏之，欻然斫杀数狗，狼藉在地，破胡惊走，不敢复言。"

和平按：此事当发生在河清三年后不久，尉破胡此时应为行台尚书令或仆射，辅佐南阳王绰留守晋阳。而《北史·尉摽传》云："摽，代人，太宁初，位司徒，封海昌王"，则摽与破侯似应为一人。

《北齐书》卷八《后主纪》："是月［武平四年（573）五月］，开府仪同三司尉破胡、长孙洪略等与陈将吴明彻战于吕梁南，大败，破胡走以免，洪略战没，遂陷秦、泾二州。"

《北齐书》卷三二《王琳传》记此事："会陈将吴明彻来寇，帝敕领军将军尉破胡等出援秦州，令琳共为经略。琳谓所亲曰：'今太岁在东南，岁星居斗牛分，太白已高，皆利为客，我将有丧。'又谓破胡曰：'吴兵甚锐，宜长策制之，慎无轻斗。'破胡不从，遂战，军大败，琳单马突围，仅而获免。"

《陈书》卷三九《萧摩诃传》记此事："太建五年，众军北伐，摩诃随都督吴明彻济江攻秦郡。时齐遣大将尉破胡等率众十万来援，其前队有'苍头'、'犀角'、'大力'之号，皆身长八尺，膂力绝伦，其锋甚锐。又有西域胡，妙于弓矢，弦无虚发，众军尤惮之。"

尉破胡以"开府仪同三司""领军将军"之衔，率十万大军与陈将吴明彻战而大败，齐后主在位末期，能率十万大军出征，几乎是北齐的主力部队，当此任者，也只有"破侯尝仕为中书令、尚书左仆射、尚书令、录尚书事、封广业王"，后改封海昌王的尉破侯。

至于尉破胡的人品，《北齐书》卷四三《源彪（字文宗）传》中说："尉破胡人品，王（指赵彦深）之所知，进既不得，退又未可，败绩之事，非朝伊夕。"因此在尉破胡领兵援秦郡之前，大臣们对他已有负面评价。此战后不久，尉破胡可能即身故。

尉破侯之子为相贵，《北齐书》《北史》尉摽传云："（摽）卒，子相贵嗣，武平末，开府仪同三司，晋州道行台尚书仆射，晋州刺史"，"（相贵）弟相愿，强干有胆略，武平末，开府仪同三司，领军大将军"，则尉摽与尉破侯为一人无疑。若将尉破侯、尉摽、尉破胡视同一人，则自赵明诚至岑仲勉、姚思廉诸先生之疑问，均获解决。

还可以补充一点的是，尉摽传中说他是"代人"，尉长命传中的"太安狄那"属代州，尉显即任代郡太守。尉兴敬"高祖引为帐内都督"，而尉摽与麹珍等"以帐内从高祖出山东"，"并以军功至大官"。尉兴敬、尉摽是以高欢"元从功臣"之子的身份，成为亲信的"帐内都督"。高欢若遵守对尉兴敬的承诺，尉摽（破侯、破胡）在公元543年后可能即任怀州刺史，在重新修葺大安乐寺立碑时，破侯爵为广业王，太宁初（561年）改封海昌王，卒后由其子相贵嗣王爵，相愿也官至开府仪同三司、领军大将军。

若将史书中的尉摽与破侯、破胡视为同一人，一切问题迎刃而解，这样，尉长命一家之世系基本清晰：

岑仲勉先生的《四校记》只差一步就可以还原尉长命一家之谱系。本文只是在前贤研究的基础上，往前迈了一小步，得出了一个相对合理的结论。

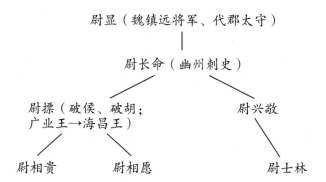

最后，需要强调三点：

其一，南北朝以来撰史通例，人物传大多以家族为单位，至唐初修《北齐书》时，尉长命一家谱牒已不存，否则不会将尉长命、尉摽、尉兴庆分入各传而不合为一传，致使后之读史者不明。

其二，尉长命是高欢之元从功臣，其子破侯、兴敬得以均为高祖帐内都督。兴敬战死，尉破胡（破侯、摽）更得信任，故官为开府仪同三司，爵为海昌王。长命之孙相贵、相愿与齐俱亡，入周。

其三，齐亡于周，周亡于隋，隋亡于唐，故至唐时，此尉长命一支湮没不闻。

第十四回

史学论文牵岁月
士人风范见襟怀

诗曰：

为贤者讳碍求知，
曲护沿讹实可悲。
天降大师岑仲勉，
当仁不让闯雷池！

此诗热情歌颂岑仲勉先生史学大师的治学精神和优良品质。古人云："德不孤，必有邻。"其实笔者也不过是追随有识学者而已！以下请看著名学者程存洁先生是如何分析赞叹岑大师的治学精神和学术风范的。

程存洁先生大作《〈岑仲勉先生史学论文〉略考》全文摘录如下。

岑仲勉先生（1886—1961）是我国20世纪最杰出的隋唐史专家之一，他的学术成就早已为学术界所公认。早在1933年，陈寅恪先生在12月17日《致陈垣函》中写道："岑君文（按指《圣心季刊》刊登的岑仲勉撰写的论文）读讫，极佩（便中乞代致景慕之意）。此君想是粤人，中国将来恐只有南学，江淮已无足言，更不论黄河流域矣。"1958年，陈垣先生在收到岑仲勉先生惠寄的大作《墨子城守各篇简注》后，于7月5日致函岑仲勉先生："在今日朋辈中，出版著作堪称多快好省者，阁下实其中之一人，敬仰之至。"

20世纪90年代初，我在广州北京路广州市古籍书店二楼旧书室买到一本《岑仲勉先生史学论文》精装本残册。这册精装本横18.4厘米，纵24厘米，厚7.3厘米，封套为朱红色硬卡纸。在封面及书脊处，均凹印"岑仲勉先生史学论文"等字，还在书脊处凹印"第一辑"三字，并填上金色。书中未编统一页码，依旧保留各篇论文在原出版刊物里的页码。这册精装本所收论文均为抽印本汇编。显然，这是供正式出版时参考使用的一本论文集，属非正式出版的读物。

那么，这本论文集到底编于何时？由于这本论文集编纂年代久远，保管又不善，致使原装封套霉烂，封套和正文发生脱落剥离。……从封套书脊内贴纸显示的1954年9月来看，编辑时间不会早于此时。

在这本论文集的封底内页，还贴有两张剪报，一张是岑仲勉先生逝世讣告，另一张是1961年10月8日《南方日报》刊登的《省人民代表、中山大学教授岑仲勉先生在穗逝世》简讯。由此可见，这本论文集的编辑时间的下限当不会晚于岑先生逝世时。可见，这本论文集的编辑应是经过岑仲勉先生本人审阅过的合订本。虽然它未正式出版发行，但弥足珍贵。

在论文集的第一页和第二页，各贴有一张用钢笔抄写整理的目录，是反映本册论文集所收全部论文的一份目录。目录内容如下：

　　读全唐诗札记，集刊 9 本

　　续劳格读全唐文札记，集刊 9 本

　　论白氏长庆集源流并评东洋本白集，集刊 9 本

　　白氏长庆集伪文，集刊 9 本

　　补白集源流事证数则，集刊 9 本

　　白集醉吟先生墓志铭存疑，集刊 9 本

　　文苑英华辨证校白氏诗文附按，集刊 12 本

　　从文苑英华中书翰林制诏两门所收白氏文论白集，（笔者按：集刊 12 本）

　　从金泽图录白集影页中所见，（笔者按：集刊 12 本）

　　绛守居园池记集释，集刊 19 本

　　附绛守居园池记句解书目提要，集刊 19 本

　　玉谿生年谱会笺平质，集刊 15 本

　　旧唐书逸文辨，集刊 12 本

　　唐方镇年表正补，集刊 15 本

　　旧唐书地理志"旧领县"之表解，集刊 20 本

　　跋唐摭言（学津本），集刊 9 本

　　跋封氏闻见记（校证本），集刊 9 本

　　唐唐临冥报记之复原，集刊 17 本

　　两京新记卷三残卷复原，集刊 9 本

　　翰林学士壁记注补，集刊 15 本

　　补唐代翰林两记（卷上），（笔者按：集刊 11 本）

　　补唐代翰林两记（卷下），（笔者按：集刊 11 本）

登科记考订补，（笔者按：集刊 11 本）

续贞石证史，集刊 15 本

跋南窗纪谈，集刊 15 本

宣和博古图撰人，集刊 12 本

"回回"一词之语原，集刊 12 本

元初西北五城之地理的考古，集刊 12 本

天山南路元代设驿之今地，集刊 10 本

理番新发见隋会州通道记跋，集刊 12 本

四库提要古器物铭非金石录辨，集刊 12 本

抄明李英征曲先（今库车）故事并略释，集刊 15 本

跋历史语言研究所所藏明末谈刻及道光三让本太平广记，集刊 12 本

按：上引"集刊"是指《国立中央研究院历史语言研究所集刊》。从上引目录可知，这本论文集所收论文全部摘自岑仲勉先生发表在《国立中央研究院历史语言研究所集刊》上的论文。

通过比对，我们发现岑仲勉先生发表在《国立中央研究院历史语言研究所集刊》上的论文尚有以下几篇未被这本论文集收录：

蒙古史札记，集刊 5 本

郎官石柱题名新著录，集刊 8 本

外蒙于都斤山考，集刊 8 本

贞石证史，集刊 8 本

唐集质疑，集刊 9 本

吐鲁番一带汉回地名对证，集刊 12 本

吐鲁番木柱刻文略释，集刊 12 本

根据岑仲勉先生著的《郎官石柱题名新考订（外三种）》"引言"介绍："《郎官石柱题名新考订》是岑先生在耄耋之年的最后著述，写于一九六一年上半年。……鉴于遗篇系岑先生对《郎官柱》最后一次

的全面性考证，与他早年的考证文章《郎官石柱题名新著录》属姊妹篇。"可知岑仲勉先生在编辑这本论文集时始终没有考虑收进《郎官石柱题名新著录》一文。另据岑仲勉先生著的《唐人行第录》一书"自序"记录："旧著读全唐诗、文札记及唐集质疑三篇，与此录多可互相发明，因取殿其末，是为序。时一九六〇年五月三日。"其中，读全唐诗、文札记，均被收进《岑仲勉先生史学论文》中，这就表明《岑仲勉先生史学论文》的编辑时间当早于《唐人行第录》一书的编辑时间，即1960年5月前。

又据岑仲勉先生著的《金石论丛》一书"自序"记录："此书收拙稿大小二十一篇，除一、二、三、四、五、八、十四、十五、十七、十八等十篇外，余十一篇或属旧作，或为近稿。"该序写于1959年国庆后。其中，一（《宣和博古图撰人》）、二（《四库提要古器物铭非金石录辨》）、五（《续贞石证史》）、八（《理番新发见隋会州通道记跋》）四篇论文均见于《岑仲勉先生史学论文》。

由此可知，《岑仲勉先生史学论文》的编辑时间应早于《金石论丛》一书的编写时间，即1959年国庆前。

《外蒙于都斤山考》一文被岑仲勉先生收进1958年10月中华书局出版的《突厥集史》一书中。据该书"引言及编例"写道："一九五六年十一月岑仲勉记于广州。"表明《突厥集史》一书实际完成时间是在1956年11月。由此可进一步推论，岑仲勉先生在编辑《岑仲勉先生史学论文》时，《外蒙于都斤山考》一文已被考虑或已编入《突厥集史》一书中，因此《岑仲勉生史学论文》的编纂时间应当在1956年11月之后。

岑仲勉先生在《中外史地考证》一书的"前言"里介绍："这个册子编成于1957年，初分为（上）本国、（中）西域、（下）海外三篇，以空间性为主，其中显有不妥的地方，现接纳中华书局编辑同志的提议，取消地域划分，约以时间先后为主，定名曰《中外史地考证》，一九六〇年五月重编告成。"虽然《中外史地考证》一书重编时间是

1960 年 5 月，但完稿时间是在 1957 年。《中外史地考证》一书既收录了《岑仲勉先生史学论文》未收录的《吐鲁番一带汉回地名对证》一文，也收进了《岑仲勉先生史学论文》已收录的《天山南路元代设驿之今地》《元初西北五城之地理的考古》和《抄明李英征曲先（今库车）故事并略释》三篇论文。由此可判断，《岑仲勉先生史学论文》的编纂时间也应早于《中外史地考证》一书的编辑时间，即 1957 年。

结合以上所述若干个时间节点，我们可判断《岑仲勉先生史学论文》的编辑时间应在 1956 年 11 月至 1957 年这段时间。

《岑仲勉先生史学论文》所收论文主要集中在以下几大领域：一是关于对唐代文献和唐人诗歌文集著作进行考证等方面的内容，重点是关于白居易、樊宗师、李商隐等人的著作和事迹；二是对清人唐史著述的再补充和再考订；三是有关金石方面的考证；四是关于西北史地方面的考证。这些论文在写作时间上均有一个共同点，即主要是写于抗战时期。岑仲勉先生在每篇论文中均保留了写作时间的介绍，如：

《读全唐诗札记》："时民国二十八年二月，顺德岑仲勉识。"

《续劳格读全唐文札记》："前年秋，余从校《元和姓纂》，为搜唐史料，取《英华》泛览之，随录所见，甫数十条而抗战之役作。湘、桂转徙，图籍分散，去秋九月，始得取《全唐文》为之代。忆往岁陈前辈援庵函谓，其书多舛误，不可恃。及此观之，意专为编中之小传发也。""时民国二十八年一月，顺德岑仲勉识于昆明。"

《论白氏长庆集源流并评东洋本白集》："顺德岑仲勉记于昆明龙头村，时民国二十八年六月月半。""民二十八年十一月六日再识。"

《白氏长庆集伪文》："民二十八年十一月下旬，草成于昆明龙泉镇。"

《补白集源流事证数则》："时三十一年八月先师诞日撮记。"

《文苑英华辨证白氏诗文附按》："民国三十年三月，识于四川之南溪。"

《从文苑英华中书翰林制诏两门所收白氏文论白集》："三十一年七月下旬，仲勉识于板栗隘张氏新房。"

《从金泽图录白集影页中所见》："前岁之秋，据《明刊马本白氏集》、《汪辑香山诗集》等，完成《白集源流》一作。顷以图书迁川，在叙受渍，协助曝凉间，得见《金泽文库图录》景印彼中所藏古残零本若干页，亟移录如次（唯旁注无关重要者不录）。今春图书再启，乃取各本校其同异，末复略抒管见云。民国三十年三月下旬记于南溪。"

《绛守居园池记集释》："民三十七年一月上旬顺德岑仲勉识。"

《附绛守居园池记句解书目提要》："三十七年一月中旬谨识。"

《玉谿生年谱会笺平质》："卅一年九月中旬稿成，偶检得近人朱偰氏《李商隐诗新诠》一文……同年十一月下旬仲勉再识于南溪。"

《旧唐书逸文辨》："中华民国三十一年五月国家动员日写起，越二日成篇。"

《唐方镇年表正补》："时中华民国三十二年六月夏至后一日，顺德岑仲勉识于南溪板栗隘。"

《旧唐书地理志"旧领县"之表解》："卅六．十二．一．南京。"

《跋唐摭言》（学津本）："时民国二十七年十二月云南起义纪念后四日，顺德岑仲勉跋于昆明。"

《跋封氏闻见记（校证本）》："时民国二十七年十二月，云南起义纪念前十日，顺德岑仲勉跋于昆明。"

《唐唐临冥报记之复原》："三四．一．十九．南溪李庄。"

《两京新记卷三残卷复原》："抗战三年十一月朔，顺德岑仲勉识。稿创于长沙，案头只得粤雅本及毕校长安志，功甫半而辍。……抗战第三年除旧布新之前夕，校文写毕，因念原卷次序，或前后互错，或同节而离析为二，几不可循读，今经钩补，已非复昔之陵躐无序，故命名曰复原云。仲勉再识。"

《翰林学士壁记注补》："丁丑七月，余抵南京，重新整录《郎官题名》既竟（见本所《集刊》八本一分），即拟著手为之校注。无何，抗战军兴，本所播迁，是岁岁底居湘，翌年入滇，时所中图籍在转运中，乃据《知不足斋鲍本》，就手存参考书一一钩稽，画分为十二宗，粗成注补两钜帙，庋之行箧。今岁季夏，小疟初愈，覆阅旧稿，略事修缀。……时中华民国三十一年七月，抗战五周年纪念日，顺德岑仲勉自识。"

《补唐代翰林两记》（卷上）（卷下）："时中华民国三十一年七月小署日，顺德岑仲勉识。"

《登科记考订补》："中华民国卅年三月中旬，四川南溪。"

《续贞石证史》："三十一年六月，顺德岑仲勉识。"

《跋南窗纪谈》："抗战军兴，本所迁湘，余因便旋里，乡居一月，翻先人手泽，偶及《南窗纪谈》，则觉其书凡二十三条……因比较同异，成一短篇，阅一岁入滇，承友人示以余氏新著，乃知所计条数相合。""中华民国二十六年九月，初写于敝居桂洲里村乡，三十一年四月，修正于四川南溪板栗坳，稿成，同事傅君乐焕见告，徐自明《宰辅编年录》引《纪谈》，似有出见本外者，亟猎一过，约得六条，皆涉官制事。……同年八月念一日仲勉再识。"

《宣和博古图撰人》："民国二十八年十一月下旬，草于昆明龙头村。"

《"回回"一词之语原》："右引文件，公布于抗战军兴之后，尚未为学者注意，爰揭出之。三十一年双十节前二日，记于四川南溪。"

《元初西北五城之地理的考古》："篇内涉斡罗孩研究，系民二十三旅沪时所撰《达旦考》（未刊）之一节，灵州考证，系去春迁阳朔后略成轮廓，至本月乃拼合续成之者。民二十八年四月月半，仲勉附记。"

《天山南路元代设驿之今地》："三十一年三月下旬，南溪板栗坳。"

《理番新发见隋会州通道记跋》:"三三. 一. 二六","三十四年十一月,旧同事李方桂先生新自理番归成都,曾亲见此碑,贻书相告。(三六. 五. 七附识)"

《四库提要古器物铭非金石录辨》。

《抄明李英征曲先(今库车)故事并略释》:"三十一年八月下旬顺德岑仲勉识。""卅二年一月中旬仲勉附识。"

《跋历史语言研究所藏明末谈刻及道光三让本太平广记》:"中华民国三十一年五月四日,继《御览》跋写成。"

通过以上所述,我们可理清岑仲勉先生在抗战期间撰写并发表在《国立中央研究院历史语言研究所集刊》上的这些论文的大致撰写经历。

在这些论文中,除了《旧唐书地理志"旧领县"之表解》一文于1947 年 12 月 1 日在南京完稿、《绛守居园池记集释》一文于 1948 年 1月上旬完稿、《附绛守居园池句解书目提要》一文于 1948 年 1 月中旬完稿外,抗战期间最早完成的一篇论文是 1938 年 12 月在昆明完稿的《跋封氏闻见记》(校证本),随后完成的论文是 1938 年 12 月在昆明完稿的《跋唐摭言》(学津本)、1939 年 1 月在昆明完稿的《续劳格读全唐文札记》、1939 年 2 月完稿的《读全唐诗札记》、1939 年 4 月月半完稿的《元初西北五城之地理的考古》、1939 年 11 月 6 日完稿的《论白氏长庆集源流并评东洋本白集》、1939 年 11 月下旬在昆明龙泉镇完稿的《白氏长庆集伪文》、1939 年 11 月下旬在昆明龙头村完稿的《宣和博古图撰人》、1940 年 11 月完稿的《两京新记卷三残卷复原》、1941 年 3 月在四川南溪完稿的《文苑英华辨证校白氏诗文附按》、1941 年 3 月在四川南溪完稿的《登科记考订补》、1941 年 3 月下旬在四川南溪完稿的《从金泽图录白集影页中所见》、1942 年 3 月下旬在南溪板栗坳完稿的《天山南路元代设驿之今地》、1942 年 5 月完稿的《旧唐书逸文辨》、1942 年 5 月 4 日完稿的《跋历史语言研究所所藏明末谈刻及道光三让本太平广记》、1942 年 6 月完稿的《续贞石证史》、1942 年 7 月 7 日抗战五周年纪念日完稿的《翰林学士壁记注补》、1942 年 7 月小暑日完稿的《补唐代翰林两记》（卷上）（卷下）、1942 年 7 月下旬在南溪板栗坳完稿的《从文苑英华中书翰林制诏两门所收白氏文论白集》、1942 年 8 月完稿的《补白集源流事证数则》、1942 年 8 月下旬完稿的《抄明李英征曲先（今库车）故事并略释》、1942 年 8 月 21 日在南溪板栗坳完稿的《跋南窗纪谈》、1942 年 9 月中旬在四川南溪完稿的《玉谿生年谱会笺平质》、1942 年 10 月 8 日在四川南溪完稿的《"回回"一词之语原》、1943 年 6 月夏至后一日在南溪板栗坳完稿的《唐方镇年表正补》、1944 年 1 月 26 日完稿的《理番新发见隋会州通道记跋》。

这些论文当中，一部分论文是在云南昆明完稿的（从 1938 年到 1940 年），一部分论文是在四川南溪完稿的（从 1941 年到 1944 年）。岑仲勉先生是随中央研究院从南京避难到云南、四川等地。在战火纷飞的艰苦岁月里，岑仲勉先生为寻求学术真理，克服重重困难，辛勤耕耘，始终没有停下脚步。

从这些论文中，我们还可以学习到岑仲勉先生的治学精神和优良品质。在学术上，他既尊重前辈学者的学术成就，又能坚持真理、实事求是，勇于纠正错误。如他在《唐方镇年表正补》一文中说道："自道光中徐松氏著《登科记考》，近百年来，能于唐史一部分作有系统之整理者，莫吴廷燮氏《方镇年表》若。（劳氏《郎官柱题名考》搜采之功勤，而编制之事少。）唐代制诏，除少数篇章外，率尚四六，糟粕旧文者辄视为无足轻重，吴氏独能出其所长，为之疏解，以骈俪供考证之具，尤一般新史家所望而却步。余年来涉猎唐史，闲有参稽，亦便利弗少，此则吾人对吴书不能不深致歌颂者也。"他进一步说道："吾国学术界流传一错误观念，迄于今莫能廓清，致为文化进步之大碍，则所谓'为贤者讳'是也。此种见解，施于个人私德，吾无间然，若以律问学求知，夫岂孔门当仁不让之旨。顾或知之而噤口不言，甚且曲予回护，（前贤曲辨班史，是其著例。）遂使沿讹弛谬，贻累无穷。闲尝谓复瓿之文，犹可等诸自郐，苟为名著，则有应纠正者不宜拱手默尔。盖古今中外，都无十分完全之书，其声誉愈高，愈易得人之信受，辨证之旨，非抑彼以自高，亦期学术日臻于完满而已。如《方镇表》等，性属参考工具一类，检之者尤易据为结论，弗事深求，则辨误之更不可已者也。"

岑仲勉先生治学极为勤奋、严谨，著作等身，他留下的史学论著是我国一笔丰厚的文化遗产，值得后人永远学习。他的治学精神和学术风范，更值得后人永远敬仰。

第十五回

敢叫板洋人学者
慎分清两族源流

诗曰：

班门弄斧向沙畹，
初出茅庐大将风。
治史探源真利器，
中华突厥两相通。

东、西突厥史，是岑仲勉大师的力作，至于它在史学上有什么意义，恐怕就不是一般人所知了。那么，我们就请上海大学文学院历史系的李松松先生向我们普及普及这方面的历史知识吧！下面引用李松松的大作《略论岑仲勉的突厥史研究》。

岑仲勉是我国著名的隋唐史专家，同时也是研究突厥史的大家，《突厥集史》《西突厥史料补阙及考证》是他研究突厥史的两部代表性著作。本文主要从岑仲勉对突厥起源的研究、突厥史事的考订和对沙畹《西突厥史料》补正等方面对其突厥史研究的成就和贡献做了初步的梳理。

岑仲勉（1886—1961），字仲勉，别名汝懋，广东顺德人，中国现代著名历史学家。岑氏一生治学甚勤，出版有《佛游天竺记考释》（1934 年）、《元和姓纂四校记》（1948 年）、《府兵制度研究》（1957年）、《隋唐史》（1957 年）、《黄河变迁史》（1957 年）、《突厥集史》（1958 年）、《西突厥史料补阙及考证》（1958 年）、《隋书求是》（1958年）、《唐史余沈》（1960 年）、《唐人行第录》（1962 年）、《中外史地考证》（1962 年）、《郎官石柱题名新考订》（1984 年）等著作，其中《突厥集史》《西突厥史料补阙及考证》是他研究突厥史的代表著作，集中反映了他治突厥史的成就和贡献。

一、突厥史研究的目的

突厥是我国古代北方一个重要的少数民族，曾创造了具有自己民族特色的璀璨文化。近代以来，突厥史研究引起了中外学者的重视，其中法国学者沙畹的研究尤其引人注目，他的著作《西突厥史料》曾轰动一时，被许多中外学者允为名著。不过沙畹之书也存在不少问题。岑仲勉在《突厥集史》中有这样一段论述：

> 1934 年冯承钧译法国沙畹《西突厥史料》出版后，我略读一过，觉得他编写的宗旨，注重中亚，故当日（1903 年）圣彼得大

学代为印行。中国古代中亚局势，不单只与隋、唐密切相关，其历史也多赖隋、唐古籍而得传，沙畹此书，在我国史学界看来，算得上关系重大的名著。然而西突厥起源于（东或北）突厥，欲了解前者，非先通后者的历史不可。突厥称匈奴、蠕蠕两大帝国之后，占领整个漠北，邻接我国，交通亦极频繁，我国人对它的史料，尤须有明确的认识。

西突厥史既略试问津，如不兼明东突厥的情况，则得其偏而缺其全，寻其流而昧其原，未免陷于一知半解。

在岑仲勉看来，沙畹的《西突厥史料》只重视西突厥史，而忽视了东突厥。西突厥本源于东突厥，是从突厥部族中分裂出来的，欲治西突厥，必治东突厥，否则就可能犯"以偏概全"的错误，不能准确、全面地把握突厥历史的全貌。另外，沙畹的《西突厥史料》在史料的引证上也存在不少错误，这也引发了岑仲勉对突厥史料整理的兴趣。

揭示中华民族与突厥族的关系，阐扬突厥古代文化，是引发岑仲勉研究突厥史的又一重要原因。岑仲勉在《突厥集史》编后再记中自言研究突厥史的目的有二，其中之一是"旧时读突厥史略，脑海中已留着中华民族与涂兰族（学者相承认为突厥族的前身）在上古时关系如何的问题，故整个突厥史研究也就是汉族源流史研究的一部分；历年来所写的揭出中华民族与突厥族之密切关系，阐扬突厥族的古代文化、狄名探原、突厥与兜鍪等篇，都在向这一问题寻求解答"。早在1945年，岑仲勉就在《东方杂志》四一卷三号上发表了《揭示中华民族与突厥族之密切关系》一文，从11个方面详细介绍两者之间的密切关系。1948年，岑仲勉在《民族学研究集刊》上发表了《阐扬突厥族的上古文化》一文，认为突厥上古文化常常被低估，他通过对我国上古时代所见的涂兰语、上古伊兰之受涂兰族影响、匈奴传之涂兰语、突厥族之上古物资文明等方面进行具体研究，肯定了突厥上古文化不仅存在而且还很重要，在当时还引发了"中国古代文化是否来自突厥的争论"。

二、突厥史研究成就与贡献

岑仲勉对突厥史研究的成就与贡献主要体现在《突厥集史》和《西突厥史料补阙及考证》二部书中。《突厥集史》是岑仲勉耗费20多年心血完成的巨著，内容几乎网罗有关突厥的正史、文集、典籍、碑文墓志和各类杂记等全部史料。该书分为上、下两册，共十七卷。上册包括卷首和前十卷，卷首叙述该书的引言、编例以及后记和参考书目，前十卷是作者汇集各种正史、文集、典籍、碑文墓志和各类杂记等有关突厥史料按照时间顺序进行编排，详细介绍了突厥从起源到分裂再到灭亡的过程。下册即卷十一到卷十六，并另附录一卷，是对突厥传记和碑文以及相关问题的校注和考证。《西突厥史料补阙及考证》是对沙畹《西突厥史料》的商榷和补正，内容涉及"西突厥分立时间""西突厥世系考"等问题。二书问世后受到了中外学者的广泛肯定，前苏联学者拉里昂夫认为此书出版后，"突厥史汉文史料在科学上第一次得到了完整的汇集"。岑仲勉对突厥史研究的成就与贡献是多方面的，以下仅从他对突厥起源的研究、突厥史事的考订和对沙畹《西突厥史料》的补正等方面做一些具体的分析。

（一）对突厥族起源的考订

突厥族是我国北方的一个古老民族，对于突厥这一称呼，我们现在大多数学者都比较赞同"突厥"是由属于蒙古语系的柔然人介绍到中国的，它是从"turk"的复数形式"turkut"翻译过来的，这样，根据音译我们就称其为突厥。在突厥族起源问题上，史书主要有以下几种记载：

《周书》卷五〇《突厥传》："突厥者，盖匈奴之别种，姓阿史那氏。别为部落。后为邻国所破，尽灭其族……金山形似兜鍪，其俗谓兜鍪为'突厥'，遂因以为号焉。""或云突厥之先出于索国，在匈奴之北。其部落大人曰阿谤步，兄弟十七人……能最高者，即推立之。阿史那子年幼而跳最高者，诸子遂奉以为主，号阿贤设。此说虽殊，然终狼种也。"

《隋书》卷八四《突厥传》："突厥之先，平凉杂胡也，姓阿史那氏。后魏太武灭沮渠氏，阿史那以五百家奔茹茹，世居金山，工于铁作。金山状如兜鍪，俗呼兜鍪为'突厥'，因以为号。或云，其先国于西海之上，为邻国所灭，男女无少长尽杀。至一儿，不忍杀……木杆勇而多智，遂击茹茹，灭之，西破挹怛，东走契丹，北方戎狄悉归之，抗衡中夏。后与西魏师入侵东魏，至于太原。"

《北史》卷九九《突厥传》："突厥者，其先居西海之右，独为部落，盖匈奴之别种也。姓阿史那氏。后为邻国所破，尽灭其族……阿史那即其一也，最贤，遂为君长。故牙门建狼头纛，示不忘本也。渐至数百家，经数世，有阿贤设者，率部落出于穴中，臣于蠕蠕。"

从以上记载不难看出，史料对突厥族起源问题记载各不相同，甚至同一史书中也有两种不同的记载，可见突厥起源问题的确非常复杂。

岑仲勉根据相关史料把突厥起源的不同记载分为如下三类：

甲、"匈奴之别种也，先国西海上，后为邻国所破，遗一儿，且十岁，怜其小……居金山之阳为铁工，金山形似兜鍪，俗称兜鍪曰突厥，遂以为号。"

乙、"其先出于匈奴北之索国，有部落大人曰阿帮步，兄弟十七人……号称突厥，即纳都六设也。纳都六有十妻，所生子皆以母族姓，阿史那是其小妻之子也。"

丙、"其先平凉杂胡也，姓阿史那氏，后魏太武灭沮渠牧犍，阿史那以五百家奔蠕蠕，世居金山，工于铁作，金山状如兜鍪，俗呼兜鍪曰突厥，因以为号。"

岑仲勉根据这三条进行归纳分析，首先他认为在甲、乙两种史料中都相同记载着突厥乃狼种，北方少数民族常常把狼看作圣物，突厥族把自己看作是狼种，也是为了神化自己的民族，况且在古代历史上，匈奴、突厥、蒙古等少数民族都相传与狼有关，这种传说，主观成分太多，不足为信，所以岑仲勉先生首先就把这条记载丢弃。而甲记载的匈奴之别种与丙记载的平凉杂胡也值得存疑，他认为古人用别种字，往往是和别部同义，语意太过广泛，因此不能就此认为突厥和匈奴是同一种族。至于平凉杂胡，由于"五胡乱华"后，北方人南迁，河西的突厥部落迁入平凉居住的也有很多，因此我们也不能把平凉作为其种族发源地。

最后只剩下一种说法，即源于金山说，因为乙中记载的突厥与契骨同族，契骨居阿辅水、剑水之间，也就是今天的阿比河、克姆河。其牧地就是阿尔泰山，即金山附近，这与甲、丙所记载的居于金山不谋而合。岑仲勉经过考证筛选后认为："故称西海，多指今之里海，由甲之说，则来西方。索国古史不详，践斯处折施山亦失考，然乙说大意固来自匈奴之北或西北也。金山之名，乙说不著而为甲丙所同，以言方望，要与乙说无背，故谓突厥崛起时，住地在金山之阳，斯为近于信史者矣。"

（二）对人物、地名和时间的考订

岑仲勉在突厥史研究过程中，对其中涉及的人物、时间、地理等史实等进行了详尽的考证，这是他治突厥史用力最勤的地方。《隋书·史万岁传》载："开皇末，突厥达头可汗犯塞，上令晋王广及杨素出灵武道，汉王谅与万岁出马邑道。万岁率柱国张定和、大将军李药王、杨义臣等出塞，至大斤山，与虏相遇。达头遣使问曰：'隋将为谁？'候骑报：'史万岁也。'突厥复问曰：'得非敦煌戍卒乎？'候骑曰：'是也。'达头闻之，惧而引去。万岁驰追百余里乃及，击大破之，斩数千级，逐北入碛数百里，虏遁逃而还。"文中提及大将军李药王，虽然《新唐书》记载了李药王为李靖之兄，但是在"表""传"中均未见到李药王曾经做过隋代大将军的记载，岑仲勉先生认为这是史书记载遗漏的结果。

《北齐书·范阳王绍义传》载："周将宇文神举军逼马邑，绍义遣杜明达拒之，兵大败。绍义曰：'有死而已，不能降人。'遂奔突厥。众三千家，令之曰：'欲还者任意。'"这里提到"马邑"这个地方，岑仲勉指出，在北周末和隋初，马邑都不曾设郡，此处指的应该是汉代的马邑县，也就是"高齐文宣以后之朔州理是也"。再如《资治通鉴考异》载："《旧书·纪》，'八月六日突厥寇定州，命皇太子往幽州，秦王往并州，以备突厥。'《唐历》亦同。今据《实录》，七月秦王出蒲州，八月无太子往幽州、秦王往并州事。"岑仲勉认为，八月六日应该是八年六月之讹误，《资治通鉴》底稿肯定也有此讹误，所以司马光对校《实录》说八月无此事，但是在《旧书·纪》中却记载的是六月而非八月，所以时间应该是八年六月。

（三）对沙畹《西突厥史料》的商榷与补正

《西突厥史料》是关于突厥史的名著，但其中也存在不少问题。岑仲勉指出沙氏之书史料取材："约分两部。一列传之部，应别为论证。一编年之部，完全采自《册府元龟》，即就《册府元龟》言，亦未之尽，他书记载有明标年号既不难改定者，更为遗及，或反附入注中，使读者不易比定事实，更或不明中史书法，读'是岁'如'十二月'，则可议之处仍多。"所以他特撰《西突厥史料补阙及考证》一书，对《西突厥史料》一些存疑的地方给予商榷和订正。

在西突厥分立问题上，"西突厥本与北突厥同祖"，后来由于内部纷争而分化，遂分裂为东突厥和西突厥两个部族。对于西突厥分立，史料记载颇多，沙畹指出："中国载籍中指判别有时不甚显明，盖北突厥之分离，至室点密之子达头可汗之时始见确定，而其动因乃在北突厥沙钵略可汗与大逻便之不和，大逻便走依达头可汗，自是以后西突厥开始独立，然无论中国史文记述如何之泛，大逻便非西突厥之一可汗，彰彰明也。"岑仲勉指出沙畹的这一结论是他没能发现《旧唐书》记载错误所致。《旧唐书》载："西突厥本与北突厥同祖。初，木杆与沙钵略可汗有隙，因分为二。"如果我们再检索其他古籍就能发现《旧唐书》的错误。《新唐书》载："初，东突厥木杆可汗死，舍其子大逻便，而立弟佗钵可汗。……沙钵略袭击之，杀其母，阿波西走达头。当是时，达头为西面可汗，即授阿波兵十万，使与东突厥战。而阿波竟为沙钵略所擒。"《隋书》也载："西突厥者，木杆可汗之子大逻便也。与沙钵略有隙，因分为二，渐以强盛。"

根据《新唐书》和《隋书》的比对可以看出，西突厥之所以分离，是因为突厥可汗沙钵略与木杆之子大逻便有矛盾，而并非《旧唐书》中所说的沙钵略和木杆有矛盾。而《册府元龟》也引用了《旧唐书》的记载，所以《册府元龟》的记载也有误。沙畹根据《册府元龟》《旧唐书》记载得出"大逻便非西突厥之一可汗，彰彰明也"的结论，显然是有问题的。

在西突厥分离时间上，岑仲勉也对沙畹的看法提出了质疑。沙畹认为："东西突厥之分，固始于6世纪中叶，然政治之分立，得谓其实完成于582年。"岑仲勉不赞同这一看法。他说："玷厥兵强而位下，外名相属，长孙晟固明言之。后此相阅，初无非争为突厥之长。然处罗侯于开皇八年尚西征波斯，可见东、西突厥当日之关系，仍得比于蒙古宪宗之世……国人扶立射匮，东西突厥始完成分裂。"所以他认为那时东、西突厥既然合力西征，又怎能谓之分裂呢？据《通典》卷一百九十九《边防十五·突厥下》记载："初，曷萨那之朝隋也，为炀帝所留。其国人遂立萨那之叔父射匮为可汗，始开土宇，东至金山，西临西海，自玉门以西诸国皆役属之。遂与北突厥为敌。"岑仲勉据此认为，东、西突厥分裂的时间应以《通典》的记载为是，即分离的时间应在大业六、七年间，即611年至612年间。

三、突厥史研究的视野与方法

首先，岑仲勉从整体研究视野出发，打破了过去治突厥史只注重某一个方面的狭隘局面，拓宽了突厥史研究的范围。过去的突厥史研究很多只限于对某一个或某几个方面进行研究，而且研究得不够深入。如法国学者沙畹对突厥史研究多限于西突厥，对东突厥却鲜有涉及。即使是对西突厥史料的整理，也有错误，不少地方有待补正。岑仲勉研究突厥史，首先把东突厥和西突厥研究联系起来，从整体角度出发，对于研究相对薄弱的东突厥，他利用各种史料进行分析，拓展了突厥史研究的范围。而且他能够着眼于全局，不局限于突厥史研究中的某个方面。他不仅对东、西突厥的历史做了详尽的考证，而且对有关突厥的属部和碑文墓志都一一做了考证和校注，并且在自己的著作中还附上许多很有新意的论文。这些都体现了他扎实的史学功底和宽广的学术视野，他的两部著作——《突厥集史》和《西突厥史料补阙及考证》"对我国突厥学及其研究的发展做出了开拓性贡献，引起国内外突厥学研究者的重视"。

其次，岑仲勉对突厥史料进行系统的考订、整理和汇编，对后来学者研究突厥史有重大的参考价值。突厥史研究是中国古代史研究中比较难的一块领域，而且很多问题尚处在"未开荒状态"，这不仅是因为它涉及民族关系、文化等问题，更是由于许多记载突厥的史料分布比较零散，而且有些资料如碑文等残缺不全，一些史料对关于突厥的同一问题往往记载不一，这造成了突厥史研究存在诸多困难。岑仲勉克服了种种困难，几乎把所有与突厥有关的正史、文集、西方资料、古籍、碑刻、墓志等汇集到一起，并对相关史料进行认真甄别，详细考证，去粗取精，去伪存真，最终撰成《突厥集史》《西突厥史料补阙及考证》这两部大作，成为突厥史研究中不可绕开的权威性著作，今人研究突厥史，不得不注意他的研究成果。

最后，岑仲勉的突厥史研究也给我们诸多方法论的启示和借鉴。岑仲勉在突厥史研究中运用了很多手段进行考证，有一条是贯彻始终的，那就是"治史探源"的研究方法。他在研究过程中不迷信古籍，不屈从权威，遇到自己存疑的地方，他都要查看所有相关资料，反复比对和考证，探究问题的源头。这种方法是十分值得当今学者学习和借鉴的。

第十六回

黄河改道成灾害
志士精研挖祸根

诗曰：

黄河之水育文明，
改道成灾恨不争。
摸透变迁根本史，
著书致用吐心声。

岑仲勉为什么是史学大师呢？在笔者看来，除了在学识上堪称一位通才外，在人品上亦可为人师，为国士。黄河是中国第二大河流，黄河与中国历史的发展息息相关。它既培育了璀璨的民族文化，也给人类留下了诸多痛苦的记忆。宋徽宗时人任伯雨就说过："黄河为中国患二千岁矣。"而看过《说岳全传》的读者，应该都记得岳飞在黄河泛滥时，全靠母亲把小小的他放在木盆里保存一条小命。可以说，每一个中国人对黄河都不会陌生。而根治黄河则可以说是全民族的心愿。1953年，中央政府大力治河，岑仲勉先生认为还应该乘胜前进根治黄河，并用两年的时间写出五十多万言的《黄河变迁史》。

这本书的意义何在？且听史学专家张继海先生所撰写的《〈黄河变迁史〉与岑仲勉的经世思想》一文是怎样说的。

岑仲勉（1886—1961）是我国现代著名历史学家，尤以研治隋唐史和中外史地考证蜚声海内外。2004年，中华书局出版了《岑仲勉著作集》，收入了他的绝大部分著作。其中《黄河变迁史》一书，从内容上看并不属于他的专门研究领域。岑仲勉为何撰写此书，令人费解。此书最初于1957年由人民出版社出版。该书的"导言"说，1950年7月，中央政府决定大力治淮。岑仲勉从报上获悉后，认为黄河和淮河关系密切，治淮成功后，必继之以治黄，而治黄要复杂得多。他认为自己"在可能范围内，应该继续向黄河变迁史努力发掘，庶可略尽一部分为人民、为广大群众服务的责任"。这段话给人的第一感觉，是岑仲勉似乎有趋时跟进的嫌疑，非"纯学者"所为。但是在对岑仲勉的学术思想有了较多了解后，我（指张继海）才发现自己学识太浅，没有认识到在撰著《黄河变迁史》一书背后岑仲勉始终抱负的经世致用思想。

岑仲勉经世致用思想的形成，除了受社会大环境（清末的粤人治学，关注民族命运和国计民生）和家庭影响（"先君留心经世之学"）外，还受到顺德一位乡贤——李文田的影响。李文田于咸丰九年（1859年）高中一甲三名进士（探花），在顺德一地声名赫赫，史称

"文田学识淹通，述作有体，尤谙究西北舆地"。当时由于英、俄等列强的觊觎和蚕食，西北边疆吃紧，清季学者研究西北史地乃成为一时的风尚。岑仲勉进入史学领域后，最先进行的就是西北史地研究，在一定程度上可说是承清人之余绪，而更直接的则是受李文田的影响。

20世纪初叶，他在上海江海关及广东财政厅等处任小职员，前后达20年之久。虽然其工作性质与学术毫无关系，但他在工作之余挤出时间，研究属于经世之学的农学和植物学。1923年和1924年，他在《科学》杂志上先后发表了《对于植物学名词之管见》和《楮构说》二文。后来，他的研究重点转向中外史地考证方面，但对农学研究一直未能忘怀。在1934年6月致陈垣的信中，岑仲勉说："十余年前尝慨我国惟兴农或可补救，故喜谈稼圃之事，居恒亦以此自遣。今存农植专书，《竹谱》最古，文辞斐然。习专艺者不暇及，攻书本者又不之重，因思力校注，有所见辄录之。泊任教育后，整理旧稿，粗成乙篇。稿成，锢之箧笥，忽忽数年，顷偶检出，用并呈正。其中有应修补者若干处，倘蒙许为一得，能假《湖北先正遗书》本统行校入，甚盼。"观此节文字，当能体察岑仲勉的一片拳拳之心。

基于这种经世思想与爱国情怀，岑仲勉认为做学问就应该对世事有所补益，而不是靠学问来获取名利。他说："窃以为学以问世，不敢自信，则须求教；稍自信，亦期有补于世，非不得已，固不必以文为市。"（1935年）又说："读书能触类引伸，便开卷有益；如果不能的话，平时高谈着经世之学，临到有事的时候，反而一筹莫展，那又对国家有何裨补呢。"（1948年）可以说，"经世""有补于世""对国家有所裨补"的思想一直在他头脑中占有重要位置。

在20世纪三四十年代对隋唐史的研究中，岑仲勉对唐代有经世之才的人着墨甚多，大力表扬。他不满于后世把陈子昂仅仅视为文人，特作《陈子昂及其文集之事迹》一文，而且开首便说"子昂，奇人也，经世材也"。对于李德裕，岑仲勉倾注了更多的感情。他称李德裕有"雄才大略"，"以不世之材，入相武宗，言听计行，仅四年间，外破回纥，内削叛藩，骎骎乎致唐中兴"。"公自编《会昌一品制集》……后学者奉此一帙，可作基本文读，可作经世书读，又可作唐代外交史读，易为今言，则曰唐会昌年蓝皮书亦可也"。他力辩司马光在撰《通鉴》时对李德裕怀挟私见，终于还李德裕以清白。而在内心深处，岑仲勉对李德裕的经世才能充满了敬佩之情。《会昌伐叛集》的内容多关涉唐代军国大计，可为后世鉴戒者不少。岑仲勉正是有感于时世方艰，故在《伐叛集》的"编证略例"中特别指出："本编纂集，期取前贤之伟略，作后世之准绳。"

1948 年，岑仲勉完成了《墨子城守各篇简注》一书，发掘出《墨子》中《备城门》以下十一篇的军事学价值，可谓发千年之覆。这部书和《黄河变迁史》一样，并不在岑仲勉的重点治史范围内。在此书的自序中，岑仲勉说，"我写本书的主旨，是注重技术方面的研究"，而不在哲理和思辨。其研究方法也是清人常用的考证之法，即"实事求是"。但从此书的自序中，我们也不难看到他经世思想的印迹。他说，"《墨子》那几篇，仍然是值得研究的"；"我们无论读哪种书，都贵在得其菁华，不要死守不变，吸收前人的经验，应用最新的科学技术，近世崭新的一套，多数何尝非如此作成出来的呢"。

行文至此，岑仲勉为何撰写《黄河变迁史》就应该不难理解了。河防和治河本来就是古人所谓经世之学中的重要内容，岑仲勉在治史过程中向来比较留意。1950 年春他在中山大学讲授"隋唐史"课程时，　由隋炀帝开凿通济渠的问题生发开去，上溯到《水经注》和南北朝的交通史料，又上溯到《史记·河渠书》和战国杂说，进而研究《禹贡》和后人的注释，尝试认清"上古黄河的真相"。这年 7 月，国家决定大力治淮，这是促成他撰写《黄河变迁史》的一个外因而已。试想如果没有平常的积累，一个人怎能在短短两年内完成一部 50 多万字的著作，"把历朝史志剩下来的黄河史料，有时并参考私家的著述，整理清楚……原来错误的加以辨明，原来含糊的替它申说，原来缺乏的设法补充",基本弄清了元代以前黄河河道的变迁问题,并对历代(下至清代和民国)治河措施的得失予以批判总结!我们只能说,《黄河变迁史》是岑仲勉长期蓄积的经世思想一次集中的释放和展示!

在《黄河变迁史》一书中,岑仲勉毫不掩饰自己做学问当"对国家有所裨补"的思想。他说:"科学研究之目的,是运用合理的方法,求取个中的真象,适合目前的需要。"又说:"我们有了理论,还须要实践,要随着事势的发展、环境的变迁而加以改进。"岑仲勉重视理论和实践相结合。他批评"宋代一般人偏重理想,不能联系实际",因此宋代传下的文献虽多,但对黄河一些重要支流流经哪些地方竟"都没有系统的或列举的记述"。他又批评胡渭在《禹贡锥指》中的某些论述是"经生家不切实际的幻想"。而在具体问题的研究中,他又是非常严谨的,总是把史籍中不同记载和不同说法都条列出来,客观而谨慎地处理相关史料。岑仲勉利用他在史料考证方面的长处,弄清了黄河历史上许多长期纠缠不清的问题。正因如此,《黄河变迁史》一书在水利学界和历史学界都有相当的影响。因为岑仲勉写作此书的目的是"供治河者参考",针对性强,所以它不同于一般的考史之作,而是有比较切实的借鉴和指导意义,颇受水利学者的重视。1957年《黄河变迁史》的出版被列入了"中国水文大事记",被誉为"民国以来系统研究黄河问题的一部巨著"。在史学界,《黄河变迁史》一书受到李约瑟等海外学者的高度重视,而国内一些学者也把它列为历史地理学方面的必读参考书之一。

张继海先生的大作言简意赅,让我们受益不少。

第十七回

蔡鸿生作文寄念
项念东查证求源

诗曰：

中外交通岑绝学，
大师绝学在隋唐。
两勤持论皆高见，
不尽名家评说忙！

岑仲勉先生著作等身，知识面宽广，治学路径也很广，一般人很难与之比肩。中外交通史专家朱杰勤教授说："岑先生的学术成就是多方面的，……不过他的绝学，恐怕还在中外交通史，即在西域南海史地考证方面，其次才是隋唐史。"

但岑仲勉先生的得意弟子姜伯勤教授却说："就更加长远的学术价值而言，岑先生的全部成就中居于第一位的，却应该是隋唐史考据。"两位教授的见解应该说都没错。或许，不少读者对于西北史地的了解，相对于对隋唐史的了解会少一些，那么我们不妨听听史学专家蔡鸿生先生、项念东先生是如何评说的，借此以增加对岑仲勉先生学术成就的认识。

蔡鸿生先生《岑仲勉中外史地考证的学术风格》一文如下：

岑仲勉先生的学术道路，带有朴实无华的平民色彩。在中外史地考证中，他不迷古，不崇洋，坚持实事求是的学术风格，为后人留下了丰富的精神遗产和治学经验。

"匹夫而为百世师"的韩愈，在其名文《答刘正夫书》中，以斩钉截铁的语气指出学术史上"功"与"名"、"立"与"传"的因果关系："用功深者，其取名也远；若皆与世沉浮，不自树立，虽不为当时所怪，亦必无后世之传也。"

谢世将近半个世纪的岑仲勉先生，以其刻苦自励的学术生涯和博大精深的学术成果，为上述精神生产的历史经验提供了新的具体例证。作为"中国出版集团学术著作出版资助项目"，中华书局于2004年影印出版了《岑仲勉著作集》15卷17册，"以应急需"。这种"后世之传"的方式，颇具现实意义，既使"坐冷板凳者"深受鼓舞，同时足以令"文化快餐"失色。

岑著的知识覆盖面极广，诚如中华书局出版说明所言："在隋唐史、先秦史、古代文献学、中西交通和民族关系、史地考证等方面，均卓有建树，为国内外史学界所推重。"我（指蔡鸿生）于20世纪50年代中期，曾忝列门墙，选修过岑仲勉先生的"隋唐史"课程。尽管聆教一年，但对其精微之处，领会甚浅，无传承之可言。下面仅就中外史地考证方面，略说岑仲勉先生的成就和风格，不贤识小，聊寄对一代宗师的感念之情，并借以自我鞭策，如此而已。

一、一位"半路出家"的大家

岑仲勉先生的学术道路，带有朴实无华的平民色彩，与士大夫式的精神贵族大异其趣。他生于清末顺德一个商人家庭，先辈经营粮米生意，虽通翰墨，但并非严格意义上的书香门第。岑氏本人考史、校史、证史的深厚学养，也不是从学院式的人文教育中取得的，可以说与所谓"科班出身"无缘。因此，直到晚年，岑仲勉先生仍毫不讳言地以夫子自道："仲勉早岁学识荒落，中年稍振刷，视苏老泉已瞠乎其后。"甚至在生徒面前，他也敢于暴露而不是"包装"，往往戏称自己是"半路出家"。这当然是谦辞，其实大可当作对其的赞语，因为他一"出家"就成家，很快就名动京师，被陈寅恪先生视为"南学"的代表。

岑仲勉先生童年就读于故乡的私塾，1903年考入两广大学堂（前身为广雅书院），1912年转读北京高等税务学校。毕业后供职于财政、税务和邮政部门，俗务缠身，忙忙碌碌。20世纪30年代初南旋，投身教育界，才从职员变成教员。1931年，他在广州圣心中学任教，潜心文史，尤其致力于中西交通的专门之学。取西洋汉学之精华，融入传统的实学，把顺德先贤李文田（1834—1895）的西北史地考证推向新阶段。该校校刊《圣心》杂志，连续发表岑氏考证西域南海史地的多篇论文。经陈垣先生介绍，时在清华大学任教的陈寅恪先生于1933年对岑仲勉先生做出高度评价："岑君文读讫，极佩（便中乞代致景慕之意）。此君想是粤人，中国将来恐只有南学，江淮已无足论，更不论黄河流域矣。"这个并非过誉的预期，在岑氏往后的治学实践中，可以说是辉煌地实现了。

岑仲勉先生对中外史地考证的贡献是多方面的，无论南海史、西域史还是突厥史，均卓有建树，既拓展了研究领域，又深化了历史认识，为后学留下了丰厚的遗产。

（一）南海史

古代历史文献上的"南海"，包括从南中国海到印度洋的广阔海域。唐代贾耽记述的"广州通海夷道"，就是贯通南海的国际航道。岑仲勉先生立足于唐人海程，上溯秦汉，下及明清，对南海历史地理进行了系统的研究。重要论文如《西汉对南洋的海道交通》《南海昆仑与昆仑山之最初译名及其附近诸国》《自波斯湾头至东非中部之唐人航线》等，都是在详细占有材料的基础上辨斥旧说，别立新证。尤其后文，经实证性的比勘之后，还提出深化历史认识的两点感想："其一，我国人冒险奋斗之性质，不让于世界上任何优秀民族，惟以缺乏组织，故其成绩往往湮没无闻。其二，上层、下层各有其观察，下层之观察，间或为上层所不及知，贾耽所记广州通海道程，可信系得自当日老航海家，否则无知如此确实。"关于唐宋时代著名贸易港"广府"与广州的勘同，岑仲勉先生早年已从《圣教序》及《开元释教录》举出两证，后又从唐代墓志、诏令、奏议和笔记中捡出六条补证，使广州又称"广府"之说牢不可破，足以解答某些学者的困惑。此外，岑仲勉先生的南海史研究，并不限于航线和地名考证，其视野还扩大到明代的海防史。《明代广东倭寇记》一文，考察了从洪武二十四年（1391年）到万历四十二年（1614年）濒海郡县的历次寇乱，指出"商舶来者，往往密具甲仗，觇海疆无备，即肆劫掠"的事实。这与时下那种把海外交通牧歌化的非历史倾向，显然是大异其趣的。

（二）西域史

早在1934年，岑仲勉先生就已经系统地研究过东晋高僧法显（337—422）赴印求法的行程，写成《佛游天竺记考释》一书。到了晚年，岑仲勉先生积大半生研究西域史的心得，经三度修订，为后世留下了集大成之作《汉书西域传地里校释》。全书研究的重点，是西域古国的方位和里距，具体探讨下列问题："一、《传》文中方位之错误；二、《传》文中刊刻之错误；三、《传》文中之同名异译；四、对《传》文文义解读中的一些问题，等等。"其论证的广度和深度，超赴前贤，博得好评。正如吴丰培先生所说：

> 近人岑仲勉《汉书西域传地里校释》确实超越前人，总结了中外学者研究成果，对于"地"、"里"、"传"都纠正前人之误别申己说，有特殊见解，虽未谙古代西域语言，对音译尚有问题，然对于《汉书·西域传》的研究，确实推进一步。

此外，岑仲勉先生关于《耶律希亮神道碑》之地理人事的考释，以及《读"西辽史"书所见》等论文，也都是别开生面，有破有立，为西域史地考证增添了新知。

（三）突厥史

1958 年是突厥学史的一个光辉年份。在西方，刘茂才教授出版了德文本《东突厥汉文史料集》两卷，仅注释就多达 1885 条。岑仲勉先生于同年出版了《突厥集史》和《西突厥史料补阙及考证》两部巨著，东西辉映，蔚为大观。经过半个多世纪的检验，刘著和岑著均已享誉学术界，成为 20 世纪突厥学的双璧。岑仲勉先生突厥集史方法，科学性极强，于广探博探中力求体现演变与结构相互统一的观念，纵横兼顾，体例完善。

其一为史事编年，起西魏大统八年（542 年），迄唐天宝十四载（755 年）。经过仔细整合，突厥社会两百年的变迁，首尾连贯，一目了然。

其二为碑传校注，包括汉文和突厥文碑志，以及突厥本部和属部的列传。岑氏金石证史的卓识和功力，在校注中获得完美的表现。

其三为综合论述，即在集史的基础上做出新的探索和概括。如长达数万言的《突厥各朝传略》，勾勒出突厥从崛起到衰亡的清晰轮廓，开启了治突厥史的方便法门。另一篇论文《外蒙于都斤山考》，则对突厥圣山在中国文献中的 20 个异名进行梳理和勘同，显示出考证中的通识。岑仲勉先生学识的渊博，体现于甚至在突厥史中也能探索艺术史中的悬案，读过《书画鉴赏家之"特健药"》一文，当可悟出所谓"学科交叉"，其实就是融会贯通，并不是单靠人工设计就能达到的学术境界。

二、实事求是的学术风格

中外史地考证之学，是晚清边疆危机的产物。由于国人和洋人的广泛参与，它很快从冷门变成显学。既有传统性，又有国际性，号称难治。面对大量的中外学术著作，岑仲勉先生并没有被人牵着鼻子走，他自有其治学之道："余尝以为书不在多，贵能读，读书不在太多，贵能解，否则愈多而愈失所主张矣。"能读能解，才不至于迷古崇洋，有利于形成实事求是的学术风格。

法国汉学家沙畹于 1903 年出版的《西突厥史料》，经冯承钧译成中文，被奉为研究中古西北史地的经典之作。岑仲勉先生如何看待沙书呢？他做过这样的自白：

> 往岁梁思永先生（考古学家，梁启超长子）以沙氏书之价值见询，余应曰："此事须分两点立论：从外人观点言之，沙氏之书，价值诚不可侮；从我国学者观之则小异，除西史部分外，中史材料之编纂，直未达到吾人所预期。"梁君颔之。

因此，岑仲勉先生为了补沙畹的不足，才写成《西突厥史料补阙及考证》。其中如《西域十六国都督府州治地通考》及《庭州至碎叶道里考》诸文，都是在考实中达到创新，发前人所未发。

众所周知，岑仲勉先生对唐代历史文献的研究，曾取法于清代学者劳格的著作，他在金石证史方面的成就，可说是批判继承的结果。以劳格的名著《唐尚书省郎官石柱题名考》为例，岑仲勉先生明确指出，应"采劳氏之三长，而去其七蔽"。

"三长"指的是：（1）阐明石柱上下各面应如何相接也；（2）发现石柱有三刻不同也；（3）详考郎官诸人事迹，为极好利用之工具书也。

至于"七蔽"，即是以下七项缺失：（1）度中内仍保留祠中各姓名也；（2）漫泐名位之删除也；（3）误认再刻为初刻也；（4）不知将上下两截断面各行之互为连缀也；（5）每曹行数及每行起止之不明也；（6）讳字写法之欠齐一也；（7）往往屈碑刻以从书本也。

有了如此明确具体的鉴定，岑仲勉先生的《郎官石柱题名新著录》，便真正做到推陈出新，成为"迄今为止著录郎官石柱题名最为详确的一种"。

在岑仲勉先生的学术生涯中，中外史地学考证与历史文献研究并不存在专门史与文献学之间的鸿沟。恰恰相反，正是有后者作为牢固的根基，前者才能具有令人叹为观止的恢宏气象。《突厥集史》之所以"集"得起来，如果著者不是正史熟，文集熟，金石也熟，显然是无从问津的。

岑仲勉先生逝世于 1961 年，作古已经将近半个世纪了。他没有留下什么学术遗嘱，但散见于字里行间的劝学良言，仍所在多有，值得爬梳和整合。据浅见所及，似乎可以归纳出岑氏治史的若干遗训，以备后学者采择。

一曰不可"专之过早"。《中外史地考证》的"前言"写道："记弱冠时朋辈论学，开首便以专哪一经、四史中专哪一史为问，然而刚能独立研究，基础未厚，便即进入专的途径，论求学程序，似乎是躐等的。清代研究家很少能够全面展开，这恐怕是专之过早的毛病吧。试看名学者如王高邮父子（念孙、引之）、德清俞氏（樾），他们的著作都是兼涉群经，成绩辉煌，相信他们的学习，不是开始便专于一部的，史地也不能例外。"

基础未厚，惟专是求，终归缺乏后劲，往往从"早专"走向"早衰"，前景堪忧，不足为训。岑仲勉先生的这番告诫，在当代治学日益专门化的情况下，尤其值得后学者认真反思。

二曰不可"锢于断代"。岑著《隋唐史》的"撰者简言"有一段倡导"通识"的现身说法："历代制度、名物，每更一姓，虽必有所易，然易者其名，不易者其实。甚至外族侵入，仍有相联之迹（如唐府兵与元怯薛，特勤与台吉，莫离与贝勒等），故每论到典章、文物、非徒略溯其始，抑且终论其变，求类乎通史之'通'，不锢于断代之'断'。"

岑仲勉先生作为隋唐史专家，对断代史与通史的关系早已了然于心。他着眼于"溯其始"和"论其变"，旨在匡补断而不通之弊，岂只是编撰例言而已。

三曰不可"望文生悟"。在《玉谿生年谱会笺平质》一文中，他提出一条解读历史文献的"懔戒"："史之为学，不外摹写实状，故必先明了古今之社会实况，然后可以论史。失句误解，以余涉猎，则古往今来著名之旧学家时或犯之，糟粕文言者更势在不免，离乎事实之外而欲求其通，难矣。故欲明了古前社会者，必先了解古人文字，早挟成见（主观），复凭参悟（演绎），皆论史者所当懔戒。"

诚如岑仲勉先生所言，失句误解再加主观演绎，如此"论史"，就只有随意性而无科学性了。

四曰不可"以今释古"。在《唐集质疑》一文中，岑仲勉先生以郡望问题为例，指出某些"攻学之士"的错误倾向："唐世习称郡望，弗重里居，迨五代离乱，人口播迁，郡望之别就湮，占籍之邦是举，由是李姓者唯号陇西，王姓者只知太原，俗与世移，本不足怪。奈攻学之士，昧于掌故，徒抱现代之观点，尚论古代之民风，弊遂至于格格不相入，学之与用，判若两途，非廓清而沟通之，终无以致学术于光明，且徒耗学子之脑汁也。"

岑仲勉先生所谓"徒抱现代之观点，尚论古代之民风"，也即以今释古，是一种应予"廓清"的学术病毒。事实上，历史研究的时代精神是一回事，把历史现代化是另一回事，貌似神异，不可不察。但愿当代的"攻学之士"，继承和发扬实事求是的学术风格，与时俱进，脱俗求真，自觉地"致学术于光明"。

项念东先生对岑著研究甚有心得，学界对于"岑、陈二氏史学分歧及治学方法之比较"，一致认为以项念东《20 世纪诗学考据学之研究——以岑仲勉、陈寅恪为中心》之讨论最为客观深入。

据项念东的比读，岑仲勉对陈氏学术观点的批评多达 78 处，可见其用心之细，用功之深。因此，我们相信项先生以下大作必能与蔡先生上文做相互辉映，更加深诸位对岑仲勉先生学术成就和治学精神的了解。项先生大作题为《岑仲勉早年边疆史地研究与其文献考据思路之形成》（笔者注：因篇幅关系，原文之注释已删除）。

岑仲勉先生一生精研乙部之学，不仅在中古史、中外交通史、边疆民族史地等诸多学术领域有不朽建树，尤对所治领域文献史料有专门考据，堪称 20 世纪文史研究领域的一代文献考据大师。岑仲勉先生着意于文献考据的学术思路，与其早年边疆史地研究中所培养的"史源"追考意识紧密相关，值得注意。

岑仲勉（1886—1961），名铭恕，字仲勉，原名汝懋，以字行，中国现代著名历史学家。先生一生精研乙部之学，不仅于先秦史、隋唐史、中外交通史、少数民族史（尤其是突厥史）、史地学、金石学、文献学等研究领域均有不朽建树，尤对所治领域史料有大量校雠辑佚，广征博引，考订精审，为 20 世纪文史研究特别是唐史研究提供了一个坚实的文献基础，沾溉后人良多。20 世纪 50 年代，中山大学历史系主任刘节教授将岑仲勉与陈寅恪两位先生并称为"中古史的两位大师"。此后不少学人也一再提到岑仲勉先生在中古文史文献考据方面的贡献。如周勋初教授在 20 世纪 90 年代谈及唐代文学研究现状和前景时曾指出："我国本有文史不分的传统。陈寅恪、岑仲勉等前辈学者更把文史结合的研究方法发展到了一个新的水平。陈寅恪采用以诗证史的方法，在研究元白诗等问题上取得了很大的成就。岑仲勉在唐代史和唐代文学作品的文献整理方面做出了贡献，他对《元和姓纂》等史料典籍的整理，大量运用碑志等材料，取得了可观的成绩。"荣新江研究员在为中华书局 2004 年新版《岑仲勉著作集》所撰书评中也提道："陈寅恪和岑仲勉两位先生是无可置疑的'中古史两位大师'，对隋唐史贡献尤多。两位大师的性格不同，治学方法和取向也不一样。陈寅恪先生为后人理解隋唐史，提出了许多今人尚无法逾越的解释框架；岑仲勉先生则为后人研究隋唐史，整理了几乎所有相关的隋唐史资料，同时也开启了隋唐文献研究的许多领域。"

考察其学术历程可以看到，岑仲勉先生致力于文史文献考据这一学术进路的形成，与其早年边疆史地研究紧密相关。作为自学成名的学者，岑仲勉先生早年学术研究主要围绕乙部史地考订之学展开。他那些篇幅长短不一、征引史料繁复、考订雠校严密的史地学论文，虽然文献涉及面与后期相比并不算宽，但其中所显示出的"史源"追考意识，无疑成为岑仲勉先生此后治学偏重文献考据的一个重要支撑点。

一、史地考订中的"史源"追查

岑仲勉自 1912 年年底毕业于北京高等专门税务学校后，先后进入沪、粤两地政府机关供职，长达 20 年之久。工作之余，他博览群书，尤关注实科及乙部之学，撰有大量读书笔记。20 世纪 30 年代之前，除发表《对于植物学名词之管见》（《科学》1923 年 8 卷 11 期）、《楮构说》（《科学》1924 年 9 卷 1 期）、《遵路杂缀》（《津浦之声》1928 年 3—4 期）等少数几篇文章外，其研究所得多未发表。直至 1931 年任教广州圣心中学后，岑仲勉始借编辑校刊《圣心》，逐渐将其早年学术成果公之于众。从这当中，恰可见其早年学术思路。

依陈达超教授所整理之《岑仲勉先生著述要目》，岑氏在《圣心》杂志共发表论文 31 篇，其中第 1 期 14 篇，第 2 期 17 篇，今收入《中外史地考证》一书者 26 篇。这 26 篇论文均为史地考订类，篇制不一，长者数万言，短者百十字。就内容而言，大体可划分为八类：

（1）重要古地的证订。如《唐代阇婆与爪哇》《阇婆婆达》。

（2）古代地理交通考证。如《南海昆仑与昆仑山之最初译名及其附近诸国》《掘伦与昆仑》《明代广东倭寇记》。

（3）建置及区域考证。如《〈拉施特史〉十二省之研究》《唐代大食七属国考证——耶路撒冷在中国史上最古之译名》《〈诸蕃志〉占城属国考》《广府》。

（4）往日为人所忽略的边远史地考订。如《柳衢国 致物国 不述国 文单国 拘蒌蜜国》《阿夆荼国》《奇沙国》《末罗国》《憩野》。

（5）汉籍记外国地理之误会辩证。如《〈水经注〉卷一笺校》。

（6）外语所译我国地名之原名考释。如《暮门》《Zaitûn 非"刺桐"》《Quinsai 乃杭州音译》《波凌》《亚俱罗》。

（7）唐以前地理佚书考辑。如《晋宋间外国地理佚书辑略》《〈翻梵语〉中之〈外国传〉》《王玄策〈中天竺国行纪〉》《西域记》。

（8）不经见之外地名称的考释。如《苦国》《朱禄国与末禄国》。

就上述诸文之考订方法而言，岑仲勉在 20 世纪 60 年代重编《中外史地考证》的"前言"中曾予略述：

> 抑既寝馈于斯二三十年，虽乏寸长，要思献曝，今试略言之：要注重材料来源之价值。如一等、二等……之类是也。文字一经转录，字句小差，便生别解。……

可见，"注重材料之来源"亦即今人所常言之"史源"追考，正是岑仲勉先生数十年史地考订甚至可谓其整体学术研究方法上的重要小结。

应该说，岑仲勉"注意材料之来源"的思路，受中国传统史学研究特别是"三通"之研究思路的影响颇多。

中国古代史学研究素有"原始察终"（《史记》卷一百三十《太史公自序》）的学术传统，故司马迁"通古今之变"说（《报任安书》）堪谓后世治史通则。这一点，在"三通"之中尤有体现。刘知几《史通·自叙》即指出："若史通之为书也，盖伤当时载笔之士，其道不纯。思欲辨其指归，殚其体统。"此后郑樵《通志·总序》也明揭"学术之苟且，由源流之不分"的治史轨则。马端临《文献通考·自序》更倡言，要研讨古来典章经制"变通张弛之故"，"非融会错综，原始要终而推寻之，固未易言也"。此三者所述"指归体统"之辨察、"学术源流"之检讨、"典章变通"之推寻，可谓均含有"商榷千载"（《史通·六家》）的眼光和胸怀，力求就古来史学之发展流变"原始要终，寻其枝叶，究其所穷"（杜预《春秋左氏传序》）。故后世断代史书的首出之作《汉书》，尽管有班固"综其行事""上下洽通"的修撰声明（《汉书》卷一百《叙传》），但仍不免为《通志》《文献通考》所诋，可见此一传统之影响。循此线索来看，岑仲勉少年时即自修乙部之学，尤好读其父所遗留之"三通"，自然不会不受到上述史学传统之影响。

然中国史学凸显"会通"精神的背后，实不仅指涉对史实本身之条理安排，同时亦蕴有对史料本身予以考察之意涵。毕竟，追寻史实之迁变离不开对史料传录之考究，故考订析理史料之来源，正是史学研究的前提和基础。因此，刘知几在《史通·采撰第十五》中即指出，史书之撰著一方面要"征求异说，采摭群言，然后能成一家"，但另一方面，"异辞疑事，学者宜善思之"。当然，这种对"异辞疑事"的考察，尚非 20 世纪 30 年代以后陈垣所开创的"史源学"研究——后者更强调通过史料出处、主次源流之根寻来考察史料之信值，而岑仲勉真正受陈垣影响而明确标举"史源"这一概念也要迟至30年代中期以后。但是，源于上述类似考察"异辞疑事"而形成的追查"材料来源"的研究思路，实早已潜藏于其早年的学术研究之中。这从《圣心》所刊诸文可见。

《唐代大食七属国考证——耶路撒冷（Jerusalem）在中国史上最古之译名》一文，在《圣心》所刊论文中篇幅较长，也是其中极见其治学特点的一篇。大食，即7世纪兴起于西亚地区的阿拉伯帝国，是当日世界堪与唐王朝并驾齐驱的强盛之国。有唐一代，双方多有往来，但中国古代史料中有关大食的记载却很少。晚清学者洪钧（1839—1893）《元史译文证补》曾指出，"《唐书》所纪都盘六国，方向程途，殊难考合"。现代著名史学家张星烺（1889—1951）《中西交通史料汇编》对此亦曾有专门研究。然在岑仲勉看来，仍存在一些"甲是则乙非"的问题。故岑文由此入手，试图弄清大食属国相互间纠结难辨的方位关系。

文章先追考一般讨论此问题的原始史料，即宋初王溥所编《唐会要》卷一百。其中记载，唐天宝二年（743年），鸿胪卿王忠嗣答玄宗问"诸蕃诸国远近"时曾引及《西域图》。岑仲勉指出，史载永徽二年（651年）大食始来朝，然许敬宗等奉敕纂修《西域图志》是在显庆三年（658年）至乾封元年（666年），而大食此时实力尚未发展至中亚，故与王忠嗣所言情势显然龃龉难合。岑文据此推定，王忠嗣所引述之《西域图》，并非许敬宗等所修之书，而只可能是玄宗时汤嘉惠所撰之《西域记》。岑文所提之汤嘉惠系玄宗时人，开元年间曾任安西副大都护，其书早佚。因而，要从许敬宗等所修之书与汤氏此亡佚之书追讨大食属国史料记载更早之史源，显然已不可能。由此，岑文转换思路进一步指出：

> 惟《元龟》及《新唐书》传、志之史料，似无疑同出一源，其间小有异同者则缮写或剟厥之讹也。余频年习史地，每及此节，即作种种臆测，冀得一当，然或先入为主，或辄疑舛误，究不能

自完其说，作而辍者屡矣。近则抛弃旧说，别开新途，先于宋人著述所记位置，某也符合，某也抵牾，作一剖解清表，次乃就其最不可解者拘思之，始得一线之光明焉，虽不敢自谓必完全无误，然舍此解法，似更无以合乎旧籍各说……

所谓"同出一源"之"源"，实即"史源"。亦即是说，从史源学角度来看，宋人王钦若、杨亿等所编之《册府元龟》，以及宋祁所修之《新唐书·大食传》、欧阳修所修之《新唐书·地理志》，与《唐会要》实为具"父子关系"或"兄弟关系"的史料，其价值具同一等次。因而，在无法追讨更早且更可信史源的情况下，唯有通过对同一等次信值的史料做相互比勘，以发现记载歧异最多的问题，由此入手方有进一步深入研讨的可能。岑文后部，正是通过列表比较，发现"除少数差点，如日程、方向等外，其书说中最不相容者，厥为岐兰之位置"，然后以岐兰为观测点，根据各国间相互位置及距离日程，逐一考订陀拔思单、罗利支、都盘、渤达、河没、沙兰（今耶路撒冷）、怛满等大食七属国之具体方位。

很显然，岑文最终对问题的解决并未依托更早史源之追考而完成，但指出当时条件下所能追考到之史料相互间的源流关系，却无疑出于一种"史源学"的思路。稍阅《唐会要》与《新唐书》相关文字，即可印证岑氏"小有异同"之说——《新唐书·地理志》与《唐会要》文字几乎全同；《新唐书·大食传》稍有变化，但所载各国相互位置及距离日程也大多一致。由此可见，追讨史源正是此文核心思路所在。不仅如此，岑仲勉还提出在面对史源相近或具同等信值史料的情况下，开拓此类史料深层价值的可能。

又如《南海昆仑与昆仑山之最初译名及其附近诸国》一文。该文主旨在于考订唐代"南航必经之途"的"金邻大湾"，及其旁之金邻国，亦即"南海昆仑"之实际方位。早在岑文之前，法人伯希和即撰有《交广印度两道考》（1904 年），费琅也撰有《昆仑及南海古代航行考》（1919 年，岑文称《昆仑考》），已就中国南海和印度洋地区的海路交通作了开拓性研究。然而岑文指出，伯、费二文并未注意到"南海'昆仑'（非西域昆仑），在我国实为再出之译音，非最初之译音也"，因而未能发见此"最初译音"，"故昆仑族之来源，尚不能阐发净尽"。缘此，岑仲勉利用"对音"方法指出，"昆仑"系"金邻"之音转，而"金邻之称，有史记载，可上溯至三国时代，且起自南洋，洎后本我国地理上之通俗语，遂蜕化为昆仑，久之，人因其肤黑，凡皮色相近者又均以昆仑呼之，南海昆仑一语之历史，大概如是"。此一结论及其"对音"方法运用之是非先不论，关键是如何考证"昆仑族"之真正起源，以及"金邻"之真实所在呢？岑氏于此恰另有一番"史源"追考的功夫和眼力。

关于史书中涉及"金邻国"之记载，岑文先引证《梁书》卷五四《诸夷列传·扶南传》，其中有扶南王范蔓欲伐金邻国一事。文章指出，《梁书》此段故实"今各书所载《扶南传》残文无之"，因而以为"大约取材于康泰《扶南传》"，并推断"金邻国"之名，三国吴时即已有，且与扶南相邻。由《梁书》所载故实，岑仲勉进而又追讨到三条史料：

一是刘逵（渊林）《吴都赋注》所引《异物志》，文称金邻国去扶南二千里。

二是《太平御览》卷七九〇所引《异物志》所载"金邻一名金陈，去扶南可二千余里"。

三是《水经注》卷一引竺枝《扶南记》所载"林杨国去金陈国，步道二千里"。

由此断定："金邻之名，确可上溯至吴，或且至后汉中叶；且知金邻一名金陈，去扶南及林杨各约二千里。"

然而，金邻四置若何仍未可知。岑仲勉又追考到《太平御览》卷七八八所引《隋书·南蛮传》（笔者按：今本《隋书》无此记载，《太平御览》所载应出自另一版本），以及《通典》卷一八八《边防典·南蛮下》，二书都记载由扶南渡金邻大湾，南行三千里，有边斗（一作班斗）、都昆（一作都雅或都军）、拘利（一作九雅或九离）、比嵩四国，"其农作与金邻同，其人多白色"。由此得出结论，金邻不仅是国名，且为湾名，金邻国即濒临此湾。又以扶南即今之柬埔寨，推定金邻大湾应即暹罗湾。同时，岑文更由上述四国及与之有关之顿逊、林阳（即林杨）、盘盘三国之地理考辑，最终考定"古金邻国之疆域，应为今暹罗西部迤西至下缅甸一带"。

反观岑氏此文可见，倘要考察金邻国其地所在及其四至，《梁书·扶南传》及《隋书》（《太平御览》所引）、《通典》之记载似已满足需要。那么，他何以又要追考刘逵《吴都赋注》、《太平御览》所引《异物志》，以及《水经注》所引竺枝《扶南记》？由文章的论证思路可以看出：

其一，成书于贞观十年（636年）的姚思廉所纂修之《梁书》、魏徵等所修之《隋书》，以及成书于贞元十七年（801年）的杜佑之《通典》，三本书在史源上来说不可避免有"血缘关系"，难以互作引证。

其二，三本书中以《梁书》为早（笔者按：姚思廉父察曾仕隋，本有初稿），但其《扶南传》一节又不见于他书残文，适为孤证。因此，岑仲勉实际是从史源追讨的角度，考察刘逵、李昉等书所引之《异物志》以及竺枝《扶南记》。刘逵系晋人，竺枝系刘宋时人，故所著皆较上三书为早。而刘、李之书所引《异物志》虽系简称，亦未见作者名，但岑仲勉以为其书或为东汉杨孚之《异物志》，但也不排除或为三国吴人万震之《南州异物志》，抑或吴人朱膺之《扶南异物志》等书的可能，总之至少可作为三国时期之史料来看。由这三则史料，岑仲勉断定"金邻之名，确可上溯至吴，或且至后汉中叶；且知金邻一名金陈，去扶南及林杨各约二千里"，从而为下文引证姚思廉等人之三书做史源上之证明。由此可见岑仲勉先生在追讨史源上所用的功夫及眼光。

实际上，岑仲勉在此文开头谈及"昆仑"系后出转变之译音时，已在"注释"中指出："昆仑二字，虽见《南州异物志》及竺枝《扶南记》，然不过左右大臣及国王之名号，非国称也。据余所见，以昆仑为南洋国族之称者，实始于林邑记（《水经注》卷三十六）之'昆仑单舸'。"其言下之意，即如果仅仅从"昆仑"这一专有名称的使用来考察，则较容易找到问题的答案，刘宋时佚名（托名东方朔）所撰《林邑记》早有记载。然而若想要详细考订其实际方位、作为国族之称得名原始，则史料表层之"史实"实不能满足要求。质言之，考察史地之名，如果仅仅凭据一二材料上偶合之记载，而不深入问题做详细的史源追讨，所得只能是一种表面之史实。这一点，对于今天日益发达的电子古籍检索手段而言，显然具有其现实针对性。

二、从追考"史源"到文献考据

以上二例的学术思路，在《圣心》所刊诸文中比比皆是，可见岑仲勉早年史地考订中所形成的"史源学"眼光。然而，岑仲勉的研究又不局限于此，而是在此基础上，更将学术目光拓展到"史源"追考所涉及的文献之考订上。即在史地考订中，他逐渐发现不少史料虽广为学人所知，也多有使用，但这些史料本身往往问题较多，缺乏细致、详尽的整理与考订，严重影响了学术研究之拓展。因而在早年史地研究追究史源的过程中，他往往会"顺带"做些校勘、辑佚、辨伪之类的文献考据工作。尽管目的或许不在于文献考据本身，然而其在"顺带"做这些文献考据工作的同时，也就逐渐形成了一种将追究史源与文献考据紧密联系的学术思路。

1933 年《圣心》第 2 期所刊《〈水经注〉卷一笺校》一文，堪称 20 世纪《水经注》研究史上一篇名文，曾深得陈垣、陈寅恪、胡适等赞誉。岑仲勉在 20 世纪 60 年代回顾此文时曾提到，他之所以致力于《水经注》卷一之笺校，起因在明人周婴《卮林》批评《水经注》"蹑法显之行踪，想恒流之洞渫"，"我为求指出其误会所起，才作《〈水经注〉卷一笺校》，同时因郦注此卷引用《佛游天竺记》文很多，且有不少异同，故就此等异同地方，顺带作校勘记多条，并非试图校勘郦注"。然而从文章实际来看，其所作又似并不完全合乎其"顺带"

的初衷。譬如文章对《水经注》卷一"释氏《西域志》曰：恒曲中次东有僧伽扇奈揭城"一句的校释，先指出"僧伽扇"（Samkasya）即《法显传》"僧伽施"之意译，然后考订曰：

> 明周婴《卮林》谓郦氏蹑法显之行踪，想恒流之洄洑，水陆未辨，道里难明，历举多事，俱与传大致相违，所言颇中其失矣。然周氏徒指郦注之误，未抉其致误之因也。……考注于拘夷那竭国之前……盖道元未履异域，惟采旧闻，安、显二书，一炉而冶，无怪乎东西互易，间有差违矣。若以今图诊之，则……此本注所引法显行经各国之方望大较也。

此处"若以今图诊之"之后，有一段较长的具体考订文字。从这一大段地理考订可见，虽然岑氏说目的不在校勘郦注，而只为纠正郦注因"未履异域，惟采旧闻"导致的诸多讹误，但就其"顺带"所做的这些工作来看，实即按"他校法"，以《法显传》及后世舆图来校订郦注。文章中此类例子不一而足，适可见其文献校订的学术趣味与考据工夫。

其实，岑文文首小序已明言其当日实际思路所在：

> 原夫道元之书，朱郁仪首启蓝缕，合全、赵、戴为明清四大家，后儒踵起，三百年来涤污荡秽，宜若廓霾雾而见青天矣。然试一展卷，则焉鸟亥豕，独有承伪，即许脉水功深，犹是考古力弱（此两句翻套杨氏语），因综平日手记较多之卷一，排比为数十条，书而出之，井蛙之见，敢云驾轶前人，正谓整理古籍，需功尚巨，读书者慎毋曰珠玉当前，遂退藏自馁耳。

所谓"试一展卷，则焉鸟亥豕，独有承伪"云云，完全是一种文献校勘之眼光，故而紧接之后才会提到"正谓整理古籍，需功尚巨，读书者慎毋曰珠玉当前，遂退藏自馁耳"。可见，固然岑仲勉本意在郦注所涉史地之考订，然而其潜意识中似乎又自然而然地关注对文献予以考据异同。而这一治学习惯，在同时期完成的不少文章中都有体现，在 1934 年 1 月由上海商务印书馆出版的成名作《〈佛游天竺记〉考释》一书中表现得尤为明显。

岑仲勉原已撰有《法显西行年谱》及《法显西行年谱订补》各一篇（后者刊于《圣心》第 2 期）。《考释·序》称原二文对其书所涉"今地之考证，仍弗备也"，故"去岁获毗氏翻本，亟取可采者录之，再于法显历程，通盘剖析，无意中乃发觉向来中外考据家一大错误"。这一错误，即后来学者过于轻信清代官修之《西域图志》，而此书实存在"计里未周，指方或昧，不克按图索骥"等诸多问题。所以，为纠正《西域图志》以来后人对西域史地认识上的讹误，岑书不仅就《佛游天竺记》一书中有关地名的"今地"予以详考，更就全书内容予以周密的笺注，以求为后人了解"显师辛苦跋涉之游踪"提供一全面可靠的史料。可见，如果说《水经注》卷一之笺校仍属一种"顺带"的工作，则《考释》一书已显然是有意而为的专书文献考据。

再如岑仲勉 1935 年 9 月所发表之《〈括地志序略〉新诠》（刊于 1935 年中山大学《史学专刊》 1 卷 1 期）一文。从文末所述"稿成阅岁"可知，此文大约写成于 1934 年。其出发点本为纠孙星衍辑本之偏——"不疑遗文之残错，即信《旧书》为疏略"，以致"两者冤同不白"。然而，岑仲勉以《序略》残文与《旧唐书·地理志》所载之地理沿革相参证，"择其各州之志无专条者，名有更易者，易生疑问者，谅系舛讹者，一一条解"，则显然正是以《旧志》来雠校《序略》。在该文中，岑仲勉更明确指出：

> 读古书而不得厥解，疑之诚是也，顾吾人未致其疑，先须求其所可是，求之不得，方伸我见，庶不至妄诋前人。盖旧籍中常有似误而未必定误者……尝见夫有清学者，好征斯志，大有非唐以前书不读之概，然征之者多，治之者少，学术所以不振也。辑本虽寥寥数卷，订讹正缪，要非易事；人有良田，草莱不治，人

有金沙，泥砾弗除，则亦何贵乎良田金沙者；整理之责，诚有望于爱读是书者矣。稿成阅岁，旅中多暇，爰写而存之。一九三五年秋九月，顺德岑仲勉（旅中未得取各本《初学记》互勘，所校《旧唐志》，又未克与甘泉宗贤刻本封照，俟他日再为之）。

从文中所述来看，岑仲勉对其时学界之疑古风气显然并不认同。他强调对古籍本身应予深入考辨，而不可轻易断为伪造了之；同时认为，对古籍的利用不能不辨良莠随便征引，而应充分注意对史料本身做详细整理，且认为史料整理不够，适成学术发展进步之瓶颈。清儒曾指出，治书之学非仅人受益，并书亦受益，亦即通过整理考订来开拓文献史料的实际应用价值。岑仲勉此处所述，正是这一思路的流衍。所说"整理之责，诚有望于爱读是书者矣"一语，已隐然透出其此后以整理古书为重要为学内容，亦即为现代学术之进步而致力于学术资料之考订整理的学术思路。正出于这一强调对文献予以整理的精神，其由追讨史源到侧意于文献考据的学术研究进路，最终得以形成。

第十八回

隋唐研究新天地
弄斧班门真学人

诗曰：

专精通识岂相违，
信步隋唐兀自归。
破俗班门倡弄斧，
夕阳最美是余晖。

史学界中人都承认陈寅恪、岑仲勉是隋唐史研究中相辉映的双子星。但岑仲勉先生对隋唐史研究所取得的辉煌的学术成就，引人注目之处，在于敢对名满天下的陈寅恪的学说提出不同的见解。古人说："于不疑处有疑，方为进也！"岑仲勉先生晚年在中山大学教授"隋唐史"，大力鼓励学生治学要有班门弄斧的勇气和担当。至于岑大师的隋唐史研究有何特色，且听张峰先生《专精与通识：岑仲勉隋唐史研究的特色》一文如何分析，以下是张峰先生原文。

岑仲勉治学领域广泛，成就卓著，而于隋唐史研究用力最勤，创获亦丰。他重视研究有关隋唐两代的重大史事，在"关陇集团"、两税法、牛李党争、府兵制、均田制等问题上均能做到史料翔实、考辨精审，于广征博引中剖析众家之说，然后创辟新解。其《隋唐史》虽为断代之作，但不囿于体例之限，在纵向和横向两个维度上均贯穿着通识眼光，反映了岑氏论史的卓识。新中国成立后，岑仲勉积极学习马克思主义基本原理，并努力使之与隋唐史研究相结合，从而使其学术研究臻于新境。发掘与总结岑仲勉隋唐史研究的成就，不仅有利于考察新历史考证学者治学路径的演变，而且对于继承先哲学术遗产、创新隋唐史学科发展亦大有裨益。

岑仲勉（1886—1961），广东顺德人，自幼受到良好的传统教育，"童年就塾，先伯即课习北碑，摹汉隶"。1908—1912 年，曾就读于北京高等专门税务学校，接受了西方自然科学的学习。之后，曾在上海海关、两广都司令部、广州圣心中学、上海暨南大学等机构任职。1937 年入中央研究院历史语言研究所，专业从事历史研究。1948 年入中山大学历史系执教直至去世。

岑仲勉一生笔耕不辍，著述等身，共有著作近 20 种、学术论文约 200 篇，留下了千万余字的学术遗产。其治学领域非常广泛，涉及先秦史、中外交通史、民族史、中外史地考证、古典文献学等，特别是在隋唐史研究领域，用力最勤，创新亦多，尤为学林所称道。如姜伯勤言："岑先生的全部成就中居于第一位的，却应该是隋唐史考据。"

作为一位新历史考据学家，岑仲勉治学深受乾嘉学者的影响，服膺高邮王氏父子，同时又接受了近代自然科学的洗礼，从而其隋唐史研究能够在资料翔实、考辨精湛的基础上，又见解独特，较之前人研究有深入与推进。新中国成立后，他积极学习马克思主义基本原理，在扎实考证的基础上，以唯物史观为指导撰写了《隋唐史》，开辟了隋唐史研究的新境界。但时至今日，学术界对岑仲勉隋唐史研究的贡献重视不够，这种现状不仅与这位学术大家的成就不相称，对于继承先哲学术遗产、创新学科发展亦为不利，因此对其隋唐史研究的成就以及论史的卓识进行发掘与阐释，具有重要的学术价值与现实意义。

一、隋唐史研究的深化与推进

20 世纪隋唐史研究的专著，最早当推日本学者大矢透的《隋唐帝国》（1932 年）与三岛一等的《东洋中世史》（1932 年）。中国学者后来居上，陈寅恪在 20 世纪 40 年代推出《隋唐制度渊源略论稿》和《唐代政治史述论稿》两部名著，利用西方新学理，提出新问题，开隋唐史研究之新风气。岑仲勉是另一位较早在此领域辛勤耕耘的先驱。他于三四十年代在史语所任职期间，发表了一系列有分量的隋唐史论文，受到学者的高度赞誉，称"岑仲勉先生治唐史用力最勤，创获亦多"。可以说，史语所时期奠定了岑氏隋唐史研究的基础。

1957 年，岑仲勉将其讲义整理为《隋唐史》出版，这是继陈著之后中国学者关于隋唐史研究的又一力作。该书"对隋唐两代的史事、人物、典章制度、民族关系等各方面都有具体的专门论述，并尽可能溯源探流，考证异同，剖析诸家论说，提出自己的见解"。本文通过剖析岑仲勉对"关陇集团"、两税法、牛李党争等对有唐一代影响重大问题的考释与评价，略窥其对隋唐史研究的深化与推进。

岑仲勉以考据见长，其撰文立论，资料翔实，考证严密。同时，其治学不囿于传统观点，往往通过扎实的研究，独具慧眼地对隋唐史领域的某些已有论断提出质疑。"关陇集团"和"关中本位政策"是陈寅恪在《隋唐制度渊源略论稿》和《唐代政治史述论稿》中提出来的用以分析唐初政治势力兴衰与消长的重要概念。其核心论点为：西魏宇文泰为与高齐、萧梁争霸，采取"关中本位政策"，并由此建立了"关陇集团"。陈氏认为，关陇集团从西魏至唐初一直处于统治地位，府兵制内重外轻的设置及对"山东士族"采取的压抑政策，都是唐初"关陇集团"实施"关中本位政策"的集中体现。从武则天时起，朝廷开始崇尚文章之选、进士之科，并破格用人，导致"关中本位政策"开始崩溃，"讫至唐玄宗之世，遂完全破坏无遗"。岑仲勉通过对唐初至武则天时期具体史事的考察，率先对"关陇集团"说提出商榷。首先，他指出唐太宗用人能够不拘一格，并未有"关中本位政策"之观念。岑仲勉通过对《新唐书·宰相表》中曾居太宗朝相位者25人籍贯进行考察，发现有18人"与西魏旧朝亦未见有密切关系"，"占宰相总数十分之七强"，这不仅表现在任相方面，用将亦是如此。其次，他认为武则天蓄意破坏"关陇集团""而代以新兴进士"的观点难以成立，因为"唐初已优待太原元从，太原不属西魏范围，如当时果持此一政策，是从龙之辈已受排斥，其立说脱离现实甚明。抑武后父士彠武德元年官库部郎中，实握财政出纳权，且是'恕死'者十六人之一，岂武后亦打击其本家耶？"最后，岑仲勉对陈氏所谓武则天时"进士之科为全国干进者竞趋之鹄的"的观点进行了有理有据的辩驳。岑仲勉翔实统计了武后时期任宰相者为73人，而"确知为进士或明经出身者只各得十一人"，"尚未见有偏向进士科之痕迹"。他进一步指出，武后之所以采用科举的方式选拔人才，实为"元佐凋零殆尽，不能不别谋选举之方，亦事势应尔"。

综上论之，陈寅恪提出"关陇集团"说，尽管有其重要价值、意义与影响，但亦不能掩瑕。诚如严耕望所言："陈先生提出'关陇集团'这个概念，对中古史研究很有贡献，他的治学长处在于能提出一个深具启发性的大见解，但往往过分强调新见解而走偏锋，自是他的短处。"岑仲勉在此问题上对若干史实的辨正，正是触及了陈寅恪学术的软肋。

无独有偶，继岑仲勉对"关陇集团"说提出异议后，黄永年通过对唐高祖和太宗时"功臣宰相名单"的考察，也指出"关陇集团在唐初高祖太宗两朝之不复存在"。雷依群等学者的研究亦证明，关陇集团"自杨坚以禅让方式取得北周政权后，此集团便不复存在，更不必待于武曌之破坏"。

这些观点恰好与岑仲勉之见遥相呼应，他们通过实证研究，勇于提出创新见解，和不同意见展开争鸣与交锋，推动了隋唐史研究的深入发展。

唐代实行的两税法，在中国赋役制度史上具有重要意义，尽管它实施的时间较短，却成为 20 世纪学者较为关注的重大问题之一。但"两税"所指内容为何？长期以来，学界多遵奉玉井是博及鞠清远所谓"两税"指户税和地税之说为圭臬。1951 年，岑仲勉撰文对"两税"问题提出新解。他通过考察陆贽的《宣公集》及《唐会要》等文献，指出陆贽和杨炎为当时宰相，所言"两税法"只提"租庸调"而不言"户税"或"地税"，由此可以推知"两税"并不包括"户税"和"地税"。因此他认为，在杨炎"两税法"之前的文献中即有"两税"之说，指"两度征收的，得称作'两税'。到了杨炎改制，定名'两税'，始由通名变作专名"，实质上是为了"适应当日现实的环境，把租庸调旧制加以错综的改进"，并无"两项税制"之含义。在《隋唐史》中，岑氏进一步丰富了原有的观点，认为"庸调敛于仲秋，租则仲冬起输，租布与庸调布分而为二，则租庸调亦可谓之'两税'"。由于观察视角与对材料的解读不同，两家之说难分轩轾，但岑仲勉观点的价值及意义在于，它打破了长期以来学界关于"两税法"的某种成说，有利于启发人们从多个维度去认识唐代两税法的内容及其由来，于隋唐史研究之深入大有裨益。

岑仲勉对牛李之争问题的研究，也是其隋唐史研究创新的一个典型。最早提出牛李党争分野，并以科第与门第做出解释的是晚清学者沈曾植，其后陈寅恪继作发挥。但岑仲勉经过考释后却发现传统所谓的"牛李党争"之见存在许多需要澄清之处。首先他详考典籍，通过细致的分析，指出李德裕无党。岑氏引《旧唐书·李德裕传》及《新唐书·杨嗣复传附损传》说明"牛李"的"牛"指牛僧孺，"李"原指李宗闵，其初意为当时人用以指斥牛僧孺、李宗闵结党营私，而后人不察，以为"德裕与僧孺不协，益令人误信德裕确树党与僧孺为敌"，在他看来，此尤应予以辨正。岑仲勉从李德裕两次执政推荐人员分析，指出如果李德裕树党，那么所任官吏必定会排斥牛党，但事实恰恰相反，李德裕推举的人才之中便有牛党分子白敏中、周墀及牛僧孺辟客柳仲郢等人；他又考察唐宋时期范摅、玉泉子、裴庭裕、孙甫等人的记载，均言李德裕"疾朋如仇雠""几于无党"，而对于牛僧孺之党，则言"朋党连结，率相期以死，权势熏灼，力不可拔"，从而亦说明李德裕无党。造成后世误解李德裕树党与牛僧孺为敌的原因，岑仲勉认为在于李德裕执政期间"奖掖孤寒""破朋党"，遂导致牛党对李德裕父子多有怨辞，以至于"在现存晚唐史料中，参杂不少"。而实际上所谓的牛李党争，"只是同一士族阶级内结党营私者与较为持正者之相互间斗争，并非'门第'与'科举'之斗争；因为争取'科举'出身，旧族与寒族并无二致"。值得关注的是，岑仲勉的见解对后来的研究产生了很大影响，如 1983 年乌廷玉的《唐朝杰出的政治家李德裕》与 1986 年田廷柱的《李德裕》均发挥了岑氏"李德裕无党"说。1996 年王炎平的《牛李党争》也"认为李德裕父子并未结党，并且把牛李之争定性为'朋党乱政和李德裕反朋党的斗争'，可以说是岑仲勉观点的引申与完善"。故岑氏之说不仅自成一家，在学界也不乏知音。

以上所论仅为岑仲勉关于隋唐史研究的几个方面，但据此即可看出，岑氏于隋唐史孜孜探研，成就卓著，推动了该领域研究的深入，被学者誉为"唐代文史资料的拓荒者"。

二、求"通"而不锢于"断"的论史卓识

岑仲勉虽然对隋唐史有专精研究，但从未限于此，而是有着开阔的视野与通识的眼光。他是一位极为广博的学者，其研究不仅贯通时间长，涉及范围亦甚广。在学术研究上，他主张读书贵在求通，不可专精过早："我们初步的知识要面积宽，种类多，既普而博，阅览时可能触发之机会便多，拘于局部则怀疑之机会便少。……记弱冠时朋辈论学，开首便以专哪一经、四史中专哪一史为问，然而刚能独立研究，基础未厚，便即进入专的途径，论求学程序，似乎是躐等的。"他又说："余以为读书贵得其通，不可呆板，通则开卷有益。"正是有着贯通的思想，《隋唐史》一书才能不为断代体例所拘泥，对隋唐时期一些典章制度的渊源流变，能够求其前后变化之因；对隋唐两代制定的一些重要政策，也能够以开阔的视野，运用联系的方法做出综合考察和分析。具体来说，岑仲勉在《隋唐史》中所贯穿的通识眼光，主要体现在以下两个方面。

其一，该著虽为断代之作，但对典章制度的叙述往往以专节的形式，探源溯流，将隋唐典章的继承与发展，置于历史发展的长时段中进行考察，借以说明其特点，此可谓纵通。对此，岑氏有着自觉的意识，他说："历朝制度、名物，每更一姓，虽必有所易，然易者其名，不易者其实。……故每论到典章、文物，非徒略溯其始，抑且终论其变，求类乎通史之'通'，不锢于断代史之'断'。"例如，他对隋唐府兵制的考察，尤为注重厘清问题的来龙去脉，颇具史识。传统观点认为，府兵制建置于西魏宇文泰，而岑仲勉通过对《魏书》《北齐书》等相关记载的考察，指出"镇"是兵队的驻地，"府"是兵队之源泉，故镇之外有府户。而"府户""军府"正是宇文泰建立府兵制的基础。他以联系的眼光考察到宇文泰曾做过北魏军官，对于北魏之军事组织相当谙熟，且当时他处于对抗东魏的交战中，不可能在风雨飘摇中建

立一种新兵制。为进一步说明府兵制的源头，岑仲勉进而指出，从出土的墓志来看，北齐也有许多兵府名号，而东魏与西魏共同继承北魏，这更说明西魏府兵制源自北魏。在对西魏府兵（附东魏、北齐）、北周府兵、隋府兵进行贯通研究的基础上，他对唐代府兵提出了一系列新见解：

（1）府兵不是普遍的征兵。

（2）府兵之主要任务为宫禁宿卫。

（3）唐代府兵不是兵农合一。

（4）府兵在原则上为世兵的征兵制。

（5）府兵是游牧社会的落后兵制，充兵者要自备许多物资，这一制度本身存在的矛盾致使府兵制不复继续维持下去。

综观岑仲勉所论，他将隋唐时期府兵制的特点同其渊源、发展相互联系进行研究，于通识中寓考辨，故能得出一些有创新价值的看法。

同样，岑仲勉关于隋唐时期均田制的论述也贯穿着明显的通识眼光。《隋唐史》中专设有"北魏均田之缘起及其制度""唐之均田"两节，对自北魏至唐的均田制进行深入的阐释，认为北魏实行均田制有三个促成条件：一是北魏之均田，实执行漠北旧俗之变相；二是孝文帝为争取本部族更多人迁至新都而实行均田制，实为南迁之跳板；三是均田之创制，基本为鲜卑人谋生计，也是在巩固其统治基础。但随着时间的推移，隋唐均田制发生了很大的转变，岑仲勉高屋建瓴地把握了均田制发展的脉络，指出均田制自魏始行，随着土地兼并的加剧，至隋唐交替之时已呈崩溃之迹。由于统治阶级基业未稳，不敢贸然取消。"逮唐承平既久，贵族土豪与官吏相勾结，益事兼并，王室要倚此辈为支柱，不愿过问，别一方面则权势逃赋，尽量转嫁于农民，远过其可能负担之程度，变成无田胜于受田，人反乐为浮客，均田之制，至是遂全部解体。"这不仅明确地交代了均田制的始末变化，而且对关于均田制解体的原因等问题提出了独到的见解。这些论述，同作者历史认识上的通识是密不可分的。

其二,《隋唐史》将隋唐史纳入广阔的地域背景下加以考察,运用普遍联系的方法,在开阔的视阈中分析了隋唐两代所面临的外交与内患,视角独特而新颖,此可谓横通。岑仲勉指出:"读愈古之史,愈须通晓世界史。""世界上无绝对孤立之民族或国家,对于其他民族或国家,彼此总会发生多少相互的影响。"因此,他在《隋唐史》中尤为重视对外事件。

例如,他在对突厥之起源、内争、分裂及其南附做深入阐释的同时,由突厥而联系与之交往的其他国家,将中外历史融入同一背景,表现出开阔的视野。在北周、北齐之时,突厥为害中原北部地区,得到大量缯絮锦彩,缯帛非漠北所适用,于是不得不向其他国家谋求销路。突厥人或栗特人以丝绢运往西方,自然要求较多的利润。然而波斯人处于中介,坐收渔翁之利,于是突厥谋求与东罗马直接交好。另一方面,突厥遣使波斯,使者却往往被毒死,长此以往,两国交恶。由于突厥攻打波斯失败,而突厥又与东罗马有着贸易上的友好往来,以致酿成东罗马与波斯二十年之战争(571—591),其根源则在于我国之丝业。故在岑仲勉看来,"我国与突厥境壤毗连,而突厥又与波斯、东罗马相通接,故中华、突厥、波斯、东罗马四个民族,是直接的或间接的互相依存,互相制约,有其最简单之联系"。

有论者认为,武后、玄宗两朝增兵,是为了"加强对被统治阶级者的武装镇压,又助长藩镇制度的发展"。对此,岑仲勉提出商榷,他从全局观点出发,指出唐之增兵,"首须明了初唐时期国际间之大势与夫国防情形之急剧转变"。唐太宗时期平定突厥,三方大致无虞;而高宗中叶以后,西及西南受到吐蕃的严重威胁,东北两番,亦时思蠢动。"为布置国防,大增边兵,自是环境所驱使"。加之武后、玄宗两朝的增兵都设在外敌可能入侵的要道,并非设在内地,故岑仲勉认为唐朝增兵是为"对人民镇压"的观点,并不符合事实。这一分析放眼当时唐朝所面临的外部形势,明确地指出了唐朝增兵主要是对外,而非对内。

综观岑仲勉的隋唐史研究，于精深的探研中贯穿着纵通与横通的眼光，这使得他与其他断代史研究者迥然有别，即在分析历史问题时，他能透过现象探寻本质，得出较为公允的、合乎实际的结论。由此，将岑仲勉的隋唐史研究概括为求"通"而不锢于"断"，比较符合其研究特色。

三、马克思主义指导下隋唐史研究的新探索

在学术思想上，岑仲勉并不故步自封，而是能够与时俱进，勇于接受科学世界观的指导。新中国成立后，他"虽然年事已高，依然努力学习马列主义、毛泽东思想，力图运用唯物史观来解决中国古代史的问题"。岑仲勉之所以能够欣然而顺利地接受马克思主义理论的指导，与其早年的生活阅历和学术经历密切相关。在青年时代，他自觉追求新知，受到革命刊物《浙江潮》及介绍资产阶级启蒙思想的《清议报》《新民丛报》的影响，曾为拥护辛亥革命的胜利果实而参与倒袁斗争；抗战时期，他虽然从事历史研究，却有着鲜明的现实关怀与经世思想，他在《明代广东倭寇记》《李德裕会昌伐叛集编证（上）》及《唐唐临冥报记之复原》等考证之作中，"表达了对日本军阀侵略中国的严正声讨，以及侵略者必亡的识见"。可见，思想随时代潮流而进，是新中国成立后岑仲勉能够顺利接受马克思主义理论，并自觉地与学术研究相结合的内在原因。

马克思主义是总结了欧洲近代哲学、经济学、社会主义学说及历史学最高成果的科学思想体系，它远远高于新历史考证学。作为新历史考证学家，岑仲勉"实事求是的治学态度，以联系的观点分析史实，以'通识'的眼光考辨史料的方法，都与马克思主义史学的基本方法相沟通"，因此易于接受唯物史观，"又因其比以往的学说具有更高的科学性和巨大的进步性而感到眼前打开了一片新天地"。他指

出："辩证唯物论及历史唯物论为目前亟须探究之一种科学，其学固甚精深，非仓卒可以卒业，要非令人不能不了解之学问。"同时又云："黄河尚可以根据马列主义的原则来改变，人们是有认识的，更应该应用马列主义来改造自己。"可见岑仲勉学习马克思主义基本原理是自觉的，并充分认识到了其学术价值。《隋唐史》的撰著，便较为集中地体现了他初步运用唯物史观指导历史研究所取得的崭新成果。

第一，拓宽了隋唐史研究的领域，自觉追求著述的体系性。新中国成立前，岑仲勉的隋唐史研究多为史料厚重、考证缜密之作，亦多集中于历史地理考证、交通史研究及唐代文人文集整理与研究等方面。新中国成立后，他不断拓展隋唐史研究的领域，撰写了《唐代两税基础及其牵连的问题》《租庸调与均田有无关系》《府兵制度研究》等涉及隋唐两代典章制度的名篇名著。尤其是《隋唐史》的撰写，在较为广阔的层面上反映了隋唐两代的政治、经济、军事、文化、科技、水利、交通、民族关系、商业发展与贸易以及社会生活等，从多个维度、不同方面反映了隋唐两代生产的发展与社会的进步，可谓隋唐两代之全史，与此前相较，研究领域大大开拓。尤为值得重视的是，在历史编纂上，全书分为 53 节，有 38 个表格、13 幅地图，内容大致以时间为序编写，而每一节又是"取法于纪事本末的体裁"，是作者在精深专题研究的基础之上完成的，"各节之间，往往指出其联系的性质"，从而使全书形成一个图文并茂、完整而又缜密的有机整体。

第二，透过历史的表面现象，探寻历史发展的规律性。国家统一是中国历史发展之必然所趋，但由谁来统一，在什么形势下能够完成统一，则具有很大的偶然性。在岑仲勉看来，隋之统一南北、陈之灭亡有着历史的必然性，而这一必然性又是由众多的可能性构成的。首先，突厥至开皇之初因内争、分裂而导致实力削弱，隋文帝得以招抚，遂使隋之统一无北顾之忧。其次，陈后主昏庸无能，手下又乏贤臣良将，以致统一北方不具备可能性。再者，自西晋短暂统一以来，南北朝长期分裂，致使社会发展缓慢，但分裂中也有局部地区的统一，为全国规模的统一蓄积了能量，至隋文帝时期，统一已成为大势所趋。最后，隋文帝即位之初便处心积虑地以平陈为目标，自身具备统一全国的才能，加之手下有韩擒虎、贺若弼等良将辅佐，遂能完成统一大业。基于以上分析，岑仲勉如是评价："分裂二百七十余年，而南北统一的成功落在隋文帝身上，那是属于偶然性。但就政治才干、军事布置上说，隋文帝比陈后主胜过许多，由于这一点，在某种条件上，他就成为统一南北的伟人；总之，他的活动，仍是历史必然性（南北统一）所促成。"

综观岑氏所论，他能看到统一是历史发展之必然性，由谁来完成统一的事业则具有很大的偶然性，由于隋文帝具备了统一的条件、把握了时势之发展，因此历史统一之必然性促成其来完成统一之大业。这种评论既从客观形势出发认识到了历史的演变和走向，也注意到了英雄人物在历史上的地位与作用，所论全面辩证而又互相联系，已触及历史发展的规律性，因而在对历史发展的深层认识上有所升华。

第三，将马克思主义基本原理与历史研究相结合，对事物的发展演进做出新探索。岑仲勉根据毛泽东的《实践论》，认为入唐以后诗格经历了三次实践的变化乃臻于完备，逐渐探索出诗格发展演进的新路径。他指出，唐代五言诗、七言诗是文人的鉴赏品，非群众的鉴赏品，缺乏音乐美感，直到国人将乐谱与诗配合歌唱，同时又创为平起、仄起等格调后，唐诗才真正踏上声律之途与乐复合，"是为诗格通过实践后之第一次变化"。诗虽然可唱了，但诗是整齐的，而乐谱是变化的，两者复合总有削足适履之感，遂文人在略微了解音乐之变后，乃长短其句法，使入奏之辞能与谱相适应，便构成了晚唐至宋代的"词"，"是为诗格通过实践后之第二次变化"。虽然经此次变化，诗与谱合，但能够通达诗、乐者仍属少数。当诗、乐能接近群众而仍保持着两者的配合，且于谱中间歇处插入说白时，便出现金、元时代"曲"之一格，"是为诗格通过实践后之第三次变化"。"此一连串的变化，系由'诗为主体'转入'乐谱为主体'之时期，诗格乃益臻于完备及美丽，是进化的，不是退化的，所谓'实践、认识、再实践、再认识'之循环也。"岑仲勉以实践的观点为指导考察自唐诗至宋词、元曲的演变，说明他将马克思主义的基本原理与历史研究相结合，上下贯通、互相联系，以辩证的眼光对事物的演变发展做出了新的探索，所以能够在学术研究上不断获得新创见。

第十九回

诗书礼义存千古
庭训绵长泽后人

诗曰：

巨擘星沉归故里，
青山垂泪湿衣襟。
谁云弦断音声绝，
庭训绵长复奏琴。

1961 年 10 月 7 日深夜，岑仲勉先生在写作时突然昏厥，不省人事，其笔坠落，书桌上的稿件散乱。家人连呼不醒，即急呼救护车，但已回天乏术。一代史学鸿儒巨擘撒手人寰，终年七十六岁。当夜月暗星沉，翌日阴云蔽日，接着滂沱大雨，似天地同悲，泣别大师之离世。

当年，笔者陪同先父前往广州东川路粤光公司参加岑仲勉先生遗体告别仪式。当时担任治丧委员会的要员有中国民主促进会中央常委、中山大学校长许崇清（兼任广东省副省长、教育厅厅长），中国杰出的历史学家、宗教史学家、教育家，时任北京师范大学校长陈垣教授等，还有诸多学者名流、省市领导，多个报刊记者与岑仲勉先生的亲属。

告别仪式后，岑仲勉先生的遗体入葬于天河区银河革命公墓（该墓建于 1956 年，专门安放革命烈士和牺牲、病故的国家干部、军人，以及为国家做出重要贡献的各界知名人士的遗体）。

仲勉大师仙逝后，每逢清明节，先父必带笔者前往拜祭。先父过身后，笔者继承先父之志，每逢清明节亦带儿子岑迪思前往祭奠。几乎从未间断，只在"文革"时期停歇了两年。闻先父说：有些人把仲勉大师当作"资产阶级学术权威"，并破坏了其墓碑，后来有外国学者要求前往拜谒，周恩来总理闻之，即急下电令：必须立即把墓园修复。修复后笔者依旧年年清明前往拜祭。如今的墓碑较新净，其左侧下葬了原副省长凌伯棠。

笔者与作家宁泉骋兄在撰书期间，也曾专程前往拜谒。当天我俩进入墓园，只见苍松翠柏，亭台掩映，宁静幽雅。我们拾级而上，找到仲勉大师的陵墓。其墓碑正面写着"中山大学教授、广东省人大代表"等字样，并有仲勉大师的瓷相，碑石下是一张长方形的祭台，周边用石栏杆围着。我们用一块洁白的新手帕轻轻擦掉碑石上的浮尘，在祭台上摆上水果，献上一束鲜花，虔诚地向遗像行鞠躬礼。

我们细细地端详着这位终生为历史而战的史学泰斗遗像：只见仲

勉大师身穿似是唐装的布衣，坐在书桌旁，桌上侧边、背后的书橱，放着满满的书籍，他遨游在书的海洋之中，凝神静思地翻阅着书本，全然不知晓他人在为他拍照。他可能把全部的身心沉浸在对历史的研究上了吧。他一生留下的照片很少，没有一张正规的照片。他面容清癯，有着宽阔的前额，笔直的鼻子下是方形的下巴，下颚脸颊上的胡子还来不及刮去。

我们想：这额头虽宽，但怎容得下那渊博的学识？其大脑沟回到底是怎样构成的？在纪念他的国际研讨会上，就有学者惊叹他惊人的记忆力："他笔下的唐代人物达两万多人，怎么会毫无差错地牢牢记住，且能逐一作全面、深入的考据，并纠正了史上的不少差错，可知当时是没有电脑的呀！即使是电脑偶尔也会出差错。再者，在那短短二十多年间，怎么能在诸多领域中游弋自如，发现问题，写出惊人的著述，为中华留下丰富的文化遗产？"

其笔直的鼻子不正透露出他那刚正不阿、方正为人的高尚人格吗？其下巴上的凹入处显示了他深厚宽广的包容性：或许受过一些委屈，但亦泰然处之。其简朴的衣衫正是他数十年来为治学而"甘受茅屋秋风之苦"（李培语）的真实写照。

他那深邃的目光与紧皱的眉心，正是对国家、民族忧患意识的流露：或许在思考还待完稿的专著，或许在思考历史上还待完善的问题，或许在思考怎样去栽培人才……这正是使命未尽身先死，长使学者满忧戚的表露吧。

观其一生，其内心的忧患意识绝不是只为其一己之私，为其子孙的。我与宁泉骋兄向大师报告了撰文的进展，祈愿他在天之灵得以安详！我们再次向其遗像鞠躬致礼，才依依不舍地离去。

我们在回家的路上回顾了仲勉大师的一生：他上承其曾祖，下至其伯父与众堂兄，受到良好家风的浸润。其家教渊源、家学渊源正是其成才的关键。其曾祖岑观旦（芥舟公）对其祖父岑逢年（瑞庭公）的教育是："其心要正，立志要大。""穷则独善其身，达则兼济天下。""多读书，读好书。"其祖父岑逢年的遗训是："藏书万卷可教子，买地十亩可种莲。"（见《柳庐诗钞》中的遗墨）"读圣人之书，行圣人之道。""君子务本，本立而道生，孝悌也。"其伯父岑雯常对他说："有经世之学，方有经世之才，他日才有经世之用。"仲勉大师知行合一，弘扬古巷（牛归古巷）精神，并把它提升到一个新的高度。

笔者在行文中再次翻阅《岑氏族谱》，其中有记载："瑞庭公（岑瑞庭，仲勉大师祖父；瑞庭公的堂名为'岑荣裕堂'）为纪念其父建祠堂一座，该祠堂命名为'芥舟祠'（曾位于原顺德电缆厂旧址，现该厂已撤，该祠堂应地处今梯云路——笔者注）祠中曾有多副家训式长联，其一为"祖有德，宗有功，用高曾之规矩；入则孝，出则悌，诵先人之清芬。"仲勉大师正是认真践行庭训的成功者。《孝经》有云："立身行道，扬名后世，以显父母，孝之终也。"《三字经》云："光于前，裕于后。"其意为为祖先增光，为后世造福，方能成就伟业。古训有言："在家为孝，在国为忠。"以此鉴之，仲勉大师可称为忠孝之人。

优良的家风，盛载着深厚的中华优秀传统文化，它可以育出人才。牛归古巷的先辈（笔者注：岑氏至粤是由岑尧俊为始，在中山四路桂香街曾有尧俊书院。岑尧俊在南宋期间与奸相贾似道斗争，被贬岭南。岑尧俊为进士翰林，一生为官清正。限于篇幅，本书不再详述）乃至后人均为良民，至今未发现有作奸犯科者：官场上秉公办事，高风亮节；经济上廉洁自律，一尘不染；学术上不畏艰辛，勇攀高峰；创业上脚踏实地，开拓进取；作风上光明磊落，沉稳低调。古巷精神好像是岑氏家族一条看不见的戒律，在警示着其子孙，如《易经》所云：君子"朝乾夕惕"。这应该是中华育人绝不可忽视的，且要大力弘扬之举。

笔者在此略述在古巷精神与仲勉大师的影响下，仲勉大师其子、侄、孙辈对"庭训绵长泽后人"所知晓的一些情况。

岑公棣是仲勉大师长子，岑君厚是仲勉大师的堂侄。据《顺德政协》载：他们在沦陷期，在新中国成立前为救国救民、振兴容桂教育做出不少贡献，甚至愿意冒着生命危险拯救当时的革命者。岑君厚于1945年任桂洲里村中心小学校长，1946年2月当选为顺德县第十五区教育学会副理事长。岑公棣为监事，并担任《十区教育半月刊》主编。新中国成立后，岑公棣于1956年、1958年当选为顺德县第二、第三届人大代表。

岑公汉（陈克）为仲勉大师次子。他继承了仲勉大师忧国忧民的思想，有着极其强烈的国家、民族使命感。他在91岁时所写的《我的小传》中说："我幼年时受过良好的中国传统教育……在父祖两代都是研究历史的家庭，读过国耻史，深知国家备受列强欺侮，与列强订立了许多不平等条约，每念及此，心情极不平静。我牢牢地记着'天下兴亡、匹夫有责'这句古训，以立志救国，为国雪耻为己任"。他在16岁时（1935年）和同学一起参加风起云涌的"一二·九"运动。青年时期他投笔从戎，加入地下党工作，曾任武装工作队要职，出生入死，艰苦卓绝，立下不少军功。他曾三次被国民党通缉，仍坚韧机智地与之斗争。他于89岁高龄时荣获国家"开国将士"殊荣。

最难能可贵的是，新中国成立后，他在多个岗位上任领导工作，但"在历次政治运动中，他正确执行党的方针政策，坚持实事求是的原则，不看风办事，不搞阶级斗争扩大化。在他手上未出现过冤、假、错案。……20世纪80年代返回顺德之时，正值顺德的乡镇企业大发展急需各类科技人才。他以江西冶金学院前任副院长身份……从江西先后向顺德企业输送了三四百名大学毕业生，为顺德经济发展作出了很大的贡献"（摘自顺德冠力人力资源服务有限公司党支部相关介绍）。他虽享有正省级的待遇，但随和低调，从不摆官架子。他生活甚为简朴，每到广州，均住在其堂弟岑公亮简陋的家中。到广州也必约笔者一起畅叙亲情。在病危时，他坚持不入住近在咫尺的高干医院省级大楼，而是挤在六人的普通病房之中。他继承了仲勉大师艰苦朴素的优良传统。这是血脉之传承，令人敬佩。

岑公万是仲勉大师的堂侄，集义善社最后一任董事长岑仲文第七子。他长年为科学和平事业奔波于多国之间，立下不少功劳。为此他荣获由国际科学与和平周中国组委会颁发的"和平使者"称号。其所获奖牌中，有当年中央政治局常委乔石的题字。这确是一大殊荣。

任彻（原名任笑天），为仲勉大师堂侄婿，他早年参加中国人民解放军第四野战军，从战士到军官。他先后参加过辽沈战役、平津战役，浴血奋斗，为新中国的成立立下汗马功劳。后因积劳成疾，加上南下水土不服，出现严重胃病，被迫转业，先后在顺德、夏茅、韶关等地任领导工作。他青年时期曾多次前往牛归古巷，并与仲勉大师多位子侄交往不浅。他极欣赏古巷精神，后来与仲勉大师端庄秀雅的堂侄女岑秀蕴喜结连理。

至仲勉大师的孙辈，虽已隔代，且长大后均已离开牛归古巷，但古巷精神及岑家的家教、家风、家学已融入他们的血脉之中。仲勉大师的光辉仍照耀着后人。下文，笔者只据所知略做概述。

岑世翊，岑公棣次子。虽读书不多，但他承传了祖父发愤自学、励志不息的精神，不断升华自我。他起步较低，但从不摧眉折腰，从不依傍关系，脚踏实地，刻苦勤勉，在工作中奋发自强，多次荣获先进工作者奖，以及优秀党员称号。观其工作轨迹，可知他奋然前行的历程：从勤杂工到烘茧员，到仓管员，到出纳员、会计，成为国家干部。他先后任广东省丝绸公司顺德市公司勒流收茧站副站长、站长，到丝绸公司容桂茧站站长，并兼任丝绸公司与外商合资的宇顺丝绸制衣厂副总经理，数十年来为丝绸事业做出不少贡献。

岑世丹，岑公汉长子。他继承了其祖父经世致用、求真务实的精神，并把这种精神融入"顺德把工业经济发展为领头羊"的思路中，与时俱进。他竭力引进高新科技，敢为人先，努力开拓，不断探索民营企业发展之路，取得了卓越的成效。

我们翻阅其工作履历，可以看到他艰苦开拓之成功路径。他于

1987 年加入科龙集团，先后在冰箱厂、电子公司做员工、组长、副科长、科长、副部长、部长。

2003 年 7 月，他与朋友共同创建了佛山市顺德区美泰电器公司，该公司以 100 万元起步，经过 8 年的努力，年产消毒柜近 20 万台，产值 1.2 亿元。

2011 年他将股份转让他人，转行做其他电子产品，其间任董事长、总经理。

2006 年 11 月，他与朋友创建了佛山市北川电子科技有限公司，并任副董事长。

2007 年 7 月，他与朋友创建了广东奥泰电气实业有限公司，并任董事长。

2011 年 11 月，他成立了广东吉宝电器科技有限公司，以智能电热元件、配套集成控制电路，颠覆了传统的发热元件，且广泛地应用到多种家电之中，成为研发、生产、销售一体的生产制造企业。其间任董事工作。

笔者与宁泉骋兄参观了其工厂，并试用了他开发的产品，大开眼界。他十分支持本书的出版，他与其弟岑世红接待我们时说了一句令人折服的话："没有做不到，只有想不到！"其言其行已吸取了古巷精神的精髓，延续了其祖父不断进取、经世致用的思想，也弘扬了其曾祖岑元驹（岑雯公的弟弟）注重实学、善于理财的风格，并把它注入顺德发展的进程中，运用到实业强国之中，争当勇于开拓的时代弄潮儿。

出生在牛归古巷、仲勉大师的堂侄孙岑玉萍与丈夫王晓充分发扬古巷瑞庭公的创业精神与践行仲勉大师经世致用的思想，在养殖事业上开拓出一片新天地。时值当年（1985 年 1 月）中央一号文件《关于进一步活跃农村经济的十项政策》发布，"要求把农村经济搞活"。借时代改革的东风，王晓、岑玉萍勇当弄潮儿，于 1985 年分别放弃了橡胶厂技术厂长的公职、国家单位工作的职务，放弃了舒适的城市生活，带着年仅 16 岁的儿子王晟等 6 人，仅凭 900 元积蓄在广西合浦县一块荒凉的山坡上创办以养鸡为主的养殖场。多年来他们几经艰辛，历尽波折，天道酬勤，终于玉汝于成，成为"广西养鸡大王"，并竖起广西农村发展的一面鲜明的旗帜。

如今，他们创办的广西凤翔集团股份有限公司已拥有 32 个全资与子公司。其名优产品"叮当鸡"驰名全国，销售至广东、广西、四川、贵州、重庆、云南多个省区，并建立了集育种业、养殖业、饲料业、屠宰加工业、物流营销为一体的全产业链经营模式，成为"从场地到餐桌全程无公害食品可安全追溯"的宏大企业，其养殖场成为"国内鸡标准化养殖示范基地"，其企业获"国家级农业产业化重点龙头企业""全国农产品加工示范企业""广西百强民营企业""中国畜牧业协会副主席单位""中国畜牧业协会禽业分会会长单位"等多项国家级殊荣。

多年来他们穷且益坚，不坠青云之志；富而不骄，不忘兼济天下。他们带动了广西、云南、贵州、四川等地数万名农民走上养鸡致富之路，实践了他们提出的"优质品种，富裕万家"的口号。其合作联结模式再带动农村数万户，每户利润达 6 万 ～ 10 万元；在 2020 年新冠肺炎疫情的严重影响下，为确保养殖农户的利润，公司支付了高于市场价的回收费 6000 万元。在公司的引领下，两广及云、贵、川、湘等地的合作农户实现了脱贫致富的梦想。他们先后盖上楼房，开起小汽车。近年来，他们以个人名义或公司名义向社会各界和群众捐款、捐物约 500 万元，在"万企兴万村"等活动中帮助贫困户 6000 多人，累计投入扶贫资金 1100 多万元，可谓义薄云天。从中我们隐约看到当年大灾荒时岑瑞庭公的济民义举。为此，北海市副市长亲自上门赠予他们"博爱"牌匾及证书，同时，他们的企业荣获"广西扶贫重点龙头企业"等殊荣。

历经创业艰辛的王晓、岑玉萍临终前成功地交班给儿子王晟。王晟继承了父母之志，在原有基础上，踏上更高、更广、更深的开拓之路，取得了耀人的佳绩，并引起国家的关注。前几年央视二台（经济台）对王晟做了深度采访及报道。近年，王晟在合浦拓展了更大规模的现代化、自动化、科学化养猪工业。由于在经济上做出了重大贡献，他被选举为广西政协委员，并兼任中国畜牧业协会副主席等多个要职。

在此，笔者祝贺他们的成功！深望他们继续承古巷之庭训，为家、为国取得更大的成就，做出更大的贡献！

岑久根，仲勉大师的堂侄孙（岑君厚的长子）。他出生于牛归古巷，自小在古巷精神的浸润中长大。他在科技领域中发扬了仲勉大师经世致用、求真务实、格物知致的精神。数十年来默默耕耘，向中国科技高峰攀登。他参与过我国多项高科技研究工作，为国家与民族的强盛振兴做出了不少贡献，取得了骄人的成就。他最初就职于中华人民共和国冶金工业部，后因国际形势的影响，迁往广西桂林。他是中国有色金属总公司、航空地球物理的创始人。退休前在中国有色金属总公司矿产地质研究院工作，历任总公司航空地球物理探测室副主任兼总工程师，研究院技术委员会主任，研究院党委委员，研究院职称评定委员会委员。其学术职务有：中国仪器仪表学会地质仪器学会理事、中国物理学会会员、联合国科技文组织协会之工程师协会会员，是教授级高级工程师；被特聘为广西三项基金（科学研究基金、青年科学研究基金、归国人才科学研究基金）评定委员会专家、中国高新技术企业风险评估委员会特聘专家。

岑久根曾参与并在航空等多个科学领域创造出不少骄人的成果。

岑久根可以说是成功地运用古巷精神，从社会人文科学推向自然科学且获成功的开拓者。

同样向自然科学进军，且颇有成就者还有仲勉大师的堂外甥孙任遥遥（任彻、岑秀蕴的儿子）。他就职于武汉大学，任物理系副教授。多年来他为该校本科生讲授五门材料类课程，为硕士生开展材料微观组织结构类课程。在科研方面，主要着力于高温合金性能与化学成分、微观组织结构之间的研究。他在国内期刊发表学术论文四十多篇；获材料测试类专利七项，其中发明专利两项，实用型五项。可见牛归古巷之后裔又出现一颗耀眼的自然科学界的明星。

除经济学界、自然科学界外，牛归古巷还诞生了一位特殊人才——文物收藏家、鉴赏家岑世英。他是仲勉大师的堂侄孙（岑公万之子）。岑世英至今收藏的古董有瓷器、玉器、铜器、家具、字画等一万多件，藏书近万册。笔者曾到他家拜访，但见满屋均是珍宝，令人目不暇接，件件藏品都闪烁着中华璀璨历史文化的光芒。

岑世英从事古董藏鉴工作数十年，练就了超凡的鉴别能力，还有一双能识别真伪的火眼金睛。古董界人士称他"三米远距离便知真假"。

文物鉴藏家一般要经过系统的学习和长期经验的积累，需要广博、专深的历史知识、文物知识、古文字知识，以及相关的自然科学知识，相关的现代科技方法，还需识别作假的种种技巧……经过岑世英的刻苦自学、反复琢磨，他逐渐掌握这些技巧。这正是发愤忘食的古巷精神、仲勉大师自学精神的再现。

由于卓越的藏鉴造诣，岑世英曾于2005年在容桂图书馆举办顺德首个名为"世宝阁藏品展"的展览。2006年又在容桂文化站展厅举办了"岑世英红色收藏品展"。两个展览均获得社会极高的评价，有力地带动了整个顺德收藏鉴赏事业的健康发展。更难能可贵的是，他还帮助了不少人，减少了他人的损失。2008年6月，《南方都市报》对他进行了整版的专题报道。有关电视台等多个媒体也对他做过专门采访和报道。广州市原市长黎子流曾专门为其店题字。现今，他成为广东省收藏家协会会员、顺德鉴藏家协会副会长、容桂鉴赏协会常务副会长。

令人感动的是，岑世英对岑氏的源流不断进行广泛深入的探究、考据，犹如仲勉大师爬梳剔抉，不厌其烦地考据浩瀚的文史资料。为宣传所崇拜的仲勉大师，他千方百计地购买仲勉大师的作品，收藏了有关仲勉大师及其子孙的种种资料，甚至连仲勉大师生前一封残缺的信函也不放过，他已成为岑氏家族的"档案馆"。他听说有关部门可能要建岑仲勉纪念馆，便准备无私地为未来的展馆捐出部分资料及书籍。除高度肯定他鉴藏的专业水平外，我们更欣赏他极富家国情怀的义举。对本书的不少照片及有关资料，他提供了不少帮助。

同样是优秀的自学成才者，受仲勉大师影响较深的还有仲勉大师的堂侄孙岑世祯（他是曾与仲勉大师在圣心中学任教的堂侄岑君觉的次子）。

岑世祯起步较低，工作之初他只是一位未经师范培训的普通高中毕业生，被派到广州较偏僻的小学任教，但他以仲勉大师为榜样，一生奋发自强，刻苦自学。他任小学教师期间，在全市公开课中获得较高的评价；他义务为广东省教材编写组编写了从小学三年级到初中的语文教学参考书，供全省教师使用；并为全区小学附设初中的全体教师开设讲座。由于他业绩突出，被调到区教育局负责全区语文教学工作。他从教 40 多年，教学跨度甚广：小学教师—初中教师—中师教师—大专教师—客座教授、研究生导师。其职务也从偏远的小学教师到任广州荔湾区教育发展研究院（原教育发展研究中心）党政一把手，并兼任教师进修学校校长、教学研究室主任、教学科研所所长、党校副校长等职务。在职期间，他被广州市原市长聘为广州市关心下一代工作委员会特约研究员，兼广州市多个教育学会的副会长，中国未来教育研究会会员，广东省高级职称评审委员及学科负责人，广东省特级教师评审委员会委员及学科负责人，香港灯烛教育协会客座教授，广州师范学院（后并入广州大学）研究生导师。在教学实践上取得了显著的成果。

在理论上，他写下了多部论著，估计有 200 多万字。在中外期刊上发表了多篇优秀论文。有的论著已成为高校教材，有的成为广东省教师培训用书。他的学术论文在教育界产生了一定的影响：有的刊于中央科研所主编的最高级别教育刊物《教育研究》上；有的被中国人民大学《复印报刊资料》全文转载（用以评价全国刊物的指标）；有的被用作全国名师培训的必读论文。他的一些优秀论文经国际语文学术委员会评价鉴定，两次被选为会议论文，组织方特邀他参会宣讲论文，其论文被翻译成他国语言，收入国际会议论文集中。此外，岑世祯在教学上涉猎的面也较广。例如，他与广州市高教处冯国文教授、徐楚知校长合著的《广州美育大纲》被评为全国各省市最优美育大纲，被广东教育学院等用作教材。

他如同仲勉大师那样"弄斧要向班门"。由于身戴心脏起搏器，不敢多用电脑，因此他对电脑不太熟悉。但当全国重点课题"认知码语文'四结合'电脑教学研究"在广州市召开全国研讨交流会时，要求广州市语文教学专家均要逐一讲课。当时岑世祯只是专家重点提名人，未及正式评出。岑世祯得知被要求做首个报告，他对该项研究一无所知，按理是无法完成的，且要面对全国历经数年研究的专家们讲课，更是为难。但勇于挑战自我的岑世祯竟答应下来，他要求先听两次课，以了解该研究到底是怎么一回事。岑世祯回到家里便开始着手收集该项研究的全部资料，彻夜研读。只听过一次课的他，很快便拟出要讲授的内容。他把要讲的内容纲要通过电话请教广州市某电教专家，竟获高度肯定。数天后，岑世祯便在广州电教馆做了两个小时的录音报告。意想不到的是，他的报告竟得到专家的高度认同。报告既肯定了该课题的优点，亦客观科学地指出其不足之处，且提出今后该项研究应走的方向。后来岑世祯的报告被转至北京全国课题负责人何克抗教授处，何教授极为赏识，不久他给岑世祯发来电文云："万分感激您的报告，解决了困惑了我们多年的难题，今后该课题就按此思路开展研究下去。"此后该全国重点课程开辟了一条新路径，并获得丰硕的科研成果。

经过数十年的治学研究，岑世祯已成长为一名优秀的专家型教学工作者。其论著、论文多次获全国、省市级教学科研成果奖；其本人荣获全国曾宪梓教育基金二等奖〔刊于当年《人民日报（海外版）》

上]；两次荣获省政府立功奖，获省特级教师、省与市优秀教育工作者、"南粤优秀校长"、广州市自学成才标兵、拔尖人才等称号，并经荔湾区政府审定获政府特殊津贴。

退休后，岑世祯仍自强不息、壮心不已。他继承祖上遗风，深入研究书法，经多年临池，他多次在全国性书法及绘画赛事活动中获金奖，并获"中华人民共和国一级书法家"称号。 2022 年，在他太太、儿子及儿媳的支持下，他在广州文化公园文荟馆举办了大型书法个展，并出版了《七秩启航》一书，引起社会的关注并获多个媒体报道。该书"自序"提出了较新颖的"书法生命哲学观"等观点，被有关专家认为是颇有价值的书法理论学术文章。其序文先被广州国际艺术博览会在《今日头条》推送，后又被《广府人》杂志刊载，并发行至世界 60 个国家与地区。2023 年 12 月，他在第 28 届广州国际艺术博览会中荣获组委会授予的"第二届 GIAF 国际艺术大奖"之"艺术贡献人物奖"。此外，岑世祯闲暇之余写下不少诗词，并在有关报纸杂志上刊载。

其诗词纵情歌颂新时代、新风貌，体现了他经世致用、服务社会的思想。其中讴歌抗疫英雄、白衣战士的诗篇被广东省中医医院等多所医院使用。他为养老院撰写的诗作挂在养老院墙上抚慰着老人的心灵。岑世祯默默地为社会奉献了一股正能量。

岑世祯身上体现了其祖上"集义善社"精神及仲勉大师家国情怀、民族风骨之义举。

在岑世祯首次应邀赴港参加"国际语文教学研讨会"宣读论文后，即从香港某大学校长手上接到一封信函，函中的内容是：傍晚在某时某地用轿车接他往半山别墅赴家宴，署名是外国女士的名字。岑世祯即问其所以。对方答道："这是英国会议主席太太发出的特邀函。"岑世祯即约请其他四位国内学者同往（注：该届学术研究会，经国际学术委员会审定，我国只有 5 位通过）。但他们均说："没有接到此函。"岑世祯立即想起出发前，省安全厅与他单独约谈的话，他即时做出了承诺。岑世祯想到此，即取纸笔用英文写了复函。其函云：“承蒙盛邀，因本人有病在身，不便前往，请见谅为盼。谢谢！”并请该校长转交。自此，那位校长再也没有出现在岑世祯的身旁。这犹如当年仲勉大师力拒法国学者要求高价买断其版权之风骨。

其实这种义举在岑世祯身上已发生过多次，如力拒他人免费送其儿子前往美国学习；在“文革”时冒险保护学校，以一敌众保护被外地串联者殴打的校内所谓的“牛鬼蛇神”；当一把手时，力保极可能被极“左”分子伤害的同事……其路见不平愤然相助之事也不少。岑世祯遵祖训、尽孝悌之事，可为楷模，在此不一一赘述。

以上只就笔者所知略做概述，肯定有不少遗漏。至于流散于海外的诸多岑氏后裔，尤末届翰林岑光樾的后人，听说成才者甚多，且成果丰硕，可惜已失联多年，无法了解到具体情况。即便如此，从以上所列亦可见，仲勉大师虽陨，古巷虽残，但其精神尚存，如弦断而音未绝，庭训延绵。从中我们也可以了解到自古以来中华耕读文化的重要，优良家教、家风传承之重要；也了解到岑仲勉成为大师的根由。

笔者行文至此，有感即吟一绝：

> 古巷牛归传火薪，清芬庭训更弥珍。
>
> 芝兰璀璨今犹在，育出中华筑梦人。

《三字经》之所谓“光于前，裕于后”的“于后”应不仅是古巷的子孙，其古巷精神、大师遗风更应造福于我国人才的培养、民族的振兴、国家的圆梦！

让我们倍感欣喜的是，在改革开放中，敢为人先、勇当时代弄潮儿的顺德已把岑氏故居列为重点文化旅游之地，现待开发。在县志上已写上顺德岑瑞庭首创的“集义善社”；在梯云路上挂上“牛归古巷”“岑氏故居”“翠竹岗”（岑氏祖墓地之一）“桂洲村史馆”等路标。在牛归古巷十一号、一号墙上分别竖上“岑光樾故居及其简介”“岑仲勉故居及其简介”的牌子。

更让人欣喜，且有待进一步开发的还有现在顺德的“四基小学”，该校校史注明：学校始建于 1935 年，原名“永昌小学”。经考据，该校是由岑元骧（号岑雯）长子岑光墉（字善伯，仲勉大师堂兄）创办并任首届校长。该校 1950 年更名为"四基小学"，于 1996 年迁至现址。

1935 年岑光墉为何创办该校呢？

其一是受儒家思想影响，《学记》云："建国君民，教育为先。"其意为：建设一个国家，使国家得以文明治理，应把教育摆在最优先的位置，并将其作为重要的事情来抓。

其二是当时国内处于动荡时期，国民党要"剿共灭共"，中共长征，召开遵义会议。岑光墉觉得教育应因时而化，不要只停于私塾的之乎者也，而应注以时代的精神、时代的内容，让受教育者接受新的思想、新的文化。岑光墉本人初期受业于著名学者简竹居，后来受新思潮的影响就读于政法大学。他创办永昌小学，并亲任校长，正是要改革当年的乡村教育。

其三是重视子孙后代的教育，重视对村民的教育。永昌小学最初所收学生，先是岑家子弟，再而是相关亲属，最后是广收当地儿童。岑光墉对求学者一律不收分文学费。这也是他的一项社会义举之一。

"建国君民，教育为先"至今仍是国际上一个重要的议题，也是我中华要圆梦的一个重要策略。

综上所述，也是全书之宗旨，即以教育去优化人才，教育必须切合国情。我国有数千年优秀文化传统，应在继承中去完善，优化人才的培养路径，早出、多出大师级人才。最后想引用习近平总书记的话语作结：要把"跨越时空，超越国土的中国文化传承起来"，"把其中蕴含的精神鲜活起来"。"提高国家文化软实力"，"展示中华文化独特的魅力"，这"是一个国家、一个民族传承和发展的根本，如果丢掉了，就割断了精神的命脉"。

附　图

岑仲勉祖父岑逢年（字瑞庭）

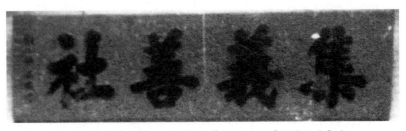

岑逢年在顺德县首倡办"集义善社"（见《顺德县志》）

順德桂洲原岑氏芥舟祠牌匾［岑仲勉伯父岑元驤（号雯）所題］

岑仲勉伯父，著名金石家、詩人兼書法家岑雯遺墨

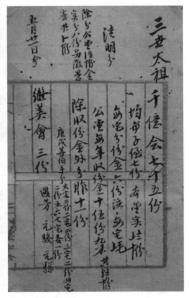

岑仲勉堂兄、岑霅长子岑光墉（字善伯）
（他在顺德桂洲首建免费入学的"永昌
小学"，现称"四基小学"）

岑光墉遗墨

岑仲勉堂兄、岑霅次子清末翰林岑光樾

清末政府赠岑光樾牌匾

岑光樾遗墨

历史名人岑学吕为同宗兄弟岑光樾照片题字

岑仲勉堂兄岑光樾与同年中翰林的部分学人合照

史学大师岑仲勉

1937年，史语所同仁在长沙圣经学校合影（前排左起：岑仲勉、傅斯年。中排左边：全汉昇，右边：吴相湘。后排左起：王崇武、陈述、劳榦、姚家积）

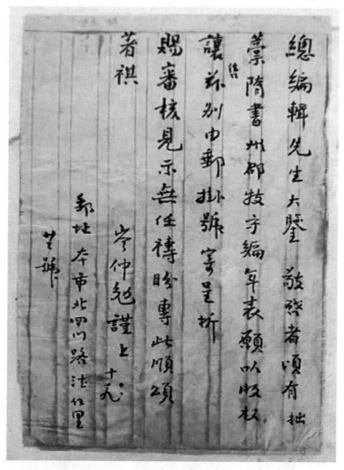

岑仲勉遗墨

岑仲勉遗墨

岑仲勉的大太太潘桂霞（1888—1970）

岑仲勉的二太太梁韻笙（1901—？）

岑仲勉的三太太陈淑娴
（？—1968）

岑仲勉的四太太张惠芳
（1903—1988）

岑仲勉与家人
（左一为岑仲勉，中间为岑仲勉母亲）

岑仲勉的出生地顺德桂洲牛归古巷
（因诞生过多位名人学士，已成为当地文化旅游
胜地。其遗迹图已印在明信片上）

竖立在顺德桂洲梯云路的岑
氏故居路标

顺德桂洲牛归古巷十一号岑光樾（清末翰林）故居
（站立的是岑仲勉堂侄孙，著名文物藏鉴家岑世英）

顺德桂洲牛归古巷一号岑仲勉故居

岑仲勉长子岑公棣

岑仲勉次子陈克（岑公
汉）

全家福

（前排左起：保姆、岑仲勉三太太陈淑娴、岑仲
勉二太太梁韵笙及岑仲勉孙岑世紫、岑仲勉孙岑
世丹。后排左起：岑仲勉次子陈克、陈克夫人卢
盛玉、岑仲勉养女岑德贞）

岑仲勉堂侄岑君觉与邓碧君结婚照

（后排左一穿白色唐装的是岑仲勉堂兄弟岑伯阶，左二是岑仲勉堂侄岑君
厚。中排左一是岑仲勉堂侄女岑秀蕴）

岑仲勉次子陈克（岑公汉）
退休后与亲人合照
（左起：岑仲勉堂侄岑公
燮、岑仲勉堂侄岑公凯、岑
仲勉次子陈克）

本书作者前往顺德参观岑世丹
工厂留影
（左一为作家宁泉骋，中间为
作者岑世祯，右为岑世丹）

岑仲勉孙岑世丹、岑世红在顺德热情款待本书作者
（左起：岑仲勉孙岑世红、作家宁泉骋、岑仲勉再传弟子谭世宝教授、岑仲勉堂侄
孙岑世祯、谭教授太太、岑仲勉孙岑世丹）

经多年的努力，《史学泰斗岑仲勉》一书终于问世了，终于可以告慰九泉之下的仲勉公了。我们希望陋作能为史学界献点绵力。

我们十分感谢中山大学历史学系主任安东强教授、万毅教授、曹天忠教授，中山大学出版社以及为此书出版做出奉献的各位人士。

在此要说明的是：写仲勉大师之书必定要叙述他在史学界取得的辉煌成就，即其丰厚的论著，而其论著广博而深奥，我们一非史学中人，二已年届耄耋，三是身患数疾，无法通读其著述，遑论生发富有价值的独到见解。故在陋作中涉及其论著成就时，只得广泛地收集、研读多位史界学者对仲勉大师论著的评述，并在书中引录多位名家颇有见地的论文。按著作权法的要求，所录必须得到原作者的授权。笔者在请求授权的过程中，深切地感受到我国史学界是具有高尚人格的群体。授权给我们的学者们那古道热肠、尊师重道的优良品格让人感怀至深，借此作些概述并表谢意。

陋作录入的论文十多篇，其作者我们无一相识。那怎么去联系他们呢？又怎么去取得他们的授权呢？这确是一大难题。正当我们茫然之际，仲勉大师的再传弟子万毅教授及时给予指导，并让笔者与论文作者之一的时任广州市博物馆馆长程存洁教授取得联系。笔者即按图索骥，登门拜访程馆长。程馆长原来也是仲勉大师的再传弟子。他一听来由，即表示大力支持，取笔写就授权书。当谈及仲勉大师时，程馆长即转入房间请出他那近九十岁高龄的岳父傅举有先生与笔者见面。傅举有先生是湖南省博物馆原副馆长、研究馆员。傅馆长兴奋地握着笔者的手说："我也是仲勉先生的研究生。"他深情地回忆在中大学习时的人和事。"令我最感遗憾的是：仲勉先生曾送给我一幅用宣纸写的书法信函。"他用手比划着信函的大小，带点悲戚地说，"后来由于迁居，不慎遗失了，想来甚是可惜！"

他们翁婿俩极盼能早日看到我们的陋作，并希望在书中多附些旧照片，更希望合力打造一座"岑仲勉纪念馆"。为避免笔者走弯路，程馆长在笔者与傅馆长交谈期间，用手机联系上需授权的中大林悟殊教授与陕西师大拜根兴教授，并嘱：林悟殊教授年老体弱，只能在中午十一时左右与他通电话。由此，笔者踏上了授权历程的康庄大道。

笔者即时返家，去电林悟殊教授。林教授似乎在等笔者的来电。未待笔者讲完，他便吃力地说："书要出！我同意。"笔者问他可以写授权书吗，他说："我写不了。"笔者说："那您的话就作为口头承诺吧。"他马上回应说："好的。"林教授虽说得吃力且声音细微，但语气坚定。听到这年迈的教授仍如此协助陋作出版，着实令人感动，在此深表谢意！

当笔者用程馆长所给的电话号码与拜根兴教授联系上时，拜教授听后即说："我在返西安的高铁上，太好了！我同意授权。"他热情地答应并说要知会同校的另一作者胡耀飞教授一起授权。

当笔者正为联系华南师大陈长琦教授犯难时，程存洁馆长与万毅教授即伸以援手。他们建议通过吴羽教授去联系，还把吴羽教授的电话发给了笔者。虽然我们的陋作未录入吴教授的论文，但吴教授却热情地多方设法为笔者联系上多位论文的作者，计有：华南师大陈长琦教授、中华书局副总编辑兼古籍出版中心主任张继海教授、西北大学张峰教授。笔者即先后与以上诸位教授通电话联系。

陈长琦教授一听要出关于仲勉大师的书，二话没说，即时表示大力支持，随即又发来电子版授权书。

张继海教授主动给笔者打电话，同样即时表示支持，亦马上发来授权书。

张峰教授接电话后，即在所发函上端端正正地写上"同意授权"四个字。张教授发函后还主动帮助笔者联系他人。他发电子函联系项念东教授与李松松先生。

张峰教授与吴羽教授通过多种渠道也无法联系到李松松先生，只打听到李先生已离开学校，不知往何处去了。笔者只好无奈地作罢。张峰教授如此竭力帮助，着实让笔者感动。吴羽教授对笔者说："张教授现在正在深入研究仲勉先生的学问，在做一个国家社科基金项目——'岑仲勉与20世纪中国史学研究'。"笔者祝愿他取得丰硕的成果。

让笔者深受感动的是，在吴羽、张峰两位教授的共同努力下，笔者终于与项念东教授联系上了。当笔者与项教授通话时，项教授说："我已把你加入我的微信了，我一直在等您的来电。"当笔者简要地介绍陋作后，他高兴地说："这书太好了！太及时了！太重要了！您的书将为我们解开不少谜团。"他接着说，为弄清仲勉先生的生平，多年前参加中大召开的"纪念岑仲勉先生诞辰130周年国际学术研讨会"时，他隔着玻璃板想拍下仲勉先生亲笔写的《岑仲勉自述》，可惜只拍了一部分，至今未能了解到仲勉先生的人生经历。他后来发文告诉笔者，这两年他一直在主持国家社科基金项目，写《岑仲勉年谱》。他说很多问题仍未弄清楚，如抽空来广州一定到笔者家探访。当笔者向他表示感谢时，他说，"应该是我们向您致谢！你们将解决史学界中的一些问题，能用上我的论文，是我的荣幸"，并发文给笔者说，"文件（授权书）已收到，我将尽快寄给您。"

我们再来谈谈吴羽教授。为帮助笔者解决授权书这个难题，吴教授不辞劳苦，不惜动用了不少人脉资源。在此向他深表谢意！当笔者向吴教授致谢时，他说："您客气了，仲勉先生是我的祖师爷，能为您效劳，是我的荣幸！"

在以上诸位学者的鼎力支持与帮助下，授权这道难题基本解决了。陋作共录入十多篇论文，已获八人授权，遗憾的是无法联系上李松松先生。另，中大蔡鸿生教授、北京理工大学赵和平教授已辞世。在此谨向蔡鸿生、赵和平教授的家属深表谢意！

陋作所录论文的作者均为史学界的翘楚，虽然笔者与他们素未谋面，但当他们一听说要出关于仲勉大师的书，都不约而同地说："同意授权！""太重要了！""望尽快读到贵作！"当向他们致谢时，他们亦不谋而合地说："这是我的义务！""应感谢你们！""用上我的论文，倍感荣幸！"

在不少人讲求名利的时下，笔者在求赐授权书的过程中，好像迎来一阵阵清爽之风，让人心旷神怡。诸位学者有如周敦颐笔下之莲花，香远益清。

笔者不由得想到当年陈垣教授之于仲勉大师，虽一生未曾谋面，却多年来一直默默地支持、帮助仲勉大师的研究工作，助仲勉大师取得辉煌的成就。于今，虽世易时移，但学人的高尚品格有幸传承下来。这正是对有成就学者的尊崇，正是对中华文化的敬重。今天好像是历史的重复，而相助的人竟是一个群体。若用"量子纠缠"的科学理论解释，似是"量子传感"吧。这传感是超越时空的同频共振。希望这同频共振不断扩大，不断深化，形成我中华永不熄灭之光！

当前我国已把优秀人才提升到第一生产力的高度，相信不久的将来，在我们的优秀知识分子，尤其是大师级人才涌现之日，便是圆我强国梦之时！

今借后记说明录用他人论文之由，以及授权的情况，并致谢授权的诸位学者，且回应全书，深望大师级人才更多更快地涌现出来！

我们深知，我俩并非研究史学之人，陋作肯定有不完善之处，恳请读者，尤其学者们惠正。

岑世桢